基金资助：

国家自然科学基金重点项目"互联网环境下大数据驱动的用户与企业互动创新理论、方法和应用研究"（项目号：71832013）

国家社会科学基金重大招标课题"聚焦关键核心技术突破的国家创新体系研究"（项目号：21&ZD131）

2021—2022中国城市创新型经济蓝皮书

吴晓波　杜　健　等著

ZHEJIANG UNIVERSITY PRESS
浙江大学出版社
·杭州·

图书在版编目（CIP）数据

2021—2022 中国城市创新型经济蓝皮书 / 吴晓波等著. —杭州：浙江大学出版社，2023.12
ISBN 978-7-308-24588-3

Ⅰ.①2… Ⅱ.①吴… Ⅲ.①城市经济－经济发展－研究报告－中国－2021－2022 Ⅳ.①F299.21

中国国家版本馆 CIP 数据核字(2023)第 248744 号

2021—2022 中国城市创新型经济蓝皮书

吴晓波　杜　健　等著

责任编辑	范洪法　樊晓燕
责任校对	王　波
封面设计	雷建军
出版发行	浙江大学出版社
	（杭州市天目山路 148 号　邮政编码 310007）
	（网址：http://www.zjupress.com）
排　　版	浙江大千时代文化传媒有限公司
印　　刷	杭州钱江彩色印务有限公司
开　　本	710mm×1000mm　1/16
印　　张	26.5
字　　数	418 千
版 印 次	2023 年 12 月第 1 版　2023 年 12 月第 1 次印刷
书　　号	ISBN 978-7-308-24588-3
定　　价	98.00 元

编写单位

■ 浙江大学"创新管理与持续竞争力研究"国家哲学社会科学研究基地
■ 浙江大学管理学院

鸣谢单位

■ 阿里云计算有限公司、G7易流

编写成员

组　长	
吴晓波	浙江大学管理学院教授、博士生导师
副组长	
杜　健	浙江大学管理学院教授、博士生导师
组　员	
郭　斌	浙江大学管理学院教授、博士生导师
徐　宁	浙江大学管理学院博士研究生
余　璐	浙江大学管理学院博士研究生
朱　珊	浙江大学管理学院博士研究生
杜煜龙	浙江大学管理学院博士研究生

前　言

唯创新者进,唯创新者强,唯创新者胜!

习近平总书记在党的二十大报告中强调"必须坚持守正创新"[①],并指出"高质量发展是全面建设社会主义现代化国家的首要任务"[②]。高质量发展要靠创新,坚持科技是第一生产力、人才是第一资源、创新是第一动力。站在"十四五"开局的新起点眺望未来,坚持创新在我国现代化建设全局中的核心地位,是新时代解决发展中面临的不平衡不充分问题,全面实现第二个百年奋斗目标的关键。

目前,我国经济已由高速增长阶段转向高质量发展阶段,正处在转变发展方式、优化经济结构、转换增长动力的攻关期。城市作为各类资源要素的集中地,对经济社会的创新发展具有重要的带动作用和辐射效应。同时,城市也是承担社会经济转型的最重要载体,决定着创新驱动发展的广度与深度。2023年出版发行的《习近平关于城市工作论述摘编》一书,进一步明确了城市是现代化的重要载体,要优化创新创业生态链,让创新成为城市发展的主动力,促进基础设施互联互通,释放城市发展新动能。在中国,创新型城市的崛起虽然迅速而炫目,却依然处于参差不齐的发展阶段。"纲举目张",客观深入地评价中国主要城市的创新力,大力促进和发挥主要城市的创新增长极作用,是引领和带动全国加快实现高质量跨越式发展的重要突破口。

本课题组于2005年即在国内开创性地发起了"创新型经济评价"工作,出版了第一部区域创新型经济评价专著——《2004浙江省创新型经济蓝皮书》,在国内首次对创新型经济的概念和内涵进行了明确界定,制定了多层次、定量化的创

---

① 习近平.高举中国特色社会主义伟大旗帜为全面建设社会主义现代化国家而团结奋斗:在中国共产党第二十次全国代表大会上的报告[M].北京:人民出版社.2022:20.

② 习近平.高举中国特色社会主义伟大旗帜为全面建设社会主义现代化国家而团结奋斗:在中国共产党第二十次全国代表大会上的报告[M].北京:人民出版社.2022:28.

新型经济评价指标体系。此后,基于构建的评价指标体系,对其不断地优化调整,本课题组每年都会对各省市的创新型经济进行客观评价分析,具体比较当前年度创新型经济的发展情况,针对热点问题展开深度讨论并提出建议。这本《2021—2022 中国城市创新型经济蓝皮书》的评价指标体系由基础设施、创新资源、创新过程和创新产出四个维度共 13 个二级指标、46 个三级指标构成。

本书通过对中国 105 个主要城市的 2020—2021 年各类数据的收集整理,分析得出这些主要城市创新型经济的排名,刻画了当下中国各个城市创新型经济的发展模式,并对其成功经验进行讨论和分析,此外,围绕"十四五"期间新旧动能转化的三个重要方面——共同富裕、数字经济、双碳治理,进行了专题讨论,为中国城市的高质量与可持续发展政策制定和管理提供了重要而切实可靠的参考。

历经 19 年,本课题组一直坚持站在第三方独立研究机构的立场,运用国际前沿的理论和方法,致力于客观、科学地反映创新型经济发展的现状和趋势。本研究旨在为决策者、研究者以及其他利益相关者提供系统的多维度"镜子",能起到"抛砖引玉"的作用即是我们的成就。我们无法"未卜先知"地提出有效的对策和措施,但如果能为影响未来的决策者们提供可靠的事前分析和趋势预判,哪怕只是"纸上谈兵",亦甚为欣慰。当然,受能力所限,书中的缺陷和错漏在所难免,敬请社会各界对本书的不足给予直率的批评和指正,以使这一具有创新性的研究工作能够不断完善。在此,我们要特别地向一直支持和关心该项研究的领导、各界朋友和同仁们表示最衷心的感谢!

我们将持续改进,为我国的创新型国家建设发展添砖加瓦!

"中国城市创新型经济蓝皮书"课题组

2023 年 5 月

目　录

分析报告

附　录

分析报告

报告摘要

《2021—2022 中国城市创新型经济蓝皮书》建立了中国城市创新型经济评价体系,从基础设施、创新资源、创新过程以及创新产出四个维度对中国 105 个主要城市进行了综合评价。本蓝皮书希望能够为新一轮以创新能力为主要驱动力的中国城市发展提供一把标尺,客观评价中国城市的创新表现,以期为中国城市的创新型经济建设提供参考依据。

收录城市

本书共收录了中国 105 个城市的基础数据,并结合中国城市创新型经济评价指标体系,从各个方面对中国城市创新型经济所表现出的特点进行了分析。考虑到经济发展的平稳性,本蓝皮书在以 2019 年与 2020 年两年 GDP 总量均进入全国排名前 60 作为城市选择标准的同时,基于中华人民共和国科学技术部自 2008 年至 2022 年发布的创新型城市建设名单,最终共有 105 个城市入选(如图 0-1 所示)。进入报告的城市有(按当年 GDP 总量排序):上海、北京、深圳、广州、重庆、苏州、成都、杭州、武汉、南京、天津、宁波、青岛、无锡、长沙、郑州、佛山、泉州、济南、合肥、南通、福州、西安、东莞、烟台、常州、徐州、唐山、大连、温州、昆明、长春、沈阳、厦门、扬州、绍兴、盐城、石家庄、潍坊、南昌、嘉兴、泰州、台州、哈尔滨、洛阳、临沂、南宁、金华、襄阳、漳州、济宁、贵阳、宜昌、惠州、镇江、太原、榆林、淮安、岳阳、保定、南阳、芜湖、遵义、淄博、邯郸、衡阳、乌鲁木齐、连云港、宿迁、湖州、柳州、株洲、德州、滁州、威海、新乡、绵阳、东营、兰州、龙岩、呼和浩特、包头、汕头、德阳、湘潭、宝鸡、马鞍山、蚌埠、玉溪、日照、银川、荆门、海口、长治、秦皇岛、黄石、汉中、吉林、西宁、营口、铜陵、新余、萍乡、景德镇、拉萨。

研究方法

数据来源以公开渠道为主,主要包括国家及各地方统计局、统计公报、统计年鉴、政府公开资料,主要有《中国城市统计年鉴 2021》《中国城市建设统计年鉴 2020》《中国火炬统计年鉴 2021》等。同时课题得到了阿里云计算有限公司、G7易流的重要支持。通过对数据的无量纲化①处理,得出各个城市的创新指数。

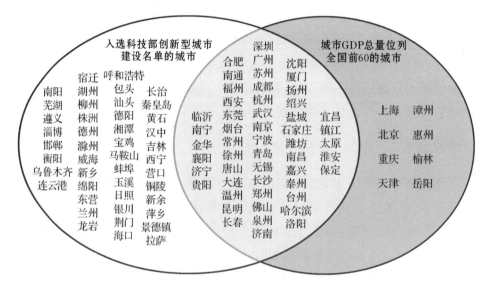

图 0-1　入选科技部创新型城市建设名单(不考虑直辖市的城区和县级市)
与 GDP 总量位列全国前 60 的城市分布情况

分析结果

进入本书排名的 105 个城市的创新指数平均得分为 26.93 分。

2021 年中国创新型城市十强为北京、深圳、上海、广州、武汉、南京、西安、杭州、苏州、成都,创新指数平均得分为 45.73 分。

> 基础设施排名前五的城市为上海、北京、深圳、广州、重庆。

> 创新资源排名前五的城市为北京、上海、深圳、武汉、西安。

---

① 采用了不同计量单位的统计指标可以直接进行比较。

> ➤ 创新过程排名前五的城市为北京、西安、武汉、南京、长春。

> ➤ 创新产出排名前五的城市为深圳、苏州、无锡、宁波、杭州。

与《2020—2021 中国城市年创新型经济蓝皮书》中的榜单相比，有 48 个城市新入榜，19 个城市排名提升，30 个城市排名下降，8 个城市排名维持不变。其中，杭州、南京、宁波和太原成为排名最稳定的城市，无论是创新型指数总排名还是一级指标排名相较上一年均保持在±5 位。表 0-1 报告了中国城市创新型经济指数排名情况，表 0-2 和表 0-3 则分别展示了相较上一年城市创新型经济指数及各维度排名上升或下降最明显的城市。表 0-4 展示了 2021—2022 年中国城市创新型经济指数及各维度排名最稳定的城市。

表 0-1　2021—2022 年中国城市创新型经济指数排名

城市	2021—2022 年创新型经济指数得分	2021—2022 年创新型经济指数得分排名	2020—2021 年创新型经济指数得分排名	当年 GDP 总量/亿元	当年 GDP 总量排名
北京	63.88	1 =	1	36103	2
深圳	52.66	2 =	2	27670	3
上海	47.34	3 =	3	38701	1
广州	44.05	4 =	4	25019	4
武汉	43.84	5 ↑	8	15616	9
南京	43.83	6 ↑	7	14818	10
西安	42.31	7 ↑	14	10020	22
杭州	42.24	8 ↓	5	16106	8
苏州	38.72	9 =	9	20170	6
成都	38.43	10 ↑	13	17717	7
宁波	35.94	11 =	11	12409	12
天津	35.45	12 ↓	10	14084	11
东莞	34.49	13 ↓	6	9650	24
长沙	34.06	14 ↑	19	12143	15
合肥	33.93	15 ↑	21	10046	20
青岛	33.29	16 ↑	20	12401	13

续表

城市	2021—2022 年创新型经济指数得分	2021—2022 年创新型经济指数得分排名	2020—2021 年创新型经济指数得分排名	当年 GDP 总量/亿元	当年 GDP 总量排名
厦门	33.16	17 ↓	12	6384	34
无锡	32.92	18 ↓	17	12370	14
济南	32.43	19 ↑	28	10141	19
湖州	31.75	20	新入榜	3201	70
佛山	30.71	21 ↓	18	10816	17
沈阳	30.64	22 ↑	38	6572	33
大连	30.49	23 ↑	26	7030	29
温州	30.22	24 =	24	6871	30
芜湖	30.14	25	新入榜	3753	62
福州	30.05	26 ↑	31	10020	22
长春	29.75	27 ↑	37	6638	32
郑州	29.55	28 ↓	16	12004	16
太原	29.43	29 ↑	34	4153	56
重庆	29.24	30 =	30	25003	5
常州	29.15	31 ↑	32	7805	26
嘉兴	29.07	32 ↓	15	5510	41
南昌	28.67	33 ↑	41	5746	40
镇江	28.66	34 ↑	35	4220	55
绍兴	28.24	35 ↓	27	6001	36
金华	27.78	36 ↓	25	4704	48
扬州	27.70	37 ↑	44	6048	35
烟台	27.60	38 ↑	43	7816	25
兰州	27.34	39	新入榜	2887	79

续表

城市	2021—2022 年创新型经济指数得分	2021—2022 年创新型经济指数得分排名	2020—2021 年创新型经济指数得分排名	当年 GDP 总量/亿元	当年 GDP 总量排名
威海	27.22	40	新入榜	3018	75
贵阳	26.58	41 ↓	22	4312	52
南通	26.43	42 ↓	40	10036	21
台州	26.25	43 ↓	29	5263	43
马鞍山	26.19	44	新入榜	2187	87
宜昌	26.02	45 ↑	52	4261	53
惠州	25.99	46 ↓	33	4221	54
昆明	25.43	47 ↓	23	6734	31
乌鲁木齐	25.39	48	新入榜	3337	67
湘潭	25.36	49	新入榜	2343	85
泉州	25.36	50 ↓	36	10159	18
株洲	25.26	51	新入榜	3106	72
绵阳	25.20	52	新入榜	3010	77
汕头	25.04	53	新入榜	2731	83
哈尔滨	24.79	54 ↓	42	5184	44
海口	24.77	55	新入榜	1792	93
徐州	24.35	56 ↓	47	7320	27
连云港	24.05	57	新入榜	3277	68
南宁	23.77	58 ↓	50	4726	47
淮安	23.74	59	新入榜	4025	58
淄博	23.72	60	新入榜	3673	64
泰州	23.52	61 ↓	45	5313	42
蚌埠	23.47	62	新入榜	2083	88

续表

城市	2021—2022 年创新型经济指数得分	2021—2022 年创新型经济指数得分排名	2020—2021 年创新型经济指数得分排名	当年 GDP 总量/亿元	当年 GDP 总量排名
铜陵	23.42	63	新入榜	1004	101
拉萨	23.40	64	新入榜	678	105
潍坊	23.19	65 ↓	49	5872	39
盐城	23.13	66 ↓	46	5953	37
洛阳	23.13	67 ↓	57	5128	45
东营	23.13	68	新入榜	2981	78
宝鸡	22.71	69	新入榜	2277	86
景德镇	22.70	70	新入榜	957	104
榆林	22.70	71 ↓	56	4090	57
龙岩	22.61	72	新入榜	2871	80
西宁	22.55	73	新入榜	1373	99
柳州	22.50	74	新入榜	3177	71
吉林	21.87	75	新入榜	1453	98
唐山	21.85	76 ↓	54	7211	28
石家庄	21.78	77 ↓	39	5935	38
包头	21.72	78	新入榜	2787	82
宿迁	21.60	79	新入榜	3262	69
日照	21.26	80	新入榜	2006	90
银川	21.19	81	新入榜	1964	91
呼和浩特	21.07	82	新入榜	2801	81
秦皇岛	20.99	83	新入榜	1686	95
襄阳	20.88	84 ↓	55	4602	49
新余	20.88	85	新入榜	1001	102

城市	2021—2022 年创新型经济指数得分	2021—2022 年创新型经济指数得分排名	2020—2021 年创新型经济指数得分排名	当年 GDP 总量/亿元	当年 GDP 总量排名
萍乡	20.67	86	新入榜	963	103
滁州	20.45	87	新入榜	3032	74
玉溪	20.38	88	新入榜	2058	89
黄石	20.29	89	新入榜	1641	96
衡阳	20.28	90	新入榜	3509	66
岳阳	20.25	91	新入榜	4002	59
荆门	20.12	92	新入榜	1906	92
遵义	19.94	93	新入榜	3720	63
漳州	19.81	94 ↓	53	4546	50
德阳	19.52	95	新入榜	2404	84
营口	19.50	96	新入榜	1325	100
临沂	19.12	97 ↓	48	4805	46
济宁	19.09	98 ↓	51	4494	51
新乡	19.05	99	新入榜	3014	76
保定	19.01	100	新入榜	3954	60
长治	18.91	101	新入榜	1712	94
德州	18.91	102	新入榜	3079	73
南阳	18.77	103	新入榜	3926	61
汉中	18.59	104	新入榜	1593	97
邯郸	18.12	105	新入榜	3637	65

注：表格单元的灰色程度表示该列指标排名情况。其中：深灰色表示该指标位列前 1/3 位（第 1—35 位）或为新入榜；浅灰色表示该指标位列第 1/3 至第 2/3 位（第 36—70 位）；白色表示该指标位列后 1/3 位（第 71—105 位）。由于"2020—2021 年创新型经济指数"榜单入选城市为 57 个，因此该列指标的 1/3 位和 2/3 位分别为第 17 位、第 34 位。"↓""↑"和"＝"分别代表相较于上一年排名的上升、下降和不变。创新型指数得分显示为保留两位小数的结果。

进入本书排名的 105 个城市的创新指数平均得分为 26.93 分,排名前 10 位的城市(北京、深圳、上海、广州、武汉、南京、西安、杭州、苏州、成都)的创新指数平均得分为 45.73 分,排名后 10 位的城市(营口、临沂、济宁、新乡、保定、长治、德州、南阳、汉中、邯郸)的创新指数平均得分为 18.91 分,相差较大。从得分区来看,40 分(含)以上的城市有 8 个,30 分(含)到 40 分的城市有 18 个,20 分(含)到 30 分的城市有 66 个,20 分以下的城市有 13 个。

表 0-2　2021—2022 年中国城市创新型经济指数及各维度排名上升最明显的城市

创新总指数		基础设施		创新资源		创新过程		创新产出	
城市	上升位次	城市	上升位次	城市	上升位次	城市	上升位次	城市	上升位次
沈阳	16	济南	22	南昌	16	榆林	33	扬州	23
长春	10	福州	15	烟台	13	合肥	22	镇江	13
济南	9	重庆	13	福州	12	青岛	15	常州	9
南昌	8	金华	10	洛阳	12	宜昌	10	泰州	6
西安	7	烟台	9	沈阳	6	哈尔滨	9	南通	6
扬州	7	泉州	7	无锡	6	大连	9	温州	6
宜昌	7	常州	7	常州	5	沈阳	7		
合肥	6	成都	7	长沙	5	长春	6		
长沙	5	沈阳	7	苏州	5	西安	6		
福州	5	长沙	6						
烟台	5	南通	5						
太原	5	南京	5						
		南昌	5						

注:表格中的城市为创新型经济总排名或单个一级指标维度排名相较于上一年上升 5 位(含)及以上的城市。

表 0-3　2021—2022 年中国城市创新型经济指数及各维度排名下降最明显的城市

创新总指数		基础设施		创新资源		创新过程		创新产出	
城市	下降位次	城市	下降位次	城市	下降位次	城市	下降位次	城市	下降位次
临沂	49	临沂	54	昆明	53	漳州	63	石家庄	49
济宁	47	济宁	54	金华	48	泉州	62	重庆	47

续表

创新总指数		基础设施		创新资源		创新过程		创新产出	
城市	下降位次	城市	下降位次	城市	下降位次	城市	下降位次	城市	下降位次
漳州	41	襄阳	47	榆林	48	石家庄	49	临沂	46
石家庄	38	榆林	39	济宁	47	唐山	47	西安	45
		漳州	34	漳州	43	泰州	43	昆明	41
		哈尔滨	32	泰州	43	临沂	42	哈尔滨	41
		惠州	31	长春	39	洛阳	40	济宁	41
				泉州	33	济宁	37	南宁	38
				盐城	33	常州	35	天津	36
				南宁	30	郑州	30	洛阳	36
								贵阳	34
								上海	32

注:表格中的城市为创新型经济总排名或单个一级指标维度排名相较于上一年下降 30 位(含)及以上的城市。

表 0-4 2021—2022 年中国城市创新型经济指数及各维度排名最稳定的城市

城市	创新总指数		基础设施		创新资源		创新过程		创新产出	
	排名	趋势	排名	趋势	排名	趋势	排名	趋势	排名	趋势
杭州	8	↓ 3	7	↓ 1	6	↓ 2	10	↓ 1	5	↓ 3
南京	6	↑ 1	8	↑ 5	11	↓ 2	4	=	9	↑ 2
宁波	11	=	12	↓ 5	14	↑ 1	33	↓ 2	4	↑ 3
太原	29	↑ 5	19	↓ 4	39	↓ 9	45	↑ 2	45	↓ 5

注:表格中的城市为创新型经济总排名或单个一级指标维度排名相较于上一年上升或下降均在 5 位(含)范围内的城市。

重要发现

➢ 中国城市的创新型经济发展总体尚处于初级阶段,城市之间差距明显。进入本书排名的 105 个城市的创新指数平均得分仅为 26.93 分,40 分(含)以上的城市仅有 8 个,大多数城市的创新指数得分集中在 20 分(含)到 30 分这一区间(66 个),甚至有 13 个城市得分不足 20 分。此外,排名第一的北京为 63.88

分,排名最后的邯郸仅为 18.12 分,排名中后位次的城市的创新型经济发展水平亦与排名靠前的城市存在差距(见表 0-1)。

➤ 北、深、上、广位居鳌头,武汉、南京齐头并进,西安成为最大"黑马"。北京、深圳、上海、广州这 4 个传统的一线城市占据创新型经济发展的前 4 名,深圳凭借其在基础设施、资源、过程和产出方面的均衡发展,在创新型经济发展的综合水平上超越了上海和广州,仅次于北京而位居第 2。武汉(第 5 位)和南京(第 6 位)也通过吸引高质量人才、重视创新的投入和产出等方式,持续进步,成为仅次于北、深、上、广的创新强市。西安凭借在创新资源和过程方面的强力发展,从上一年的第 14 名跃升至第 7 名,并且当年 GDP 是入围创新型经济前十城市中最低的城市,是当之无愧的"黑马"。杭州在创新可持续性方面表现欠佳,导致其排名下降 3 位至第 8 名。除了创新型经济排名前十的城市外,沈阳凭借其在交通和政策基础设施建设以及知识扩散等方面的进步,相较上一年上升 16 位至第 22 名,创新势头强劲。

➤ 基础设施、创新资源、创新过程、创新产出四维均衡发展成为决定城市创新型经济整体表现的重要条件。深圳、广州、南京和杭州实现了全面发展和多维领先,其创新型经济发展态势向好。其中,南京成为在基础设施建设与创新产出双维度上跻身前十的城市。受制于基础设施建设与创新资源投入不足,长春、镇江、绍兴与扬州等城市面临低投入低产出的创新型经济发展挑战。如何加快知识的扩散与转移,提升创新转化效率成为各城市普遍面临的重要问题。部分城市(如深圳与杭州)凭借开放度与产业活力,展现出高效的创新转化过程。城市包容性与创新可持续性发展的不足掣肘城市创新产出水平的提升,从而制约整体创新型经济发展水平(例如保定、石家庄、汉中与临沂等城市)。

相较于上一年各维度得分排名前十的城市变化:

▲ 跻身前十的新秀城市　　　　▲ 跌落前十的老牌城市
基础设施:重庆、南京与济南　　基础设施:宁波、厦门与苏州
创新资源:合肥、苏州与成都　　创新资源:南京、天津与嘉兴
创新过程:长春　　　　　　　　创新过程:东莞
创新产出:常州、南京与湖州　　创新产出:广州、福州与厦门

➤ 主要城市群创新型经济发展各具特色,长三角、珠三角地区整体优势明

显。长江三角洲城市群具有强大的创新实力和活力,创新型经济发展整体水平领先于其他城市群;长江中游城市群创新型经济总量较大,但城市群内各城市平均发展水平偏低且存在发展不均衡瓶颈;京津冀城市群展现了传统经济圈的创新实力,具有稳健的发展布局但辐射带动作用不显著;珠三角城市群创新型经济指数平均水平领先优势明显,各城市普遍具有较高的创新活力;中原城市群创新产出维度表现优异,但城市群内发展不均衡;成渝城市群创新型经济发展势头良好,充分发挥了头部城市示范带动作用,加快周围城市创新发展;哈长城市群创新型经济发展稳定,创新资源是其主要短板,亟须加强对创新人才等重要创新资源的投入和保护;关中平原城市群创新型经济总量整体较低,并呈现出城市群内极化发展特点;呼包鄂榆城市群、兰州—西宁城市群和北部湾城市群创新型经济水平总体处于中下游,亟须整体规划提升城市群创新实力。

➤ "共同富裕""数字经济"与"双碳治理"成为城市高质量发展新的风向标,长三角城市示范作用突出。浙江扎实推动共同富裕,在发展性与共享性双维度均领先的城市中,有超过四成的城市来自浙江,发挥了示范引领、典型带动作用;长三角和珠三角城市数字经济表现亮眼,各城市能够高效兼顾数字化投入以及数字基础与数字创新活力转化效率,推动数字生态城市建设;厦门成为生态治理创新标杆城市,能在保持创新型经济发展水平的同时,较好地平衡污染源头防治和末端污染治理;其他大部分城市在兼顾创新型经济建设与可持续绿色发展方面仍有短板。

➤ 总体而言,本书为中国的创新发展带来了以下重要启示:

城市是聚集智慧、推动创新的必要载体,是创新的策源地,是国家战略科技力量的聚集地。

城市既是创新的牵引者,更是创新驱动高质量发展的发动机。

城市的创新形成各具特色的新型生态体系,形成各有特色的增长极。

通过多维度的分层分类分析,为各主要城市高质量与可持续发展提供了重要的参考。

第1章 评价指标

1.1 评价思路

本课题组自 2004 年起持续追踪了包括浙江省在内的六省市创新型经济发展,连续 15 年出版了《浙江省创新型经济蓝皮书》,建立起了一套较为完整的创新型经济评价体系,从创新的角度,科学地、有针对性地对浙江省和具有代表性的省(市)在经济发展中的创新成分进行了跟踪与监测。2022 年,为进一步洞悉中国创新发展的新焦点,本课题组与时俱进地构建了基于"投入—过程—产出"经典框架的中国城市创新型经济评价体系(简称"评价体系"),对中国 57 个城市的创新型经济建设水平进行了分析评价,出版了《2020—2021 中国城市创新型经济蓝皮书》。本蓝皮书沿用该体系架构,并对评价体系进行了完善。

考虑到创新型经济被看作一个由创新引起的动态的社会发展变化过程,良好的生产活动基础设施与充足可用的资本和劳动力资源协同,促进创新型生产结构的形成以及多样化创新活动的开展,驱动着创新型经济的蓬勃发展和社会的进步。本评价体系将着重关注我国各主要城市如何充分利用自身的基础设施,并结合教育、技术人力等资源投入,以拓展城市创新发展空间、取得更好的经济绩效,进而保障高质量的人民生活水平和城市的持续发展。因此,本创新型经济评价体系包括四个重要的方面,即基础设施、创新资源、创新过程和创新产出,见图 1-1。

课题组以国内外创新型经济及区域创新能力的理论与实证研究为基础,结合美国麻省理工创新研究所的《麻省创新经济年度报告》、世界知识产权组织(WIPO)的《全球创新指数(GII)》等相关世界知名评价体系,从现阶段的基本国

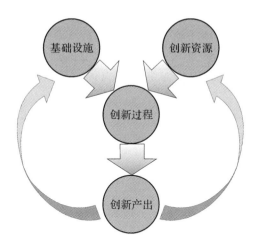

图 1-1　创新型经济评价体系的概念框架

情出发,综合考虑指标的重要程度和可获得性,形成了评价创新型经济的评价体系。随着我国经济环境的不断变化,创新型经济评价的评价体系也要与时俱进,既要保持一定的连续性,便于进行纵向比较分析,也要根据每年创新型经济发展的实际情况,进行改进和完善。本评价体系的设计主要从以下三方面来考虑。

　　一是理论方面的发展和国内外创新型经济的最新研究成果。课题组参考国内外的创新评价体系,并结合本国创新型经济发展的实际情况适当调整指标。

　　二是我国经济发展的现实情况以及发展方向与趋势。如针对"十四五"规划和"国内外双循环"的提出,本书也相应地增加了数字经济发展方面的指标。

　　三是数据层面。本书的数据主要来源于《中国城市统计年鉴》《中国城市建设统计年鉴》《中国火炬统计年鉴》《全国技术市场统计年报》,以及各省市统计年鉴和统计公报等统计资料,综合考虑数据的来源权威性和可获得性,对指标进行适当调整。

　　基于上述思路,本蓝皮书形成了中国城市创新型经济评价体系。该评价体系由四个一级指标组成,即基础设施、创新资源、创新过程和创新产出;每个一级指标包括若干二级指标,二级指标下设三级指标。每一个单独指标可以充分而直观地说明在此方面各城市创新型经济的表现,更可清晰、直观地展现出各城市间的比较优势。

1.2　评价体系

本蓝皮书将创新型经济视作一个由创新引起的动态的社会发展变化过程，因此通过基础设施、创新资源、创新过程和创新产出四个核心要素来描述创新型经济发展。各要素具体含义如下。

1.2.1　基础设施

基础设施指标考察城市支持区域内经济体生产活动的一组基础设施和系统的建设情况[①]，具有先行性、基础性和不可贸易性等特征。信息和通信技术（ICT）、能源、金融、政策等软、硬基础设施是创新经济的支柱，因为其通过促进思想、服务和商品的生产和交流，提高生产力和效率、降低交易成本、创造更好的市场准入条件以及促进各集群之间的合作与协作，为创新体系提供支持[②]。因此，良好的基础设施将提升城市创新绩效[③]。本评价体系具体通过数字基础、交通基础、金融基础和政策基础这 4 个二级指标对省市的创新资源做出评价。

1.2.2　创新资源

创新资源指标考察城市在人力、财力、物力等方面的投入以及保有情况。不同的经济体控制着不同的战略资源。由于交易成本及转移成本的存在，资源不能被完全模仿、流动，因此异质性被长期维持[④]。同时，资源可转变成独特的能力，成为持久竞争优势的源泉。教育与技术人力、研发投入和创新机构都是创新

①　https：//en. wikipedia. org/wiki/Infrastructure

②　Suarez-Villa, L. , & Hasnath, S. A. (1993). The effect of infrastructure on invention：Innovative capacity and the dynamics of public construction investment. Technological Forecasting and Social Change，44(4)，333－358.

③　Hu, M. C. , & Mathews, J. A. (2008). China's national innovative capacity. Research policy，37(9)，1465－1479.

④　Teece,D. J. , Pisano, G. , & Shuen, A. (1997). Dynamic capabilities and strategic management. Strategic management journal，18(7)，509－533.

价值链中的重要输入物,是城市创新经济竞争优势的重要来源。本评价体系具体通过人力资源、研发投入和创新机构这 3 个二级指标对城市的创新资源做出评价。

1.2.3 创新过程

创新过程指标考察城市将创新资源有效地转化为经济绩效的动态过程。不同于单纯依靠引进设备和技术,以照搬外来技术为主要推动力的"模仿型经济",创新型经济是注重培育本国企业和 R&D 机构的创新能力、发展拥有自主知识产权的新技术和新产品、以自主创新为目标和主要推动力的经济。因此,创新知识获取的来源,以及区域经济主体知识创造与知识扩散水平,是区域创新能力的重要表现。本评价体系具体通过知识创造、知识扩散这 2 个二级指标对城市的创新过程做出评价。

1.2.4 创新产出

创新产出指标考察创新对城市经济、社会和环境的最终影响。城市创新的健康发展将在很大程度上提高城市内企业和经济的发展[①]。与此同时,创新经济还追求环境、社会与经济的和谐统一,它会带来居民生活水平的改善,让更广大的群体从增长和创新中共同受益。此外,数字化发展水平是在第四次工业革命背景下,城市全要素生产率的重要反映。本评价体系具体通过创新经济效益、数字创新活力、创新包容性、创新可持续性这 4 个二级指标对各城市的创新产出做出评价。

图 1-2 表现了中国城市创新型经济指数及其相应的构成指标(一级、二级)的关系。

表 1-1 至表 1-4 列出了基础设施、创新资源、创新过程和创新产出具体对应的二级和三级指标。

---

① Johnson B. Cities, systems of innovation and economic development[J]. Innovation, 2008, 10(2－3):146－155.

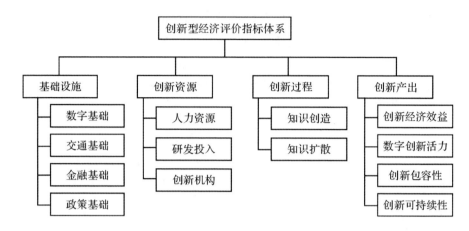

图 1-2　中国城市创新型经济评价体系

表 1-1　基础设施的对应指标

指标类型			原始条目
一级指标	二级指标	三级指标	
1 基础设施	1.1 数字基础	1.1.1 固网宽带应用渗透率	(固定)互联网宽带接入用户数 常住人口
		1.1.2 移动网络应用渗透率	移动电话年末用户数 常住人口
		1.1.3 车联网车辆接入数量	车联网车辆接入数量
		1.1.4 工业互联网示范项目数量	工业互联网示范项目数
	1.2 交通基础	1.2.1 公路单位里程运输量	公路货运量 公路客运量 境内公路总里程
		1.2.2 人均快递业务量	快递业务量 常住人口
		1.2.3 城市物流仓储用地面积占城市建设用地总面积比重	城市物流仓储用地面积 城市建设用地面积
		1.2.4 公共汽(电)车运输人次占总人口比重	全年公共汽(电)车客运总量 常住人口

续表

指标类型			原始条目
一级指标	二级指标	三级指标	
1 基础设施	1.3 金融基础	1.3.1 年末金融机构人民币各项存款余额	年末金融机构人民币各项存款余额
		1.3.2 年末金融机构人民币各项贷款余额	年末金融机构人民币各项贷款余额
		1.3.3 数字金融	数字普惠金融指数
	1.4 政策基础	1.4.1 政府社会资本合作环境	PPP 入库项目数
		1.4.2 政府文件	地方政府发布的以"创新"为主题的政策数量

表 1-2　创新资源的对应指标

指标类型			原始条目
一级指标	二级指标	三级指标	
2 创新资源	2.1 人力资源	2.1.1 普通高等学校教育数量与质量	普通本专科在校学生数 常住人口 普通高等学校专任教师数
		2.1.2 中等职业学校教育数量与质量	中等职业教育学校在校学生数 常住人口 中等职业教育专任教师数
		2.1.3 一般公共预算教育支出占 GDP 比重	教育支出 地区生产总值（当年价格）
		2.1.4 人才吸引力指数	人才吸引力指数
		2.1.5 高新区企业 R&D 人员所占比重	高新区企业 R&D 人员 高新区企业年末从业人员
	2.2 研发投入	2.2.1 R&D 内部经费支出占 GDP 的比重	R&D 内部经费支出 地区生产总值（当年价格）
		2.2.2 一般公共预算科学技术支出占 GDP 的比重	科学技术支出 地区生产总值（当年价格）
		2.2.3 高新区企业 R&D 经费内部支出占营业收入比重	高新区企业 R&D 经费内部支出 高新区企业营业收入

续表

指标类型			原始条目
一级指标	二级指标	三级指标	
2 创新资源	2.3 创新机构	2.3.1 文化机构	博物馆个数 常住人口 公共图书馆图书藏量
		2.3.2 国家重点实验室	国家重点实验室个数
		2.3.3 国家创新中心	国家制造业创新中心数 国家企业技术中心数

表 1-3　创新过程的对应指标

指标类型			原始条目
一级指标	二级指标	三级指标	
3 创新过程	3.1 知识创造	3.1.1 每十万人发明专利授权数	发明专利授权数 常住人口
		3.1.2 每十万人 WoS 论文数	Web of Science 核心合集论文篇数 常住人口
		3.1.3 每亿元 R&D 内部经费支出所取得的发明专利授权数	发明专利授权数 R&D 内部经费支出
		3.1.4 国际科研合作	Web of Science 核心合集国际合作论文数 Web of Science 核心合集论文篇数
	3.2 知识扩散	3.2.1 输出技术成交额占地区生产总值的比重	输出技术成交额 地区生产总值（当年价格）
		3.2.2 吸纳技术成交额占地区生产总值的比重	吸纳技术成交额 地区生产总值（当年价格）
		3.2.3 国家技术转移机构数	国家技术转移机构数

表 1-4　创新产出的对应指标

指标类型			原始条目
一级指标	二级指标	三级指标	
4 创新产出	4.1 创新经济效益	4.1.1 人均地区生产总值	人均地区生产总值
		4.1.2 贸易顺差(逆差)	货物进口额 货物出口额
		4.1.3 人均工业增加值	工业增加值 常住人口
	4.2 数字创新活力	4.2.1 数字产业活力	数字经济领域规上工业企业数 规上工业企业数
		4.2.2 数字消费活力	邮政业务收入 常住人口
		4.2.3 数字政务活力	政务平台月平均每百万人中访问人数 常住人口
		4.2.4 数字文化活力	年度电影票房总量 常住人口
	4.3 创新包容性	4.3.1 城镇登记失业率	城镇登记失业率
		4.3.2 城乡居民人均可支配收入比	城镇居民人均可支配收入 农村居民人均可支配收入
		4.3.3 平均房价与人均可支配收入比	2021 年市辖区平均房价 城镇居民人均可支配收入
	4.4 创新可持续性	4.4.1 单位 GDP 能耗	煤气、天然气供气总量 液化石油气供气总量 地区生产总值(当年价格)
		4.4.2 废水废物处理能力	污水处理率 生活垃圾无害化处理率
		4.4.3 空气质量指数	AQI 指数年平均数 空气质量达到及好于二级("良好"及以上)的天数
		4.4.4 园林绿化覆盖率	园林绿化覆盖率
		4.4.5 货运碳排放量	日平均货运车流量

1.3 指标权重

本蓝皮书各指标的权重系数采用基于专家评分的层次分析法（AHP）确认。课题组邀请了 6 位创新管理领域的权威专家对创新型经济指数指标体系中的 4 个一级指标和 13 个二级指标进行打分，并利用 SPSS 数值计算软件构建目标体系的群组判断矩阵，得到权重和向量等结果，并通过一致性检验。具体检验步骤请见附录 2。创新型经济指数指标权重值如表 1-5 所示。

表 1-5　一、二级指标的层次分析结果汇总

一级指标	二级指标	特征向量	一级权重值	二级权重值
基础设施	—	1.013	25.59%	—
创新资源	—	0.949	24.51%	—
创新过程	—	0.936	24.31%	—
创新产出	—	1.013	25.59%	—
基础设施	数字基础	1.049	6.71%	26.23%
	交通基础	1.01	6.46%	25.25%
	金融基础	0.984	6.29%	24.59%
	政策基础	0.957	6.12%	23.93%
创新资源	人力资源	0.883	7.22%	29.44%
	研发投入	1.066	8.71%	35.53%
	创新机构	1.051	8.58%	35.03%
创新过程	知识创造	0.973	12.04%	49.55%
	知识扩散	1	12.26%	50.45%
创新产出	创新经济效益	0.978	6.26%	24.44%
	数字创新活力	1.022	6.54%	25.56%
	创新包容性	0.948	6.07%	23.70%
	创新可持续性	1.052	6.73%	26.30%

创新型经济指数一、二级指标的权重系数结果汇总见图 1-3。

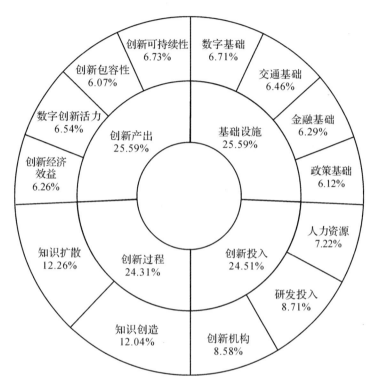

图 1-3　创新型经济指数一、二级指标的权重系数结果汇总

第 2 章　收录城市

　　本蓝皮书共收录了中国 105 个城市的基础数据，并结合中国城市创新型经济评价指标体系，从基础设施、创新资源、创新过程和创新产出等方面对中国城市创新型经济所表现出的特点进行了分析。本蓝皮书沿用了《2020—2021 中国城市创新型经济蓝皮书》的收录城市选择标准，选择收录 2019 年与 2020 年连续两年 GDP 总量均进入全国排名前 60 的城市[①]；此外，基于中华人民共和国科学技术部自 2008 年至 2022 年发布的创新型城市建设名单[②]，新增收录 45 个城市。本蓝皮书收录的 105 个城市 2020 年 GDP 总额为 70.0866 万亿元，占当年全国 GDP（101.5986 万亿元）的 68.98％；105 个城市 2020 年常住人口总数为 7.3856 亿人，占当年全国人口（14.1178 亿人）的 52.30％。

　　本书收录城市及其 2020 年 GDP 总量如表 2-1 所示。

---

　　① 　2019 年，城市 GDP 总量全国前 60 依次是上海、北京、深圳、广州、重庆、苏州、成都、武汉、杭州、天津、南京、宁波、无锡、青岛、郑州、长沙、佛山、泉州、东莞、济南、合肥、福州、南通、西安、烟台、常州、徐州、大连、唐山、温州、昆明、沈阳、厦门、长春、扬州、石家庄、绍兴、盐城、潍坊、南昌、嘉兴、哈尔滨、台州、泰州、洛阳、襄阳、漳州、临沂、金华、南宁、宜昌、济宁、惠州、榆林、镇江、贵阳、太原、淮安、岳阳、保定。

　　2020 年，城市 GDP 总量全国前 60 依次是上海、北京、深圳、广州、重庆、苏州、成都、杭州、武汉、南京、天津、宁波、青岛、无锡、长沙、郑州、佛山、泉州、济南、合肥、南通、福州、西安、东莞、烟台、常州、徐州、唐山、大连、温州、昆明、长春、沈阳、厦门、扬州、绍兴、盐城、石家庄、潍坊、南昌、嘉兴、泰州、台州、哈尔滨、洛阳、临沂、南宁、金华、襄阳、漳州、济宁、贵阳、宜昌、惠州、镇江、太原、榆林、淮安、岳阳、保定。

　　② 　自 2008 年以来，入选科技部创新型城市建设名单的城市（按城市 GDP 总量从高到低排序）：深圳、广州、苏州、成都、杭州、武汉、南京、宁波、青岛、无锡、长沙、郑州、佛山、泉州、济南、合肥、南通、福州、西安、东莞、烟台、常州、徐州、唐山、大连、温州、昆明、长春、沈阳、厦门、扬州、绍兴、盐城、石家庄、潍坊、南昌、嘉兴、泰州、台州、哈尔滨、洛阳、临沂、南宁、金华、襄阳、济宁、贵阳、宜昌、镇江、太原、淮安、保定、南阳、芜湖、遵义、淄博、邯郸、衡阳、乌鲁木齐、连云港、宿迁、湖州、柳州、株洲、德州、滁州、威海、新乡、绵阳、东营、兰州、龙岩、呼和浩特、包头、汕头、德阳、湘潭、宝鸡、马鞍山、蚌埠、玉溪、日照、银川、荆门、海口、长治、秦皇岛、黄石、汉中、吉林、西宁、营口、铜陵、新余、萍乡、景德镇、拉萨。名单中北京市海淀区、上海市杨浦区、天津市滨海新区、重庆市沙坪坝区 4 个直辖市城区，以及昌吉市、石河子市 2 个县级市并不包含在本蓝皮书评价范围内。

表 2-1　本书收录城市及其 2020 年 GDP 总量　　　　单位：亿元

城市	GDP 总量	城市	GDP 总量	城市	GDP 总量
上海	38701	绍兴	6001	柳州	3177
北京	36103	盐城	5953	株洲	3106
深圳	27670	石家庄	5935	德州	3079
广州	25019	潍坊	5872	滁州	3032
重庆	25003	南昌	5746	威海	3018
苏州	20170	嘉兴	5510	新乡	3014
成都	17717	泰州	5313	绵阳	3010
杭州	16106	台州	5263	东营	2981
武汉	15616	哈尔滨	5184	兰州	2887
南京	14818	洛阳	5128	龙岩	2871
天津	14084	临沂	4805	呼和浩特	2801
宁波	12409	南宁	4726	包头	2787
青岛	12401	金华	4704	汕头	2731
无锡	12370	襄阳	4602	德阳	2404
长沙	12143	漳州	4546	湘潭	2343
郑州	12004	济宁	4494	宝鸡	2277
佛山	10816	贵阳	4312	马鞍山	2187
泉州	10159	宜昌	4261	蚌埠	2083
济南	10141	惠州	4221	玉溪	2058
合肥	10046	镇江	4220	日照	2006
南通	10036	太原	4153	银川	1964
福州	10020	榆林	4090	荆门	1906
西安	10020	淮安	4025	海口	1792
东莞	9650	岳阳	4002	长治	1712
烟台	7816	保定	3954	秦皇岛	1686
常州	7805	南阳	3926	黄石	1641

续表

城市	GDP 总量	城市	GDP 总量	城市	GDP 总量
徐州	7320	芜湖	3753	汉中	1593
唐山	7211	遵义	3720	吉林	1453
大连	7030	淄博	3673	西宁	1373
温州	6871	邯郸	3637	营口	1325
昆明	6734	衡阳	3509	铜陵	1004
长春	6638	乌鲁木齐	3337	新余	1001
沈阳	6572	连云港	3277	萍乡	963
厦门	6384	宿迁	3262	景德镇	957
扬州	6048	湖州	3201	拉萨	678

第 3 章　细分指标

当今世界,国家和地区在经济和科技实力维度的竞争愈发激烈,创新型经济发展日益成为促进城市经济持续增长和提高科技竞争力的关键。各城市产业经济结构、战略布局、资源禀赋等方面均有不同,由此在基础设施、创新资源、创新过程、创新产出等方面表现均有较大差异。课题组通过基础设施等 4 个一级指标以及数字基础设施等 13 个二级指标对各城市创新型经济发展表现进行了统计、比较和分析,以期为管理者、学者提供中国 105 个城市创新型经济建设与发展情况的全面呈现(见表 3-1)。

表 3-1　创新型经济指数中各细分指标得分情况总览

排名	城市	创新指数得分	基础设施		创新资源		创新过程		创新产出	
			得分	排名	得分	排名	得分	排名	得分	排名
1	北京	63.88	52.02	2	66.33	1	88.04	1	50.45	36
2	深圳	52.66	51.90	3	48.18	3	34.84	8	74.63	1
3	上海	47.34	55.50	1	49.46	2	36.33	7	47.60	53
4	广州	44.05	41.82	4	38.50	10	39.57	6	55.87	15
5	武汉	43.84	26.82	24	44.11	4	53.14	3	51.77	28
6	南京	43.83	32.75	8	38.33	11	45.46	4	58.63	9
7	西安	42.31	30.13	15	43.68	5	57.58	2	38.66	96
8	杭州	42.24	34.55	7	41.54	6	32.36	10	60.01	5
9	苏州	38.72	30.52	13	40.17	8	21.13	24	62.24	2
10	成都	38.43	30.45	14	38.80	9	33.76	9	50.51	34
11	宁波	35.94	30.72	12	32.18	14	18.37	33	61.44	4

续表

排名	城市	创新指数得分	基础设施		创新资源		创新过程		创新产出	
			得分	排名	得分	排名	得分	排名	得分	排名
12	天津	35.45	35.05	6	32.47	13	31.49	11	42.48	84
13	东莞	34.49	31.11	10	24.70	33	22.46	22	58.69	8
14	长沙	34.06	27.24	22	28.92	17	23.40	18	55.94	14
15	合肥	33.93	20.36	38	40.24	7	25.62	14	49.35	41
16	青岛	33.29	30.87	11	25.11	29	26.56	13	49.96	39
17	厦门	33.16	26.95	23	28.90	18	22.82	21	53.29	22
18	无锡	32.92	23.34	30	28.80	20	16.42	43	62.12	3
19	济南	32.43	31.73	9	28.88	19	24.22	16	44.32	71
20	湖州	31.75	20.60	37	27.87	22	20.30	26	57.48	10
21	佛山	30.71	19.49	42	24.56	34	18.83	30	59.08	7
22	沈阳	30.64	29.25	17	26.42	25	23.28	20	43.06	80
23	大连	30.49	30.02	16	20.70	48	22.30	23	48.13	51
24	温州	30.22	22.01	34	22.44	40	23.81	17	51.96	24
25	芜湖	30.14	14.13	76	34.16	12	20.18	27	51.76	29
26	福州	30.05	24.46	28	25.31	28	17.69	36	51.94	25
27	长春	29.75	20.21	39	14.24	90	40.50	5	43.92	76
28	郑州	29.55	27.76	20	24.00	37	14.30	50	51.15	31
29	太原	29.43	29.03	19	22.98	39	15.98	45	48.80	45
30	重庆	29.24	38.49	5	23.06	38	13.88	53	40.49	90
31	常州	29.15	21.75	35	20.53	49	14.09	51	59.09	6
32	嘉兴	29.07	20.63	36	24.85	31	15.05	46	54.87	19
33	南昌	28.67	22.56	31	28.15	21	13.32	57	49.87	40
34	镇江	28.66	17.20	52	19.89	54	19.69	28	57.03	11

续表

排名	城市	创新指数得分	基础设施		创新资源		创新过程		创新产出	
			得分	排名	得分	排名	得分	排名	得分	排名
35	绍兴	28.24	18.45	49	24.32	36	13.81	54	55.50	17
36	金华	27.78	24.61	27	15.12	80	19.22	29	51.21	30
37	扬州	27.70	16.13	57	20.33	53	16.72	42	56.76	13
38	烟台	27.60	22.26	32	24.80	32	11.78	67	50.62	33
39	兰州	27.34	29.07	18	14.74	83	28.02	12	37.04	100
40	威海	27.22	18.34	50	20.44	51	14.02	52	55.13	18
41	贵阳	26.58	25.18	26	20.40	52	14.66	48	45.22	65
42	南通	26.43	19.45	44	17.39	66	12.08	66	55.71	16
43	台州	26.25	16.79	55	20.95	45	12.63	61	53.72	20
44	马鞍山	26.19	13.01	87	21.83	42	18.32	34	51.02	32
45	宜昌	26.02	17.49	51	20.78	46	16.05	44	49.04	42
46	惠州	25.99	15.56	63	21.22	44	13.33	56	53.00	23
47	昆明	25.43	26.20	25	17.25	67	14.88	47	42.52	83
48	乌鲁木齐	25.39	27.67	21	10.70	102	16.97	40	45.18	66
49	湘潭	25.36	14.12	77	22.43	41	12.21	65	51.90	26
50	泉州	25.36	19.10	45	14.28	89	9.97	76	56.83	12
51	株洲	25.26	9.93	97	31.50	15	10.10	74	49.02	43
52	绵阳	25.20	14.90	71	27.22	23	12.23	64	45.88	59
53	汕头	25.04	15.67	62	16.02	76	20.36	25	47.51	54
54	哈尔滨	24.79	16.11	58	17.73	61	25.20	15	39.83	95
55	海口	24.77	19.48	43	14.22	91	16.83	41	47.73	52
56	徐州	24.35	15.03	68	17.59	62	17.27	38	46.89	55
57	连云港	24.05	15.53	65	26.13	26	7.85	89	45.97	58

续表

排名	城市	创新指数得分	基础设施		创新资源		创新过程		创新产出	
			得分	排名	得分	排名	得分	排名	得分	排名
58	南宁	23.77	22.04	33	15.48	78	13.65	55	43.08	79
59	淮安	23.74	15.28	66	18.24	59	12.25	63	48.39	47
60	淄博	23.72	13.07	85	26.01	27	11.25	70	44.02	74
61	泰州	23.52	16.87	53	13.95	93	8.42	85	53.71	21
62	蚌埠	23.47	14.93	70	19.27	55	14.61	49	44.44	69
63	铜陵	23.42	13.77	81	24.39	35	8.25	87	46.56	56
64	拉萨	23.40	16.80	54	19.11	56	6.39	95	50.27	37
65	潍坊	23.19	15.91	60	20.77	47	11.44	69	43.93	75
66	盐城	23.13	14.15	75	16.28	74	11.06	71	50.16	38
67	洛阳	23.13	14.72	73	30.96	16	6.38	96	39.96	93
68	东营	23.13	15.55	64	14.28	88	9.85	77	51.80	27
69	宝鸡	22.71	13.06	86	16.64	72	18.61	31	42.07	87
70	景德镇	22.70	8.95	101	26.65	24	6.39	94	48.17	50
71	榆林	22.70	10.78	93	10.04	103	23.28	19	46.17	57
72	龙岩	22.61	14.80	72	18.13	60	7.80	91	48.77	46
73	西宁	22.55	23.77	29	12.46	96	13.01	59	40.05	92
74	柳州	22.50	19.06	46	20.46	50	3.69	104	45.76	61
75	吉林	21.87	15.03	69	14.63	85	17.43	37	39.85	94
76	唐山	21.85	18.99	47	16.77	69	6.37	97	44.29	72
77	石家庄	21.78	18.51	48	21.78	43	10.96	72	35.31	104
78	包头	21.72	14.31	74	25.02	30	2.15	105	44.55	68
79	宿迁	21.60	10.58	94	18.42	58	8.34	86	48.28	48

续表

排名	城市	创新指数得分	基础设施		创新资源		创新过程		创新产出	
			得分	排名	得分	排名	得分	排名	得分	排名
80	日照	21.26	12.54	88	14.59	86	12.59	62	44.60	67
81	银川	21.19	20.18	40	12.57	95	8.90	82	42.14	86
82	呼和浩特	21.07	16.60	56	16.17	75	7.85	90	42.80	81
83	秦皇岛	20.99	15.97	59	11.62	99	17.21	39	38.59	97
84	襄阳	20.88	9.48	100	17.54	63	11.59	68	44.32	70
85	新余	20.88	10.48	95	16.51	73	5.03	100	50.51	35
86	萍乡	20.67	13.57	82	16.75	70	5.60	99	45.86	60
87	滁州	20.45	7.90	103	11.78	97	18.12	35	43.50	77
88	玉溪	20.38	15.88	61	15.07	81	3.88	103	45.64	62
89	黄石	20.29	9.54	99	15.59	77	12.69	60	42.75	82
90	衡阳	20.28	7.81	104	15.32	79	13.32	58	44.10	73
91	岳阳	20.25	13.79	80	9.08	104	8.13	88	48.91	44
92	荆门	20.12	10.35	96	14.20	92	9.72	78	45.43	63
93	遵义	19.94	20.13	41	8.90	105	9.08	81	40.64	89
94	漳州	19.81	11.86	91	11.38	100	6.70	93	48.27	49
95	德阳	19.52	9.79	98	14.94	82	7.17	92	45.38	64
96	营口	19.50	14.07	78	14.73	84	4.94	101	43.34	78
97	临沂	19.12	13.92	79	16.73	71	9.40	79	35.84	102
98	济宁	19.09	12.13	89	13.77	94	9.27	80	40.46	91
99	新乡	19.05	11.89	90	17.43	65	8.46	84	37.81	99
100	保定	19.01	11.71	92	18.62	57	10.72	73	34.56	105
101	长治	18.91	13.18	84	14.42	87	4.82	102	42.31	85

续表

排名	城市	创新指数得分	基础设施		创新资源		创新过程		创新产出	
			得分	排名	得分	排名	得分	排名	得分	排名
102	德州	18.91	7.38	105	16.93	68	10.08	75	40.71	88
103	南阳	18.77	13.18	83	17.47	64	5.76	98	37.94	98
104	汉中	18.59	8.50	102	11.69	98	18.42	32	35.44	103
105	邯郸	18.12	15.14	67	11.11	101	8.69	83	36.79	101

注:表格单元的灰色深度表示该列指标在105个城市中排名情况。其中:深灰色表示该指标位列前1/3位(第1—35位)或为新入榜;浅灰色表示该指标位列第1/3至第2/3位(第36—70位);白色表示该指标位列后1/3位(第71—105位)。

3.1 基础设施

在基础设施方面,上海(55.50①)、北京(52.02)、深圳(51.90)、广州(41.82)、重庆(38.49)、天津(35.05)、杭州(34.55)、南京(32.75)、济南(31.73)、东莞(31.11)表现最佳,表明以上十大城市有着良好的基础设施配置,从而能够为当地的创新发展提供良好支撑。对比各城市的创新型经济指数得分排名与基础设施指标得分排名的差异,可以看出芜湖、株洲、马鞍山、景德镇与湘潭的负向偏差较大,基础设施指标得分分别低了51、46、43、31、28位,表明这些城市在创新发展过程中基础设施相对落后;而遵义、西宁、银川、邯郸与唐山表现出较大的正向偏差,分别高了52、44、41、38、29位,表明这些城市在创新发展过程中基础设施相对发达。基础设施包含数字、交通、政策与金融四个方面,单项指标排名位居前十的城市如表3-2至表3-5所示。北京、上海与广州的数字基础建设较为完善;深圳、西宁与兰州的交通基础排名靠前;北京、上海与深圳的金融基础发展完备;重庆、上海与东莞的政策基础发展较为领先。

---

① 此数值为得分,下同。

表 3-2　数字基础得分前十

排名	城市	得分
1	北京	66.89
2	上海	59.38
3	广州	56.91
4	宁波	48.81
5	苏州	48.13
6	杭州	47.08
7	南京	47.03
8	长沙	46.90
9	太原	45.76
10	西安	44.84

表 3-3　交通基础得分前十

排名	城市	得分
1	深圳	48.62
2	西宁	45.72
3	兰州	42.48
4	乌鲁木齐	40.46
5	贵阳	35.06
6	广州	33.53
7	厦门	31.25
8	青岛	29.31
9	金华	28.83
10	北京	28.81

表 3-4　金融基础得分前十

排名	城市	得分
1	北京	96.11
2	上海	88.48
3	深圳	75.13
4	广州	64.13
5	杭州	62.54
6	成都	52.74
7	南京	50.97
8	苏州	49.39
9	武汉	46.05
10	天津	45.78

表 3-5　政策基础得分前十

排名	城市	得分
1	重庆	69.13
2	上海	53.70
3	东莞	50.30
4	深圳	41.73
5	遵义	41.63
6	大连	39.39
7	天津	37.68
8	南阳	29.63
9	济南	28.65
10	沈阳	28.64

3.2 创新资源

在创新资源方面,北京(66.33)、上海(49.46)、深圳(48.18)、武汉(44.11)、西安(43.68)、杭州(41.54)、合肥(40.24)、苏州(40.17)、成都(38.80)、广州(38.50)表现最佳,表明以上十大城市有着丰富的创新资源,从而能够为当地的创新发展提供良好支撑。对比各城市的创新型经济指数得分排名与创新资源指标得分排名,可以看出长春、乌鲁木齐、金华、兰州与泉州的负向偏差较大,创新资源指标排名分别低了63、54、44、44、39位,表明这些城市在创新发展过程中创新资源储备相对落后;而洛阳、包头、景德镇、保定与南阳表现出较大的正向偏差,分别高了51、48、46、43、39位,表明这些城市在创新发展过程中创新资源相对更为丰富。创新资源包括人力资源、研发投入与创新机构三个方面,单项指标排名位居前十的城市如表3-6至表3-8所示。北京、南京与杭州的人力资源最为丰富;深圳、合肥与北京的研发投入最多;北京、上海与西安的创新机构建设完备。

表3-6 人力资源得分前十

排名	城市	得分
1	北京	55.26
2	南京	51.41
3	杭州	51.26
4	深圳	49.97
5	广州	47.70
6	苏州	45.66
7	上海	44.55
8	武汉	43.97
9	长沙	43.81
10	济南	43.68

表3-7 研发投入得分前十

排名	城市	得分
1	深圳	72.65
2	合肥	65.98
3	北京	59.66
4	芜湖	58.93
5	苏州	54.50
6	杭州	51.42
7	株洲	50.66
8	绵阳	48.56
9	上海	48.13
10	连云港	47.76

表 3-8 创新机构得分前十

排名	城市	得分
1	北京	82.41
2	上海	54.94
3	西安	41.75
4	武汉	40.92
5	成都	38.38
6	洛阳	29.07
7	广州	25.38
8	包头	23.88
9	无锡	23.67
10	杭州	23.35

3.3 创新过程

在创新过程表现方面,北京(88.04)、西安(57.58)、武汉(53.14)、南京(45.46)、长春(40.50)、广州(39.57)、上海(36.33)、深圳(34.84)、成都(33.76)、杭州(32.36)表现最佳,表明以上十大城市创新转化过程顺畅,从而能够为当地的创新发展提供良好支撑。对比各城市的创新型经济指数排名与创新过程排名,可以看出连云港、拉萨、柳州、烟台与洛阳的负向偏差较大,创新过程指标排名分别低了32、31、30、29、29位,表明这些城市在创新发展过程中创新转化效率相对落后;而汉中、滁州、榆林、秦皇岛与哈尔滨表现出较大的正向偏差,分别高了72、52、52、44、39位,表明这些城市在创新发展过程中创新转化效率相对发达。创新过程包含知识的创造与扩散两个方面,单项指标排名位居前十的城市如表3-9和表3-10所示。北京、武汉与南京的知识创造水平走在前列;北京、西安与广州的知识扩散水平最高。

表 3-9　知识创造得分前十

排名	城市	得分
1	北京	75.85
2	武汉	75.38
3	南京	62.14
4	杭州	50.12
5	深圳	48.70
6	长春	46.40
7	上海	41.88
8	兰州	41.71
9	西安	39.55
10	广州	38.74

表 3-10　知识扩散得分前十

排名	城市	得分
1	北京	100.00
2	西安	75.29
3	广州	40.39
4	成都	36.20
5	天津	34.99
6	长春	34.70
7	武汉	31.29
8	上海	30.89
9	南京	29.07
10	宝鸡	25.84

3.4　创新产出

在创新产出方面,深圳(74.63)、苏州(62.24)、无锡(62.12)、宁波(61.44)、杭州(60.01)、常州(59.09)、佛山(59.08)、东莞(58.69)、南京(58.63)、湖州(57.48)表现最佳,表明以上十大城市有着良好的创新效益。对比各城市的创新型经济指数得分排名与创新产出指标得分排名,可以看出西安、天津、兰州、重庆与沈阳的负向偏差较大,创新产出指标排名分别低了 89、72、61、60、58 位,表明这些城市在创新发展过程中创新产出的表现相对较差;而新余、岳阳、漳州、东营与泰州表现出较大的正向偏差,分别高了 52、47、45、41、40 位,表明这些城市在创新发展过程中创新产出表现优异。创新产出包括创新经济效益、数字创新活力、创新包容性与创新可持续性四个方面,单项指标排名位居前十的城市如表 3-11 至表 3-14 所示。苏州、无锡与深圳的创新经济效益较高;深圳、北京与上海的数字创新活力排名靠前;湖州、嘉兴与绍兴的创新包容性最好;龙岩、厦门与新余的创新可持续性表现最好。

表 3-11　创新经济效益得分前十

排名	城市	得分
1	苏州	93.27
2	无锡	91.44
3	深圳	87.07
4	东营	83.57
5	常州	83.54
6	南京	79.78
7	宁波	79.32
8	佛山	78.38
9	榆林	75.25
10	镇江	74.85

表 3-12　数字创新活力得分前十

排名	城市	得分
1	深圳	83.90
2	北京	63.80
3	上海	60.08
4	广州	48.58
5	杭州	45.15
6	厦门	36.28
7	东莞	34.43
8	南京	30.65
9	成都	28.03
10	苏州	27.97

表 3-13　创新包容性得分前十

排名	城市	得分
1	湖州	91.09
2	嘉兴	86.21
3	绍兴	84.27
4	湘潭	84.20
5	台州	84.12
6	镇江	83.70
7	宿迁	83.38
8	盐城	81.76
9	无锡	81.67
10	徐州	81.62

表 3-14　创新可持续性得分前十

排名	城市	得分
1	龙岩	82.25
2	厦门	80.94
3	新余	80.43
4	景德镇	78.91
5	福州	78.84
6	威海	78.48
7	玉溪	78.21
8	海口	78.15
9	柳州	77.83
10	昆明	77.51

第 4 章　领先城市

在创新型经济发展的过程中,我国部分城市已经取得了一定成效,并形成了独特各异的发展模式,对其他城市的创新型经济建设具有示范、引领、带动作用。课题组对创新型经济综合排名前十城市的发展模式进行了分析,以期为管理者、学者提供创新型经济建设与发展提供有益参考。

创新型经济指数得分排名前十的城市分别为北京、深圳、上海、广州、武汉、南京、西安、杭州、苏州、成都,各个城市的基本信息见表 4-1,发展模式见图 4-1。

表 4-1　中国创新型经济排名前十的城市总体情况

2021—2022创新型经济指数得分排名	2020—2021创新型经济指数得分排名	城市	区域	GDP总量/亿元	GDP总量排名	人均GDP/万元	人均GDP排名	基础设施指标得分排名	创新资源指标得分排名	创新过程指标得分排名	创新产出指标得分排名
1 ＝	1	北京	京津冀城市群	36103	1	16.49	2	2	1	1	36
2 ＝	2	深圳	珠江三角洲城市群	27670	2	15.93	4	3	3	8	1
3 ＝	3	上海	长江三角洲城市群	38701	3	15.58	6	1	2	7	53
4 ＝	4	广州	珠江三角洲城市群	25019	4	13.50	10	4	10	6	15
5 ↑	8	武汉	长江中游城市群	15616	9	13.14	14	24	4	3	28
6 ↑	7	南京	长江三角洲城市群	14818	10	15.93	3	8	11	4	9
7 ↑	14	西安	关中平原城市群	10020	23	7.92	57	15	5	2	96
8 ↓	5	杭州	长江三角洲城市群	16106	8	13.66	8	7	6	10	5
9 ＝	9	苏州	长江三角洲城市群	20170	6	15.85	5	13	8	24	2
10 ↑	13	成都	成渝城市群	17717	7	8.57	47	14	9	9	34

注:"↑""↓"和"＝"分别代表相较于上一年排名的上升、下降和不变。

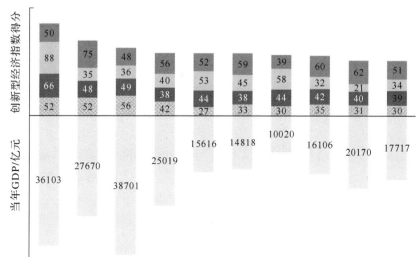

图 4-1　创新型经济排名前十城市各维度得分与 GDP

排名前十的城市主要分布在沿海发达地区,其中长江三角洲城市群 4 个、珠江三角洲城市群 2 个、京津冀城市群 1 个、长江中游城市群 1 个、关中平原城市群 1 个和成渝城市群 1 个。排名位列前十的城市的总 GDP 约为 22.19 万亿元,占当年全国所有城市 GDP 总量的 31.67%。各城市的 GDP 总量均超过 1 万亿元,其中北京、深圳、上海、广州与苏州的 GDP 总量超过 2 万亿元。此外,除西安和成都外,各城市人均 GDP 都在 10 万元人民币以上,北京、深圳、上海、南京、苏州人均 GDP 均超过 15 万元。

2021 年 Top10 榜单整体变动幅度不大,其中除了西安和成都(西安从第 14 位升至第 7 位;成都从第 13 位升至第 10 位)新进入榜单,其余 8 个城市连续两年进入前十。武汉(从第 8 位升至第 5 位)和南京(从第 7 位升至第 6 位)排名有所提升,而杭州排名略有下降(从第 5 位降至第 8 位);北京、深圳、上海、广州和苏州的排名则维持不变,分别为全国的第 1、2、3、4、9 位。

4.1 北京

图 4-2 所示为北京的创新型经济发展模式。

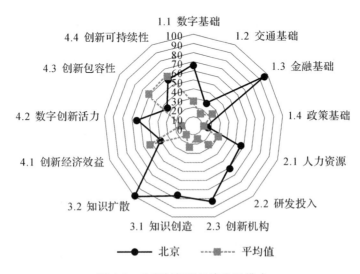

图 4-2 北京创新型经济发展模式

北京在创新资源和创新过程这两个一级指标的得分均位列全国首位,在基础设施方面也表现优异(排名 2),而在创新产出方面的表现相对较弱(排名 36)。

在基础设施方面,北京在金融基础(得分 96.11,排名 1)和数字基础(得分 66.89,排名 1)方面表现远超平均水平,同时在交通基础(得分 28.81,排名 10)和政策基础(得分 14.88,排名 24)方面表现良好。具体而言,北京优异的金融基础得益于其充足的人民币各项存/贷款余额(得分均为 100.00,排名 1)以及优越的数字金融(得分 88.34,排名 9)。在交通基础方面,北京的公路单位里程运输量(得分 7.18,排名 7)和公共汽(电)车运输人次占总人口比重(得分 60.38,排名 5)位于前列,而人均快递业务量(得分 8.34,排名 17)和城市物流仓储用地面积占城市建设用地总面积比重(得分 39.33,排名 24)得分相对较低。在政策基础方面,政府社会资本合作环境(得分 18.52,排名 26)和地方政府发布的以"创新"

为主题的政策数量(得分 11.24,排名 12)得分相对较低。北京的数字基础总体水平良好,但固网宽带渗透率(得分 23.71,排名 68)相对其余城市而言不佳,而在移动网络应用渗透率(得分 98.86,排名 2)和车联网车辆接入数量(得分 45,排名 4)这类新型网络接入方面表现良好,工业互联网示范项目数量(得分 100,排名 1)领先。

在创新资源方面,北京在人力资源(得分 55.26,排名 1)和创新机构(得分 82.41,排名 1)方面均表现突出,且研发投入(得分 59.66,排名 3)也具有优势。在研发投入方面,北京在 R&D 内部经费占 GDP 的比重(得分 90.12,排名 2)和一般公共预算科学技术支出占 GDP 的比重(得分 69.90,排名 5)方面表现良好,使得其在科学投资资源方面领先于其他城市;而高新区企业 R&D 经费内部支出占营业收入比重(得分 19.97,排名 59)相比其他城市较低。在创新机构方面,北京的国家重点实验室以及国家创新中心(国家制造业创新中心、国家企业技术中心)得分均位于首位,在文化机构(图书馆、博物馆)(得分 47.23,排名 7)方面也表现良好,为创新及其传播奠定了良好的文化氛围。此外,在人力资源方面,北京在普通高等学校教育数量与质量(得分 60.27,排名 3)、人才吸引力指数(得分 100,排名 1)和中等职业学校教育数量与质量(得分 50,排名 5)方面均表现优异,但一般公共预算教育支出与 GDP 比重(得分 25.10 ,排名 19)和高新区企业 R&D 人员所占比重(得分 40.91,排名 48)的得分处于入选城市的中游水平。

在创新过程方面,北京在知识创造(得分 75.85,排名 1)和知识扩散(得分 100.00,排名 1)方面的排名领先。在知识创造方面,北京的每十万人 WoS 论文数(得分 100.00,排名 1)、每十万人发明专利授权数(得分 100,排名 1)领先于全国,但在每亿元 R&D 内部经费支出所取得的发明专利授权数(得分 32.47 ,排名 21)和国际科研合作(得分 70.95,排名 11)得分处于入选城市的中上游水平。在知识扩散方面,北京的输出技术成交额占地区生产总值的比重、吸纳技术成交额占地区生产总值的比重(得分 100.00 和 100.00)以及国家技术转移机构数(得分 100.00)均位列全国首位,表现出极强的技术市场活力。

在创新产出方面,北京在以数字产业、数字消费、数字政务、数字文化衡量的数字创新活力(得分 63.80,排名 2)方面位于前列。然而在创新经济效益(得分 39.92,排名 84)、创新包容性(得分 36.38,排名 101)和创新可持续性(得分

59.93,排名 74)方面的表现却处于入选城市的末流。这一方面是由于北京的规模以上人均工业增加值(得分 20.49,排名 81)以及贸易顺差(逆差)(得分 0.00,排名 105)①指标得分较低,城乡居民人均可支配收入比(得分 26.92,排名 97)和平均房价与人均可支配收入比(得分 21.92,排名 103)方面的表现较差,以及单位 GDP 能耗(得分 67.72,排名 99)、废水废物处理能力(得分 65.60,排名 77)、空气质量指数(得分 42.38,排名 81)和货运碳排放量(得分 47.96,排名 71)得分排名较低所致。

4.2 深圳

图 4-3 所示为深圳的创新型经济发展模式。

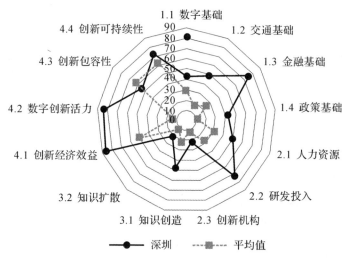

图 4-3 深圳创新型经济发展模式

深圳在创新产出(得分 74.63)方面位列第 1,在基础设施(得分 51.90,排名 3)、创新资源(得分 48.18,排名 3)与创新过程(得分 34.84,排名 8)方面的表现

---

① 注:北京的贸易顺差指标存在一定的特殊性。

也均处于领先地位。

　　在基础设施方面,深圳在交通基础(得分 48.62,排名 1)、金融基础(得分 75.13,排名 3)和政策基础(得分 41.73,排名 4)方面的表现均远高于全国城市的平均水平,数字基础(得分 42.56,排名 12)稍微逊色却也处于全国上游水平。其中,移动网络应用渗透率(得分 81.66,排名 7)、车联网车辆接入数量(得分 60,排名 2)和工业互联网示范项目数量(得分 12.5,排名 15)处于全国领先水平,而在固网宽带应用渗透率(得分 16.07,排名 85)方面表现较为落后。同时,深圳的公路单位里程运输量(得分 90.58,排名 1)、人均快递业务量(得分 23.72,排名 3)以及公共汽(电)车运输人次占总人口比重(得分 56.58,排名 6)处于领先地位,而城市物流仓储用地面积占城市建设用地总面积比重(得分 23.62,排名 63)处于全国城市中游水平,综合反映出其具有较强的交通基础设施。深圳金融基础表现仅次于北京、上海,而政策基础在政府社会资本合作环境(得分 14.81,排名 33)方面表现尚可,地方政府发布的以"创新"为主题的政策数量(得分 68.64,排名 3)处于领先地位。

　　在创新资源方面,依靠在人力资源(得分 49.97,排名 4)和研发投入(得分 72.65,排名 1)方面的优势,以及在创新机构(21.85,排名 13)得分处于中上游的情况下,深圳在资源类指标的排名中位列入选城市的第 3 位(得分 48.18)。尽管深圳的普通高等学校教育数量与质量(得分 24.81,排名 48)和中等职业学校教育数量与质量(得分 25.47,排名 90)得分较低,但一般公共预算教育支出占 GDP 比重(得分 23.91,排名 22)处于入选城市的中上游水平;同时深圳通过极高的人才吸引力指数(得分 89.90,排名 4)保证了创新人力资源。此外,深圳具有高研发人员比重(高新区企业 R&D 人员所占比重得分 85.78,排名 2),保证了创新资源的充足。深圳在 R&D 内部经费占 GDP 的比重(得分 76.23,排名 3)、一般公共预算科学技术支出占 GDP 的比重(得分 73.90,排名 3)以及高新区企业 R&D 经费内部支出占营业收入比重(得分 67.82,排名 2)方面在全国城市中领先,在研发中投入充分。在创新机构方面,深圳的国家创新中心(得分 39.95,排名 5)以及文化机构(得分 25.60,排名 27)为其提供了良好的基础,尽管其在国家重点实验室(0.00)方面表现欠佳。

　　在创新过程指标中,深圳在知识创造(得分 48.70,排名 5)和知识扩散(得分

21.23,排名 14)方面的表现均处于全国领先。具体表现为深圳每十万人发明专利授权数(得分 60.75,排名 3)位于全国前列,而每十万人 WoS 论文数(得分 21.22,排名 23)与研发投入的效率方面(每亿元 R&D 内部经费支出所取得的发明专利授权数得分 24.00,排名 33)处于中上游水平,国际科研合作(得分 70.95,排名 11)得分处于上游水平。深圳的输出/吸纳技术成交额占地区生产总值的比重(得分均为 21.65,排名 16)以及国家技术转移机构数(得分 20.37,排名 9)均表现良好。

在创新产出方面的各个指标中,深圳在创新经济效益(得分 87.07,排名 3)和数字创新活力(得分 83.90,排名 1)方面领先,在创新可持续性(得分 72.13,排名 18)方面处于上游水平,但在创新包容性(得分 54.60,排名 75)方面表现欠佳。具体来看,深圳在人均生产总值(得分 95.03,排名 4)、人均工业增加值(得分 71.22,排名 9)和贸易顺差(逆差)(得分 94.96,排名 3)方面处于全国领先;同时,深圳在数字产业活力(得分 100.00)处于全国首位,数字消费活力(得分 62.33,排名 3)、数字政务活力(得分 90.75,排名 2)、数字文化活力(得分 82.51,排名 4)方面均处于领先地位。

然而在包容性方面,尽管深圳的城镇登记失业率(得分 63.81,排名 37)较低且成为唯一达到 100% 城镇率的城市,但深圳居民住房压力极大,居全国首位。同时,在创新可持续性方面,深圳在单位 GDP 能耗(得分 87.38,排名 74)、货运碳排放量(得分 57.14,排名 57)方面处于全国的下游水平,废水废物处理能力(得分 73.58,排名 38)以及园林绿化覆盖率(得分 49.21,排名 34)较好,空气质量指数(得分 93.32,排名 8)处于全国领先水平。

4.3   上海

图 4-4 所示为上海的创新型经济发展模式。

上海在基础设施(得分 55.50,排名 1)、创新资源(得分 49.46,排名 2)方面表现突出,在创新过程(得分 36.33,排名 7)方面也位于领先地位,然而在创新产出(得分 47.60,排名 53)方面的表现仅处于中游水平。

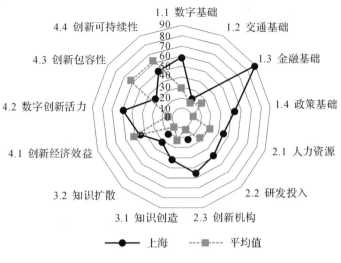

图 4-4　上海创新型经济发展模式

在基础设施方面,上海的金融基础表现仅次于北京(得分 88.48,排名 2),其中年末金融机构人民币各项存/贷款余额(得分 80.09;得分 96.19)表现处于全国第 2 位,数字金融(得分 89.16,排名 8)也处于前列。上海的政策基础(得分 53.70,排名 2)也处于领先态势。在交通基础方面(得分 21.07,排名 22)上海处于上游水平,其中公路单位里程运输量(得分 4.29,排名 17)、公共汽(电)车运输人次占总人口比重(得分 39.13,排名 18)、人均快递业务量(得分 10.41,排名 11)均位于前列,而城市物流仓储用地面积占城市建设用地总面积比重(得分 30.46,排名 40)比较低。上海的数字基础总体水平(得分 59.38,排名 2)在固网宽带应用渗透率(得分 30.42,排名 62)表现一般的情况下,却在车联网车辆接入率(得分 100.00,排名 1)和移动网络应用渗透率(得分 94.59,排名 3)这类新型网络接入方面表现较为突出。

在创新资源方面,上海的人力资源(得分 44.55,排名 7)、研发投入(得分 48.13,排名 9)表现优异,并且在创新机构(得分 54.94,排名 2)方面表现突出。尽管上海的一般公共预算教育支出占 GDP 比重(得分 16.41,排名 44)处于中上游水平,且具有众多内外知名高校,普通高等学校教育(得分 40.46,排名 16)得分排名也较为靠前,但其在职业技术人才的培养方面较为薄弱(中等职业学校教育教育与质量,得分 30.63,排名 61)。上海拥有全国最多的图书馆数量,同时博物馆、国家重点实验室以及国家制造业创新中心数量均仅次于北京,位列全国城市的第 2 位。

在创新过程指标中,上海在知识创造(得分 41.88,排名 7)和知识扩散(得分 30.89,排名 8)方面位于全国城市上游水平。上海在每十万人发明专利授权数(得分 30.05,排名 6)方面具有良好的表现,并且在知识创造的源头——每十万人 WoS 论文数(42.9,排名 5)方面具有优异的表现。同时,领先的输出技术成交额(23.18,排名 14)、吸纳技术成交额(23.18,排名 14)以及国家技术转移机构数(46.30,排名 2),表现出上海具有极强的技术转移能力和活力。

在创新产出维度上,上海整体表现相较于其他头部城市较为薄弱。其中,上海的数字创新活力(60.08,排名 3)领先于国内大多数城市,然而在创新经济效益(45.85,排名 65)、创新包容性(32.34,排名 105)和创新可持续性(50.85,排名 101)方面较为薄弱。上海作为全球大都市,人均地区生产总值得分位列全国第 6(92.39 分),同时数字消费活力位于全国第一(得分 100.00)。然而,上海的包容度和低碳发展水平还有待提升,其城镇登记失业率(得分 25.40,排名 89)水平靠后,城乡居民生活质量差距较大(城乡居民人均可支配收入比得分 49.98,排名 67)、房价与年工资比极高(平均房价与人均可支配收入比得分 21.67,排名 104)。此外,上海的废水废物处理能力(得分 66.22,排名 73)处于全国城市的中下游水平,而且有着入选城市中极高的货运碳排放量(得分 20.41,排名 103)及极低的园林绿化覆盖率(得分 20.12,排名 103)。

4.4 广州

图 4-5 所示为广州的创新型经济发展模式。

广州在四个创新型经济的发展维度上表现相对均衡,其中基础设施(得分 41.82)与创新资源(得分 38.50)排名第 4 和第 10 位、创新过程(得分 39.57)和创新产出(得分 55.87)则分别位于入选城市的第 6 及第 15 位。

在基础设施方面,广州的交通基础(得分 33.53,排名 6)、金融基础(得分

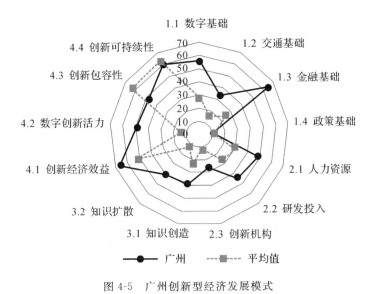

1.1 数字基础
1.2 交通基础
1.3 金融基础
1.4 政策基础
2.1 人力资源
2.2 研发投入
2.3 创新机构
3.1 知识创造
3.2 知识扩散
4.1 创新经济效益
4.2 数字创新活力
4.3 创新包容性
4.4 创新可持续性

——●—— 广州　　----■---- 平均值

图 4-5　广州创新型经济发展模式

64.13,排名 4)以及数字基础(得分 56.91,排名 3)较为完备,为创新型经济奠定了良好的基础;然而,政策基础(得分 11.10,排名 35)相对较为薄弱。从交通基础上看,广州具有位列全国第 4 的公路单位里程运输量(得分 16.86)、位列全国第 2 的人均快递业务量(得分 31.70)以及位列全国第 10 的公共汽(电)车运输人次占总人口比重(得分 52.34),保证了创新的必要条件。然而在政策基础方面,广州政府社会资本合作环境(得分 7.41)位于入选城市的中下游水平。

在创新资源方面,广州作为粤港澳大湾区的中心城市之一,在人力资源(得分 47.70,排名 5)、研发投入(得分 43.81,排名 13)、创新机构(得分 25.38,排名 7)方面也均处于领先地位。值得注意的是,广州的普通高等学校教育数量与质量得分(44.97 分)位列全国第 13 位;而在职业技术人才培养方面(中等职学校教育数得与质量,得分 28.66)位列全国第 76 位。

在创新过程指标中,广州在知识创造(得分 38.74,排名 10)和知识扩散(得分 40.39,排名 3)方面也均位于全国前列。在知识创造方面,广州表现出与北京、深圳相似的特征,在每十万人发明专利授权数(得分 27.17,排名 13)和每十万人 WoS 论文数(得分 36.71,排名 8)方面得分较高,然而在研发投入的效率方面(每亿元 R&D 内部经费支出所取得的发明专利授权数,得分 22.52,排名 38)

也处于入选城市的中游水平。同时,广州领先的输出技术成交额(得分 49.47,排名 3)、吸纳技术成交额(得分 49.47,排名 3)以及国家技术转移机构数(得分 22.22,排名 7),表现出很强的技术转移活力和能力。

在创新产出指标方面,广州的创新经济效益(得分 65.62,排名 19)、数字创新活力(得分 48.58,排名 4)处于全国的第一梯队,而创新包容性(得分 48.01,排名 97)和创新可持续性(得分 60.97,排名 66)仅处于入选城市的中下游水平。在创新经济效益的三个维度中,广州的人均地区生产总值(得分 76.59,排名 10)和贸易顺差(逆差)(得分 83.33,排名 15)相对领先,而人均工业增加值(得分 36.93,排名 44)则处于全国中游。创新型经济的数字文化活力(得分 74.64,排名 6)、数字产业活力(得分 25.02,排名 6)、数字消费活力(得分 66.24,排名 2)和数字政务活力(得分 28.42,排名 4)处于第一梯队。在包容性方面,广州具有中等的失业率(得分 47.62,排名 54),但是较高的城乡居民人均可支配收入比(得分 50.33,排名 66)和极高的房价收入比(得分 46.08,排名 101),反映出广州较高的城乡差距和较大的居民住房压力。

在创新可持续性方面,广州在园林绿化覆盖率(得分 59.48,排名 13)方面具有良好的表现,然而在单位 GDP 能耗(得分 79.07,排名 88)、废水废物处理能力(得分 72.50,排名 50)、空气质量指数(得分 70.32,排名 32)和货运碳排放(得分 23.47,排名 99)方面表现欠佳,部分反映出广州较高的创新经济效益是以环境为代价的。

4.5 武汉

图 4-6 所示为武汉的创新型经济发展模式。

武汉在创新资源(得分 44.11,排名 4)和创新过程(得分 53.14,排名 3)方面表现优异,在基础设施(得分 26.82,排名 24)和创新产出(得分 51.77,排名 28)方面相对较为一般。

在基础设施指标中,武汉在金融基础(得分 46.05,排名 9)方面的表现大幅超过全国平均水平,交通基础(得分 19.28,排名 26)、数字基础(得分 29.97,排名 33)和政策基础(得分 11.55,排名 33)的表现处于中游水平。在交通基础方面,武汉的人均快递业务量(得分 6.79,排名 26)、城市物流仓储用地占城市建设用

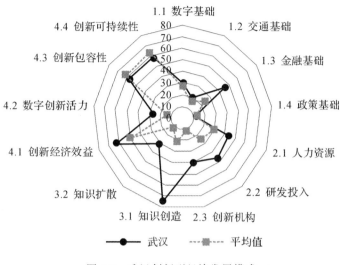

图 4-6　武汉创新型经济发展模式

地总面积比重(得分 34.50,排名 31)和公共汽(电)车运输人次占总人口比重(得分 33.65,排名 26)处于入选城市中的中上位次,而公路单位里程运输量(得分 2.19,排名 54)处于中等水平。在金融基础方面,武汉的年末金融机构人民币各项存款余额(得分 16.11,排名 11)、年末金融机构人民币各项贷款余额(得分 43.05,排名 10)均位于全国领先地位,而数字金融(得分 79.01,排名 25)建设水平相对较低。

　　在创新资源维度上,武汉的人力资源(得分 43.97,排名 8)、研发投入(得分 47.38,排名 11)和创新机构(得分 40.92,排名 4)为武汉的创新提供了重要的保障。武汉拥有的 17 个国家重点实验室和 2 个国家级制造业创新中心,均是创新的主要源泉。同时,武汉在研发投入上具有优势,如一般公共预算科学技术支出占 GDP 的比重得分 58.66,排名 9,R&D 内部经费占 GDP 的比重得分 48.69,排名 10。而武汉的人力资源在多个维度上具有较大的差距。其中,普通高等学校教育数量与质量(得分 54.81,排名 5)领先,而人才吸引力指数(得分 53.70,排名 11)位于中上游水平,但一般公共预算教育支出占 GDP 比重(得分 5.55,排名 88)和中等职业学校教育数量与质量(得分 24.95,排名 94)均低于全国平均水平。

在创新过程指标中,武汉在知识创造(得分 75.38,排名 2)和知识扩散(得分 31.29,排名 7)方面都具有优势。武汉知识产出数量大,每十万人发明专利授权数(得分 97.17,排名 2)、每十万人 WoS 论文数(得分 52.87,排名 3)均处于领先地位。从知识转移的维度上看,武汉的输出技术成交额(得分 32.13,排名 10)、吸纳技术成交额(得分 32.13,排名 10)和国家技术转移机构数(得分 29.63,排名 5)都具有优异的表现。

在创新产出指标中,武汉的创新经济效益(得分 63.82,排名 20)和数字创新活力(得分 26.96,排名 11)相对领先,然而在创新可持续性(得分 58.73,排名 78)和创新包容性(得分 58.37,排名 68)方面均处于中游水平。在创新经济效益方面,武汉的人均地区生产总值(得分 73.85,排名 14)处于全国前列,但贸易顺差(逆差)(得分 76.89,排名 51)和人均工业增加值(得分 40.72,排名 31)均处于相对较低水平。同时,尽管武汉作为全国领先城市,却有着较高的城镇登记失业率(得分 46.35,排名 60)、城乡差距(城乡居民人均可支配收入比,得分 56.90,排名 58)和平均房价与人均可支配收入比(得分 71.86,排名 87)。

4.6　南京

图 4-7 所示为南京的创新型经济发展模式。

南京在创新过程(得分 45.46,排名 4)方面表现突出,同时在基础设施(得分 32.75,排名 8)、创新资源(得分 38.33,排名 11)、创新产出(得分 58.63,排名 9)方面的表现也较为均衡,处于领先态势。

在基础设施指标方面,南京的金融基础(得分 50.97,排名 7)建设水平处于全国领先地位,同时数字基础(得分 47.03,排名 7)、交通基础(得分 21.88,排名 18)也较为优异,而政策基础(9.85,排名 36)处于入选城市的中游水平。在金融基础方面,南京的年末金融机构人民币各项存款余额(得分 20.96,排名 8)及年末金融机构人民币各项贷款余额(得分 45.68,排名 9)均位于全国前十位,而在数字金融(得分 86.27,排名 13)方面也具有比较优势。

在创新资源方面,南京在人力资源(得分 51.41,排名 2)上表现突出,在研发

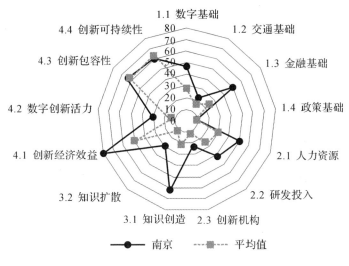

图 4-7　南京创新型经济发展模式

投入(得分 42.40,排名 14)和创新机构(得分 23.21,排名 11)两个维度上具有较为均衡的表现。南京在普通高等学校教育数量与质量(得分 61.82,排名 2)方面处于全国领先水平,中等职业学校教育数量与质量(得分 35.18,排名 36)处于中上游水平。在研发投入方面,南京整体表现也具有优势,其中 R&D 内部经费占GDP 的比重(得分 48.17,排名 11),高新区企业 R&D 经费内部支出占营业收入的比重(得分 39.20,排名第 9),以及一般公共预算科学技术支出占 GDP 的比重(得分 39.71,排名 19)都有良好的表现。在创新机构方面,南京具有 19 个国家重点实验室,位列全国第 3 位,仅次于北京、上海;同时,南京的博物馆与图书馆等文化机构数量(文化机构,得分 39.23,排名 10)均处于领先水平。

在创新过程指标方面,南京在知识创造(得分 62.14,排名 3)和知识扩散(得分 29.07,排名 9)上都具有优势。其中,南京的每十万人 WoS 论文数(得分86.11,排名 2)表现突出,同时每十万人发明专利授权数(得分 54.89,排名 4)也处于领先地位,但每亿元 R&D 内部经费支出所取得的发明专利授权数(得分34.65,排名 18)仅处于中上游水平。在以输出技术成交额(得分 26.94,排名11)、吸纳技术成交额(得分 26.94,排名 11)和国家技术转移机构数(得分 33.33,排名 3)衡量的知识转移维度上,南京的表现也具有优势。

在创新产出指标方面,南京在创新经济效益(得分 79.78,排名 6)和数字创新活力(得分 30.65,排名 8)上具有领先优势,然而在创新包容性(得分 64.13,排名 48)和创新可持续性(得分 61.19,排名 64)两个维度上却相对落后。南京的人均地区生产总值仅次于无锡和北京,位居全国第 3 位。然而在创新包容性的三个维度中,南京的表现相对落后。其中,南京的城镇登记失业率(得分 88.57,排名 5)低于大多数入选城市。南京的城乡居民人均可支配收入比(得分 43.42,排名 74)以及平均房价与人均可支配收入比(得分 60.40,排名 96)表现较差,体现出较大的城乡差距和居民生活压力。

4.7 西安

图 4-8 所示为西安的创新型经济发展模式。

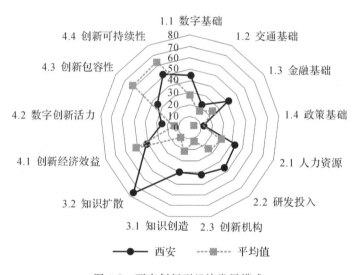

图 4-8 西安创新型经济发展模式

西安在创新资源(43.68,排名 5)和创新过程(得分 57.58,排名 2)方面表现突出,在基础设施(得分 30.13,排名 15)方面也位于领先地位,然而在创新产出(得分 38.66,排名 96)方面的表现仅处于下游水平。

在基础设施方面,西安在金融基础(得分 40.53,排名 13)上表现良好,其中年末金融机构人民币各项存/贷款余额(得分 13.55;得分 30.63)表现处于全国第 12 和 13 位,数字金融(得分 77.38,排名 26)表现也处于前列。西安的政策基础(得分 12.14,排名 32)处于全国入选城市中上游。在交通基础(得分 21.79,排名 19)方面西安处于上游水平,其中公路单位里程运输量(得分 5.58,排名 9)、公共汽电车运输人次占总人口比重(得分 44.65,排名 14)均位于前列,而人均快递业务量(3.86,排名 44)和城市物流仓储用地面积占城市建设用地总面积的比重(得分 33.07,排名 34)相对较低。西安的数字基础总体水平(得分 44.84,排名 10)在固网宽带应用渗透率(得分 30.67,排名 61)方面表现一般的情况下,却在车联网车辆接入率(得分 18.00,排名 17)、移动网络应用渗透率(68.19,排名 24)以及工业互联网示范项目数量(62.50,排名 2)方面表现较为突出。

在创新资源方面,西安在创新人力资源(得分 43.12,排名 11)、研发投入(得分 46.05,排名 12)上表现优异,并且在创新机构(得分 41.75,排名 3)上表现突出。尽管西安一般公共预算教育支出占 GDP 比重(得分 12.49,排名 60)处于中游水平,在普通高等学校教育数量与质量(得分 47.04,排名 10)上排名较为靠前,然而在职业技术人才的培养方面(中等职业学校教育数量与质量,得分 33.81,排名 44)较为薄弱。

在创新过程指标方面,西安在知识创造(得分 39.55,排名 9)和知识扩散(得分 75.29,排名 2)上位于全国城市领先水平。西安在每十万人发明专利授权数(得分 28.90,排名 9)上具有良好的表现,并且在知识创造的源头——每十万人WoS 论文数(得分 45.02,排名 4)上具有优异的表现。同时,排名领先的输出技术成交额(得分 99.05,排名 2)、吸纳技术成交额(得分 99.05,排名 2)以及国家技术转移机构数(得分 27.78,排名 6)表现出西安具有极强的技术转移能力和活力。

在创新产出维度方面,西安的数字创新活力(得分 25.60,排名 12)领先于国内大多数城市,然而在创新经济效益(得分 41.22,排名 78)、创新包容性(得分 35.31,排名 103)和创新可持续性(得分 52.00,排名 97)上较为薄弱。西安的人均地区生产总值(得分 34.13,排名 57)处于中游水平,数字产业活力(得分 18.52,排名 12)和数字政务活力(得分 14.70,排名 11)表现良好。然而,西安的包容度和低碳发展水平还有待提升,其城镇登记失业率(得分 28.57,排名 83)水平靠后,城乡居民生活质量差距较大(城乡居民人均可支配收入比,得分 7.75,排名 104)、房价与收入比极高(平均房价与人均可支配收入比,得分 69.61,排名 92)。此外,西安的单位 GDP 能耗(得分 82.82,排名 82)、废水废物处理能力(得分 65.79,排名 76)、空气质量指数(得分 22.59,排名 92)园林绿化覆盖率(得分 41.86,排名 68)和货运碳排放量(得分 46.94,排名 75)均处于全国城市的中下游水平。

4.8　杭州

图 4-9 所示为杭州的创新型经济发展模式。

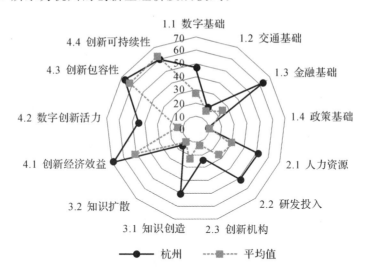

图 4-9　杭州创新型经济发展模式

杭州在创新经济产出(得分 60.01,排名 5)、创新资源(得分 41.54,排名 6)以及基础设施(得分 34.55,排名 7)方面表现突出,并在创新过程(得分 32.36,排名 10)方面也位于领先地位。

从基础设施上看,杭州的数字基础(得分 47.08,排名 6)和金融基础(得分

62.54,排名 5)处于领先,而交通基础(得分 18.39,排名 30)和政策基础(得分
9.11,排名 42)仅处于入选城市的中上游。固网宽带应用渗透率(得分 54.56,排
名 11)、移动网络应用渗透率(得分 84.27,排名 6)和车联网车辆接入数量(得分
37,排名 8)的排名都非常靠前,可见"中国数字经济第一城"具有扎实的网络基
础。在衡量交通基础的四个维度中,杭州的人均快递业务量(得分 19.48,排名
5)、公路单位里程运输量(得分 3.59,排名 24)和公共汽(电)车运输人次占总人
口比重(得分 39.02,排名 19)相对靠前,但城市物流仓储用地面积占城市建设用
地总面积比重(得分 11.46,排名 95)却落后于大多数入选城市。

从创新资源上看,杭州的创新资源实力较为均衡,其中人力资源排名第 3
(得分 51.26)、研发投入排名第 6(得分 51.42)、创新机构排名第 10(得分
23.35)。尽管杭州本土的人才培养并不突出(普通高等学校教育数量与质量排
名第 19,中等职业学校教育数量与质量排名第 70,一般公共预算教育支出占
GDP 比重排名第 52),但其人才吸引力指数(得分 99.2)位列全国第 2。在研发
投入和创新机构维度上,杭州表现出均衡的实力,各项三级指标均位列全国城市
前 20 位。

在创新过程指标中,杭州在知识创造(得分 50.12,排名 4)和知识扩散(得分
14.91,排名 21)方面也均位于全国前列,且实力均衡。在知识创造方面,和其他
领先城市类似,杭州均有较高的每十万人发明专利授权数(得分 49.62,排名 5)
和每十万人 WoS 论文数(得分 41.49,排名 6),但研发投入的效率(每亿元 R&D
内部经费支出所取得的发明专利授权数,得分 35.99,排名 17)相对较低。同时,
杭州的吸纳技术成交额(得分 12.18,排名 47)和输出技术成交额(得分 12.18,排
名 47)尽管已处于中上游,但和技术活力较高的北京、上海、广州有较大的差距。

在创新产出指标方面,杭州在数字创新活力(得分 45.15,排名 5)表现上居
全国先列,创新经济效益(得分 68.56,排名 14)和创新包容性(得分 67.01,排名
41)方面表现也较好,然而其创新可持续性(得分 60.19,排名 72)处于入选城市
的中下游水平。杭州在数字文化活力(得分 82.58,排名 3)和数字消费活力(得
分 60.69,排名 4)方面表现突出。在包容性方面,尽管杭州的城镇登记失业率
(得分 66.03,排名 34)和城乡居民人均可支配收入比(得分 79.89,排名 15)表现
良好,但平均房价与人均可支配收入比(得分 55.10,排名 98)低于大多数入围城

市,体现出较大的生活压力。在创新可持续性方面,除空气质量指数(得分69.03,排名35)和园林绿化覆盖率(得分49.11,排名36)表现良好外,单位GDP能耗(得分89.89,排名60)、废水废物处理能力(得分68.43,排名64)以及货运碳排放量(得分24.49,排名98)均表现一般。

4.9 苏州

图 4-10 所示为苏州的创新型经济发展模式。

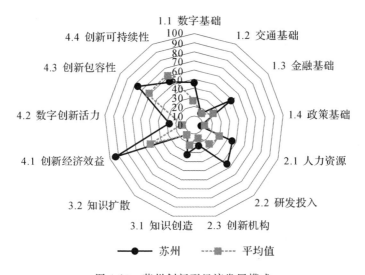

图 4-10　苏州创新型经济发展模式

苏州在创新产出(得分62.24,排名2)方面表现突出,在基础设施(得分30.52,排名13)、创新资源(得分40.17,排名8)和创新过程(得分21.13,排名24)三个维度上也具有较强的实力。

在基础设施维度上,苏州在的数字基础(得分48.13,排名5)和金融基础(得分49.39,排名8)建设方面远超入选城市的平均水平,但其交通基础(得分15.20,排名45)和政策基础(得分8.00,排名46)表现平平。苏州在以固网宽带应用渗透率(得分55.86,排名9)、移动网络应用渗透率(得分72.65,排名13)、车联网车辆接入数量(得分 39,排名 7)和工业互联网示范项目数量(得分 25,排名 8)衡量的数字基础中均表现良好,超越大部分入选城市。

在创新资源维度上,苏州在人力资源(得分 45.66,排名 6)、研发投入(得分 54.50,排名 5)和创新机构(得分 21.03,排名 14)方面均具有优势。苏州 2020 年的 R&D 内部经费占 GDP 的比重、一般公共预算科学技术支出占 GDP 的比重以及高新区企业 R&D 经费内部支出占营业收入比重均处于入选城市的前列,均排名第 6。

在创新过程指标中,苏州的知识创造(得分 31.23,排名 22)和知识扩散(得分 11.20,排名 34)具有一定的优势。苏州知识产出数量大,每十万人发明专利授权数(得分 26.22,排名 14)和国际科研合作(得分 72.82,排名 9)处于领先地位,而每十万人 WoS 论文数(得分 11.68,排名 31)和每亿元 R&D 内部经费支出所取得的发明专利授权数(得分 14.23,排名 57)却低于入选城市的平均水平。从知识转移的维度上看,苏州的输出技术成交额(得分 12.17,排名 48)、吸纳技术成交额(得分 12.17,排名 48)和国家技术转移机构数(得分 9.26 排名 25)均处于入选城市的中上游水平。

在创新产出指标中,苏州的创新经济效益(得分 93.27,排名 1)处于全国城市的第 1 位,数字创新活力(得分 27.97,排名 10)和创新包容性(得分 75.98 排名 21)也处于领先地位,而创新可持续性(得分 54.33,排名 93)处于入选城市的下游水平。苏州的人均地区生产总值(得分 94.39)、贸易顺差(逆差)(得分 95.63)和人均工业增加值(得分 89.79)均位于全国城市的前 5 位,足见苏州雄厚的经济和工业发展实力。在包容性维度中,类似于其他领先城市,苏州的城镇登记失业率(得分 86.67,排名 15)较低,城乡差距较小(城乡居民人均可支配收入比,得分 71.61,排名 27),然而平均房价与人均可支配收入比(得分 69.65,排名 91)处于下游水平。在创新可持续性方面,苏州在单位 GDP 能耗(得分 94.90,排名 20)方面表现良好,在空气质量指数(得分 61.84,排名 47)和园林绿化覆盖率(得分 47.86,排名 41)方面的表现也处于中上游水平,然而在废水废物处理能力(得分 67.04,排名 69)和货运碳排放量(得分 0.00,排名 105)方面表现较差。

4.10 成都

图 4-11 所示为成都的创新型经济发展模式。

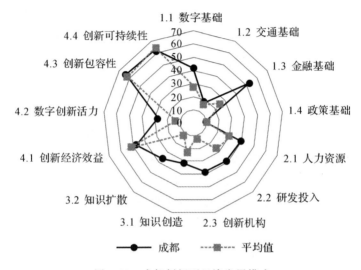

图 4-11 成都创新型经济发展模式

成都在创新过程(得分 33.76,排名 9)和创新资源(得分 38.80,排名 9)方面表现优异,在基础设施(得分 30.45,排名 14)方面也具有优势,然而在创新产出(得分 50.51 排名 34)方面表现不佳。

在基础设施维度上,成都的金融基础(得分 52.74,排名 6)和数字基础(得分 41.16,排名 14)建设领先于大部分入选城市,而政策基础(得分 9.70,排名 37)和交通基础(得分 17.28,排名 37)建设水平相对较低。在数字基础建设方面,成都的移动网络应用渗透率(得分 71.96,排名 14)、车联网车辆接入数量(得分 25,排名 9)以及工业互联网示范项目数量(得分 37.5,排名 6)均处于入选城市前列,而固网宽带应用渗透率(得分 30.20,排名 63)稍稍靠后。在交通基础方面,成都的人均快递业务量(得分 5.16,排名 30)和公共汽(电)车运输人次占总人口比重(得分 37.52,排名 21)表现良好,而公路单位里程运输量(得分 2.21,排名 52)和城市物流仓储用地面积占城市建设用地总面积比重(得分 24.21,排名 59)表现相对较差。在金融基础方面,成都的年末金融机构人民币各项存款/贷款余额(得分 22.75;得分 48.29)排名均处于前 10。

在资源维度上,成都在人力资源(得分 39.50,排名 16)、研发投入(得分 38.62,排名 18)和创新机构(得分 38.38,排名 5)方面均具有良好的表现。尽管成都在普通高等学校教育数量与质量方面处于入选城市的中上水平(得分 33.85,排名 33),但是成都在中等职业教育学校教育数量与质量方面仅处于入选城市的末位。同时,在研发投入方面,成都的地方研发与科学技术投入均处于全国前列,并且企业的研发投入也具有优势(高新区企业 R&D 经费内部支出占营业收入比重得分 37.02,排名 13)。

在创新过程指标中,成都在知识扩散(得分 36.20,排名 4)方面具有一定的优势,而知识创造(得分 31.29,排名 21)指标得分则相对较低。在知识创造维度上,成都的每十万人发明专利授权数(得分 17.21,排名 28)、每十万人 WoS 论文数(得分 23.73,排名 19)均处于上游水平,然而知识创造的投入产出比(每亿元 R&D 内部经费支出所取得的发明专利授权数,得分 22.87,排名 36)却处于入选城市的中上游。从知识转移的维度上看,成都在输出技术成交额占地区生产总值的比重(得分 37.63,排名 9)、吸纳技术成交额占地区生产总值的比重(得分 37.63,排名 9)和国家技术转移机构数(得分 33.33,排名 3)这三个子维度上均有优异的表现。

在创新产出指标方面,成都的表现不佳。其中,除数字创新活力(得分 28.03,排名 9)表现优异外,创新经济效益(得分 47.57,排名 58)、创新包容性(得分 64.85,排名 46)以及创新可持续性(得分 62.18,排名 59)均处于入选城市的中游。在衡量创新包容性的指标中,成都的城乡收入差距不大(城乡居民人均可支配收入比,得分 75.27,排名 21),然而城镇登记失业率(得分 47.62,排名 54)成绩却不理想,同时平均房价与人均可支配收入比也较高(得分 71.67,排名 88)。在创新可持续性指标中,成都的园林绿化覆盖率(得分 50.98,排名 30)表现良好,废水废物处理能力(得分 71.06,排名 55)处于入选城市的中游水平,在空气质量指数(得分 44.13,排名 78)、货运碳排放量(得分 59.18,排名 53)以及单位 GDP 能耗(得分 85.55,排名 78)方面均表现不佳。

第 5 章　城市群分析

　　城市群是指在一定地域范围内,不同性质、类型和等级规模的若干城市通过密切的内部联系构成的城市集合体。自"十一五"以来,城市群就被作为推进我国新型城镇化的主体形态。在"十三五"以及"十四五"规划中,推进城市群建设的步伐进一步加大。《全国国土资源规划纲要(2016—2030 年)》指出,我国的新型城镇化要把城市群作为主体形态。国家"十三五"规划纲要首次明确了我国城市群建设的总体规划是建设 19 个城市群,其中将京津冀、长三角及珠三角 3 个城市群打造为世界级城市群。2021 年发布的国家"十四五"规划纲要多次强调城市群的重要性,并指出城市群分级发展战略:优化提升京津冀、长三角、珠三角、成渝、长江中游等城市群,发展壮大山东半岛、粤闽浙沿海、中原、关中平原、北部湾等城市群,培育发展哈长、辽中南、山西中部、黔中、滇中、呼包鄂榆、兰州—西宁、宁夏沿黄、天山北坡等城市群。

　　本书将重点分析我国 3 个世界级城市群,以及截至 2022 年 9 月 1 日国务院已批复同意城市群发展规划的 8 个主要城市群,共计 11 个城市群。各城市群的范围及相应战略定位可参考本书附录中的附表 3-1。在本蓝皮书中,11 个城市群中入选的城市达 72 个,超过本书所有城市数量的三分之二,因此具有典型性和代表性。同时,我国经济圈的发展各有特色,对城市群之间的发展差异进行比较有重要意义。并且,各城市群内部的城市发展展示出了不同的模式,因此对城市群内的城市进行横向对比也十分必要。

5.1　主要城市群比较

　　在本节中,我们将根据数据对十一个城市群的特点分别进行讨论。具体而言,我们对十一个城市群中入选城市的数量进行了统计,如表 5-1 所示。此外,考虑到:(1)城市群的创新型经济发展水平不仅取决于其发展总量,同时也取决于城市群内城市的平均发展水平;(2)城市群的创新经济总分或平均分会受到城市群本身城市总数以及入选条件(GDP、国家创新型城市名单)的影响,本节将结合各城市群的创新型经济总分及各城市群入选城市的平均分进行综合分析。入选城市群的创新型经济指数总分以及加权平均分如表 5-2 和图 5-1 所示。

表 5-1　主要城市群创新型经济入选城市

城市群名称	入选城市总数	入选城市
长江三角洲城市群	23	上海、南京、杭州、苏州市、宁波、合肥、无锡、湖州、温州、芜湖、常州、嘉兴、镇江、绍兴、金华、扬州、南通、台州、马鞍山、泰州、铜陵、盐城
长江中游城市群	14	武汉、长沙、南昌、宜昌、湘潭市、株洲、景德镇、襄阳、新余、萍乡、黄石、衡阳、岳阳、荆门
京津冀城市群	5	北京、天津、唐山、石家庄、秦皇岛、保定、邯郸
珠三角城市群	5	深圳、广州市、东莞市、佛山市、惠州
中原城市群	7	郑州、蚌埠、洛阳、新乡、长治、南阳、邯郸
成渝城市群	4	成都、重庆、绵阳、德阳
哈长城市群	3	长春、哈尔滨、吉林
呼包鄂榆城市群	3	榆林、包头、呼和浩特
关中平原城市群	2	西安、宝鸡
兰州—西宁城市群	2	兰州、西宁
北部湾城市群	2	海口、南宁

表 5-2 主要城市群创新型经济指数及排名

城市群名称	创新型经济指数总分	排名	创新型经济指数平均分	排名
长江三角洲城市群	703.21	1	30.57	3
长江中游城市群	346.48	2	24.75	8
京津冀城市群	200.03	3	28.58	4
珠三角城市群	187.32	4	37.46	1
中原城市群	149.70	5	21.39	11
成渝城市群	111.67	6	27.92	5
哈长城市群	75.84	7	25.28	6
呼包鄂榆城市群	64.89	8	21.63	10
关中平原城市群	64.65	9	32.33	2
兰州—西宁城市群	49.54	10	24.77	7
北部湾城市群	48.24	11	24.12	9

注：由于各城市群包含的城市数量和入选本书的城市数量存在差异，本书同时考虑创新型经济指数总分和平均分，对各城市群创新型经济发展进行对比分析。

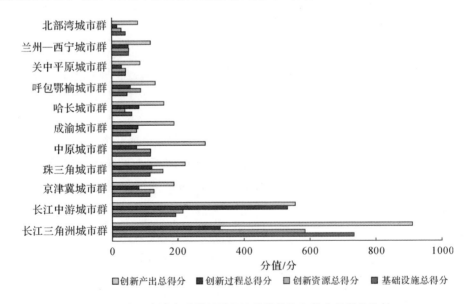

图 5-1 十一个城市群创新型经济总指数和各维度总得分比较

长江三角洲城市群入选的城市最多，共达 23 个；同时，该城市群的创新经济总分也远远领先于其他城市群,且创新经济平均分也位列第 3,展现出长江三角洲城市群极强的创新实力与活力。具体而言,长江三角洲城市群在基础设施、创新资源以及创新产出方面都领先于其他城市群,而创新过程指标得分不及长江中游城市群。

长江中游城市群有 12 个城市入选,创新型经济水平得分总分位列第 2,展现出该城市群整体稳健的发展势头。但该城市群的创新型经济平均得分位列第 8,属于所有城市群中的中下游地位,说明长江中游城市群区域发展成绩醒目。

京津冀城市群共有 5 个城市入选本蓝皮书,其创新型经济总量位列城市群的第 3 位,各城市的创新型经济平均得分位列第 4,展现出了传统经济圈的创新实力。同时该经济圈在基础设施、创新资源、创新过程和创新产出四个维度具有较为平均的分布,展现出稳健的创新发展布局。与本书的结果一致,世界知识产权组织(World Intellectual Property Organization)发布的《全球创新指数报告 2022》(*Global Innovation Index* 2022,以下简称 GII 2022)指出,北京已经成为全球第三大科学与技术集群。这展现出北京在京津冀城市群中的领头羊作用,以及该城市群的重要发展潜力。

珠三角城市群尽管创新型经济总分位列第 4,但其创新型经济的创新平均分位居所有城市群之首。考虑到数据获取的限制以及分析单位的统一,本书以珠三角作为粤港澳大湾区创新型经济建设的重要典范。位居全国首位的创新型经济平均分展现出粤港澳大湾区在创新型经济建设方面具有良好的创新基础、突出的科技研发与转化能力。同时,GII 2022 的调查研究表明,深圳—香港—广州已经成为继东京都市圈之后的全球第二大科技集群。这体现出珠三角城市群作为粤港澳大湾区的重要发展腹地,已经具备极强的创新基础和创新实力。

中原城市群共有 7 个城市入选,位列所有城市群的前 3 位;而其创新型经济总分和平均分则位列所有城市群的第 5 和末位。总体而言,中原城市群具有良好的创新态势,并且在创新产出方面已有突出的成绩。然而,落后的创新型经济平均分也暴露出该城市群内各城市发展不均衡的问题。

成渝城市群作为我国西部的代表性城市群,共有 6 个城市入选本蓝皮书,并且创新型经济总分及平均分都位于所有城市群的中游。这在一定程度上说明重庆和成都在自身发展的同时已开始逐渐带动周围城市发展。

哈长城市群作为我国传统工业的重要起源地,尽管受到产业外移与人口持续流出等不利因素的影响,近年来在创新方面也保持着相对稳定的水平。该城市群共有 3 个城市入选,并且在创新总量和发展平均度方面均处于中游水平。但该城市群的创新资源得分明显低于其他城市群,说明亟须对创新人才等重要创新资源进行保护并加强投入。

呼包鄂榆城市群共有 3 个城市入选,其创新型经济整体发展水平处于城市群中下游。该城市群相对于其他创新型经济整体发展水平相当的城市群,在创新资源方面具有优势。

关中平原城市群中各个城市创新型经济的平均得分位列所有城市群第 2 位,体现出该城市群较好的发展基础与较大的发展潜力。但该城市群的创新型经济总分仅位列所有城市群的第 9 位,体现出该城市群内创新极化发展的特点。作为华夏文明的重要发祥地,关中平原城市群具有良好的发展基础,但西安与宝鸡需要在自身发展的同时,尽快带动区域内其他城市发展。

兰州—西宁城市群的整体发展水平处于目前所有城市群的末端,而城市的平均创新型经济水平位列第 7,说明兰州和西宁这两个城市具有较好的发展态势。该城市群在基础设施、创新资源与创新过程三个维度发展较为平均,并且在创新产出方面也有了一定的成绩。

北部湾城市群已日益成为我国对外经济和贸易发展的重点区域,其整体创新水平正处于上升阶段。相对于其他城市群,北部湾城市群的城市在入选城市、创新经济总分以及创新经济平均分方面都处于所有城市群的末位。随着该区域战略地位的提升,创新实力也需要逐步加强。

5.2 长江三角洲城市群

长江三角洲城市群是我国经济发展最活跃、开放程度最高、创新能力最强的区域之一,在国家现代化建设大局和全方位开放格局中具有举足轻重的战略地位。2018 年 11 月 5 日,习近平总书记在首届中国国际进口博览会上宣布,支持长江三角洲区域一体化发展并上升为国家战略①。这个由习近平总书记亲自谋划、亲自部署、亲自推动的区域发展战略,正在长三角古老而年轻的 35.8 万平方公里土地上汇聚起磅礴的力量。从本书看,长江三角洲城市群的创新经济总量遥遥领先于其他城市群,位居首位,展现出长江三角洲城市群极强的创新实力。

本书纳入长江三角洲城市群分析的城市包括上海、南京、杭州、苏州等 23 个,入选城市数量为所有城市群之首(见表 5-3、图 5-2 和图 5-3)。其中,江苏省有 9 个城市入围,浙江省有 8 个城市入围,安徽省有 5 个城市入围。从地理分布上看,多数城市聚集在以上海为中心的块状区域中,主要集中在江苏南部和浙江北部。同时,安徽省的创新型经济较上年有较大的进步。在 2020—2021 创新型经济指数排名中,安徽省仅有省会城市合肥入选,而本次入选城市数量有了大幅提升。这反映出长江三角洲一体化战略对于带动区域内整体创新发展已初见成效。

表 5-3　长江三角洲城市群基本情况与创新型经济指数

城市	省(市)	GDP 总量(亿元)	GDP 总量排名	创新指数排名	基础设施排名	创新资源排名	创新过程排名	创新产出排名
上海	上海市	38701	1	3	1	2	7	51
苏州	江苏省	20170	6	9	13	8	24	2
杭州	浙江省	16106	8	8	7	6	10	5
南京	江苏省	14818	10	5	8	11	4	9
宁波	浙江省	12409	12	11	12	14	33	4
无锡	江苏省	12370	14	18	30	20	43	3
合肥	安徽省	10046	20	15	38	7	14	42
南通	江苏省	10036	21	42	44	66	66	17
常州	江苏省	7805	26	31	35	49	51	6
温州	浙江省	6871	30	24	34	40	17	26
扬州	江苏省	6048	35	37	57	53	42	13

① 新华社. 中共中央 国务院印发《长江三角洲区域一体化发展规划纲要》[EB/OL]. (2019-12-01)[2023-08-10]. https://www.gov.cn/zhengce/2019-12/01/content_5457442.htm? tdsourcetag=S-pcqq-aiomsg.

续表

城市	省(市)	GDP 总量(亿元)	GDP 总量排名	创新指数排名	基础设施排名	创新资源排名	创新过程排名	创新产出排名
绍兴	浙江省	6001	36	35	49	36	54	18
盐城	江苏省	5953	37	67	75	74	71	39
嘉兴	浙江省	5510	41	32	36	3I	46	19
泰州	江苏省	5313	42	61	53	93	85	22
台州	浙江省	5263	43	43	55	45	61	21
金华	浙江省	4704	48	36	27	80	29	30
镇江	江苏省	4220	55	34	52	54	28	11
芜湖	安徽省	3753	62	25	76	12	27	29
湖州	浙江省	3201	70	20	37	22	26	10
滁州	安徽省	3032	74	88	103	97	35	77
马鞍山	安徽省	2187	87	44	87	42	34	33
铜陵	安徽省	1004	101	63	81	35	87	56

注:表格单元的灰色深度表示该列指标在 105 个城市中排名情况。其中:深灰色表示该指标位列前 1/3 位(第 1—35 位)或为新入榜;浅灰色表示该指标位列第 1/3 至第 2/3 位(第 36—70 位);白色表示该指标位列后 1/3 位(第 71—105 位)。

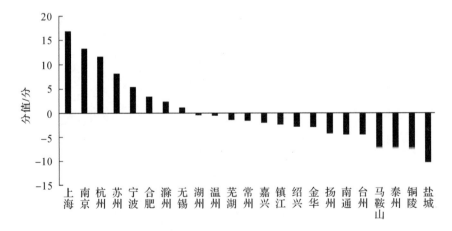

图 5-2 长江三角洲城市群各城市创新型经济指数相对得分

注:图中各城市得分为其创新型经济指数得分与该城市群平均得分之差。

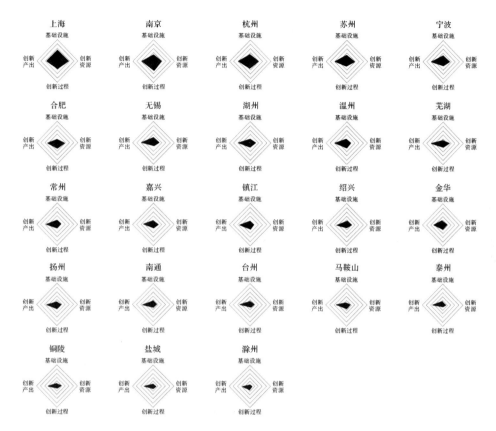

图 5-3　长江三角洲城市群城市创新型经济细分指标得分

　　从创新的各维度看,长江三角洲城市群的创新产出水平突出,23 个入选城市中有 18 个城市的创新产出位列全国城市的"一区"①,另有 4 个城市位于"二区",仅安徽省滁州的创新产出位于"三区"。在创新的其他维度上,长江三角洲城市群的总量也位于领先地位。总体而言,长江三角洲城市群的创新经济发展具有扎实的基础,并且具有极高的转换效率。

---

① 　"一区""二区"和"三区"分别指创新型经济排名前 1/3、第 1/3 到 2/3 和后 1/3 位的城市。

5.3 长江中游城市群

长江中游城市群地跨湖北、湖南、江西三省,承东启西、连南接北,是推动长江经济带发展、促进中部地区崛起、巩固"两横三纵"城镇化战略格局的重点区域。

本书纳入长江中游城市群分析的城市包括长沙、武汉、南昌等 14 个,入选城市数量为所有城市群的第 2 位(见表 5-4、图 5-4 和图 5-5)。其中,湖北省有 5 个城市入围,湖南省有 5 个城市入围,江西省有 4 个城市入围,各省发展水平较为相近。尽管长江中游城市群的创新总量取得了喜人的成绩,然而该城市群内各城市平均创新水平仅位列全国第 8,其中创新指数位列"一区"的仅有武汉、长沙、南昌三个城市,位列"二区"的仅有宜昌、湘潭、株洲三个城市,其余城市(景德镇、襄阳、新余、萍乡、黄石、衡阳、岳阳、荆门)都处于"三区"水平。

表 5-4 长江中游城市群基本情况与创新型经济指数

城市	省份	GDP 总量/亿元	GDP 总量排名	创新指数排名	基础设施排名	创新资源排名	创新过程排名	创新产出排名
武汉	湖北省	15616	9	6	24	4	3	27
长沙	湖南省	12143	15	14	22	17	18	16
南昌	江西省	5746	40	33	31	21	57	41
襄阳	湖北省	4602	49	84	100	63	68	71
宜昌	湖北省	4261	53	45	51	46	44	43
岳阳	湖南省	4002	59	92	80	104	88	45
衡阳	湖南省	3509	66	91	104	79	58	73
株洲	湖南省	3106	72	51	97	15	74	44
湘潭	湖南省	2343	85	50	77	41	65	28
荆门	湖北省	1906	92	93	96	92	78	63
黄石	湖北省	1641	96	90	99	77	60	83
新余	江西省	1001	102	85	95	73	100	37

续表

城市	省份	GDP 总量/亿元	GDP 总量排名	创新指数排名	基础设施排名	创新资源排名	创新过程排名	创新产出排名
萍乡	江西省	963	103	86	82	70	99	60
景德镇	江西省	957	104	71	101	24	94	52

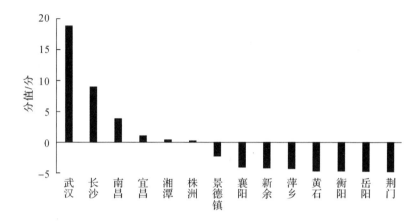

图 5-4　长江中游城市群各城市创新型经济指数相对得分

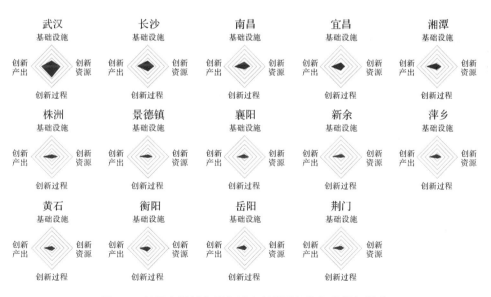

图 5-5　长江中游城市群各城市创新型经济细分指标得分

从创新的各个维度看,长江中游城市群的基础设施仅有武汉、长沙、南昌 3 个城市位列"一区"、宜昌市位列"二区",而其他 10 个入选城市都位于全部入选城市的"三区"。因此从整体上看,长江中游城市群的基础设施建设水平偏低。而创新资源和创新过程维度,该城市群中有约三分之一的入选城市位列全国"一区"和"二区"。此外,该城市群的创新产出也有相对较好的成绩,仅有景德镇市、黄石与衡阳位于"三区",其他城市均位列全国"一区"和"二区"。总体而言,该城市群创新成果转化能力较强,但需要格外加强基础设施建设。

5.4 京津冀城市群

京津冀城市群主要包括北京、天津和河北省的石家庄等 8 个城市。该城市群腹地广阔、支撑强劲,具有打造世界级城市群的独特优势。

本书纳入长江中游城市群分析的城市共有 7 个,其中包括北京、天津以及河北省的 5 个城市(见表 5-5、图 5-6 和图 5-7)。整体而言,北京和天津具有很强的"领头羊"作用,而唐山、石家庄、秦皇岛、保定和邯郸这 5 个河北省城市的创新指数均位列"三区",具有较为相近的创新经济发展水平。

表 5-5 京津冀城市群基本情况与创新型经济指数

城市	省份	GDP 总量/亿元	GDP 总量排名	创新指数排名	基础设施排名	创新资源排名	创新过程排名	创新产出排名
天津	天津市	14084	11	12	6	13	11	82
唐山	河北省	7211	28	76	47	69	97	72
石家庄	河北省	5935	38	77	48	43	72	103
保定	河北省	3954	60	100	92	57	73	105
邯郸	河北省	3637	65	105	67	101	83	101
秦皇岛	河北省	1686	95	83	59	99	39	97

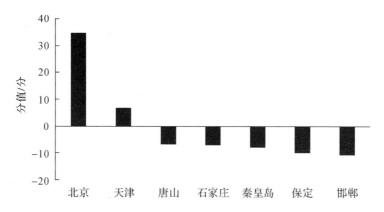

图 5-6 京津冀城市群各城市创新型经济指数相对得分

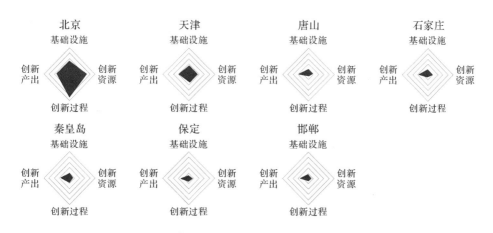

图 5-7 京津冀城市群各城市创新型经济细分指标得分

　　从创新经济的各个发展维度看,京津冀城市群具有良好的创新经济发展的基础设施和资源。在这两个维度上,该城市群仅有一两个城市的发展水平位于"三区",而其他城市均处于全国城市的上游或中游。然而在创新过程和创新产出上,京津冀城市群的表现并不尽如人意。在创新过程维度,仅有北京、天津位于全国"一区",秦皇岛位于"二区",其他 4 个城市均处于末流。此外,在创新产出方面除北京外的所有城市均处于"三区"。显然,该城市群对基础设施与资源的利用水平较低,在将资源优势转化为创新产出的过程中的效率相对较低。因此,其在下一发展阶段,需要着重加强打造跨区域的协同创新网络体系,提升创新成果转化的效率。

5.5 珠三角城市群

珠江三角洲城市群是中国改革开放的先行地区,过去 30 年,珠三角坚持改革开放,快速实现了以工业化为主体的经济腾飞,成为全球重要的制造业基地之一,现已发展成中国重要的经济区域及制造业中心。

在本书中,珠三角城市群共有 5 个城市入选,分别是深圳、广州、东莞、佛山以及惠州(见表 5-6、图 5-8 和图 5-9)。尽管珠三角城市群创新型经济指数总分位列所有城市群的第 4 位,但其城市创新指数的平均分居于首位。除惠州的创新型经济指数位于第 46 位,属于"二区",其他 4 个城市的创新型经济指数均处于"一区"。

表 5-6 珠三角城市群基本情况与创新型经济指数

城市	省份	GDP 总量/亿元	GDP 总量排名	创新指数排名	基础设施排名	创新资源排名	创新过程排名	创新产出排名
深圳	广东省	27670	3	2	3	3	8	1
广州	广东省	25019	4	4	4	10	6	15
佛山	广东省	10816	17	21	42	34	30	7
东莞	广东省	9650	24	13	10	33	22	8
惠州	广东省	4221	54	46	63	44	56	23

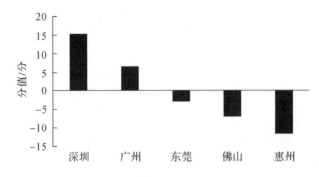

图 5-8 珠三角城市群各城市创新型经济指数总分

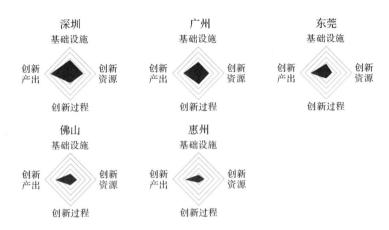

图 5-9 珠三角城市群各城市创新型经济细分指标得分

从创新发展的各个维度看,珠三角城市群在创新产出方面取得了优异的成绩,所有城市均处于"一区"。同时,由于珠三角城市群近 30 年的发展基础,除了惠州外,其他城市在创新资源和创新过程方面也均处于第一梯队,体现出该区域极强的创新活力和资源转换能力。相较而言,该城市群在基础设施方面的表现相对不够突出,佛山和惠州的基础设施建设仅处于"二区"。因此,在下一发展阶段,珠江三角洲城市群需要进一步优化资源要素配置,带动区域内更多城市创新发展;此外,可进一步加强区域内的基础设施建设,以使创新型经济的发展具有更为坚实的基础。

5.6 中原城市群

中原城市群地处全国"两横三纵"城市化战略格局中陆桥通道与京广通道交汇区域,极具发展潜力,当前正处于提质升级、加快崛起的关键阶段,具有在高起点上加快发展的优势和机遇。

在本书中,中原城市群共有 7 个城市入选(见表 5-7、图 5-10 和图 5-11),位于所有城市群的中游水平,然而各城市的创新经济发展水平并不突出。具体而言,入选的城市包括河南省的 4 个城市,即郑州、洛阳、新乡和南阳,以及安徽省的蚌埠、河北省的邯郸以及山西省的长治。其中,河南郑州的创新型经济指数位列全国城市的第28,属于"一区",安徽蚌埠和河南洛阳分别处于"二区",而其他4个城市位于全国城市的第99—105,处于末流水平。

表 5-7　中原城市群基本情况与创新型经济指数

城市	省份	GDP 总量/亿元	GDP 总量排名	创新指数排名	基础设施排名	创新资源排名	创新过程排名	创新产出排名
郑州	河南省	12004	16	28	20	37	50	31
洛阳	河南省	5128	45	68	73	16	96	93
南阳	河南省	3926	61	103	83	64	98	98
邯郸	河北省	3637	65	105	67	101	83	101
新乡	河南省	3014	76	99	90	65	84	99
蚌埠	安徽省	2083	88	62	70	55	49	69
长治	山西省	1712	94	102	84	87	102	85

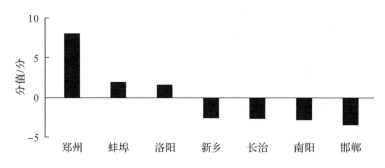

图 5-10　中原城市群各城市创新型经济指数总分

从创新发展的各个维度看,中原城市群在创新资源上具有相对良好的发展水平。其中洛阳市的创新资源得分位于全国第16,郑州、蚌埠、新乡和南阳在该发展维度上也均进入"二区"。然而在创新过程和创新产出方面,中原城市群仍处于落后水平。仅有郑州和蚌埠处于"一区"或"二区",其他5个城市均处于"三区"。因此,在下一发展阶段,中原城市群应加强提升创新资源利用水平,通过提高转换效率提升整体创新型经济发展水平。

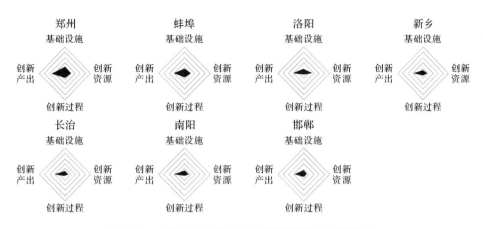

图 5-11　中原城市群各城市创新型经济细分指标得分

5.7　成渝城市群

　　成渝城市群处于全国"两横三纵"城市化战略格局中沿长江通道横轴和包昆通道纵轴的交汇地带,是西部经济基础最好、经济实力最强的区域之一。培育发展成渝城市群,既具有西部大开发战略深入实施的强力支撑,也具有"一带一路"、长江经济带战略实施带来的新机遇。

　　在本书中,成渝城市群共有 4 个城市入选(见表 5-8、图 5-12 和图 5-13)。尽管入选城市数量处于 11 个城市群的中下游水平,创新型经济总分位列第 6,但纵向来看,该城市群本期有绵阳和德阳这两个城市新入选创新指数,较好地反映了区域间先进产业和生产要素逐步扩散、城市间相互促进与带动的效应日益显著。同时,成都的创新型经济发展也显示出较强的"领头羊"态势。其创新型经济指数位列全国城市第 10,显著高于重庆。

表 5-8 成渝城市群基本情况与创新型经济指数

城市	省(市)	GDP 总量/亿元	GDP 总量排名	创新指数排名	基础设施排名	创新资源排名	创新过程排名	创新产出排名
重庆	重庆市	25003	5	30	5	38	53	90
成都	四川省	17717	7	10	14	9	9	35
绵阳	四川省	3010	77	52	71	23	64	59
德阳	四川省	2404	84	95	98	82	92	64

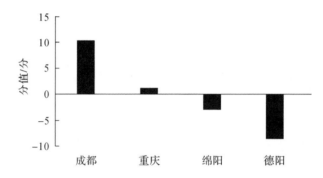

图 5-12 成渝城市群各城市创新型经济指数相对得总分

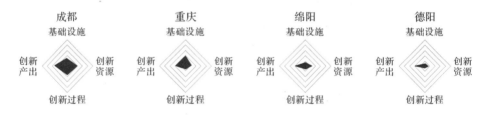

图 5-13 成渝城市群各城市创新型经济细分指标得分

从创新发展的各个维度看,成都和重庆作为区域的先进力量,具有较好的基础设施,其得分分别位列全国第 14 和第 5,但重庆尽管作为双极之一,具有良好的发展基础,其创新产出却低于区域内其他城市,仅处于"三区"水平。德阳作为该区域的"后起之秀",尽管在基础设施、创新资源以及创新过程方面都不占优,但在创新产出方面仍能处于"二区",反映出其良好的创新资源利用效率。

5.8 哈长城市群

哈长城市群是指中国东北地区以哈尔滨、长春为中心,辐射两翼大庆、吉林、齐齐哈尔等地的经济带,其主要范围包括东北中北部一带的地区。该城市群是东北地区城市群的重要组成区域,也是东北地区加快新型城镇化进程和经济高质量发展的重要推动力量。

在本书中,哈长城市群共有 3 个城市入选,分别是吉林省的长春和吉林、黑龙江省的哈尔滨(见表 5-9、图 5-14 和图 5-15)。整体来看,该城市群的发展分化较为严重。长春的创新型经济总体水平位于全国城市的"一区",哈尔滨位于"二区",而吉林则位于"三区"。

表 5-9 哈长城市群基本情况与创新型经济指数

城市	省份	GDP 总量/亿元	GDP 总量排名	创新指数排名	基础设施排名	创新资源排名	创新过程排名	创新产出排名
长春	吉林省	6638	32	27	39	90	5	75
哈尔滨	黑龙江省	5184	44	55	58	61	15	94
吉林	吉林省	1453	98	75	69	85	37	95

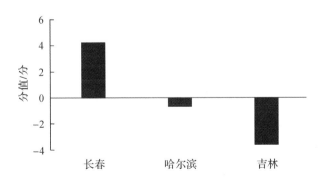

图 5-14 哈长城市群各城市创新型经济指数相对得分

图 5-15 哈长城市群各城市创新型经济细分指标得分

从创新发展的各个维度看,创新产出是该城市群明显的短板,3 个城市均位于"三区"。然而哈长城市群普遍具有良好的基础设施,在这方面 3 个入选城市均处于"二区"。同时,哈长城市群在创新过程维度上展现出惊人的能力。长春与哈尔滨的创新过程指数分别位于全国城市的第 5 和第 15,而吉林也位列全国第 37,远高于其他维度的发展水平,反映出其具有较强的将创新资源有效地转化为经济绩效的能力。然而,由于近年来东北地区创新人才的外流和资本的外移,哈长城市群在创新资源方面也不尽如人意,仅有哈尔滨在创新资源方面处于"二区",而长春和吉林都位于"三区"。因此,下一阶段哈长城市群应注重资源的保有,并通过调整结构、通过技术创新来提高全要素生产率。

5.9 呼包鄂榆城市群

呼包鄂榆城市群位于全国"两横三纵"城市化战略格局中包昆通道纵轴的北端,在推进形成西部大开发新格局、推进新型城镇化和完善沿边开发开放布局中具有重要地位。

在本书中,呼包鄂城市群共有 3 个城市入选,分别是陕西省的榆林以及内蒙古自治区的包头和呼和浩特(见表 5-10、图 5-16 和图 5-17)。总体来看,该城市群创新经济发展相对缓慢,但发展较为均衡,入选的三个城市的创新型经济指数分值差异在 2 分以内。

表 5-10 呼包鄂榆城市群基本情况与创新型经济指数

城市	省(区)	GDP 总量/亿元	GDP 总量排名	创新指数排名	基础设施排名	创新资源排名	创新过程排名	创新产出排名
榆林	陕西省	4090	57	69	93	103	19	57
呼和浩特	内蒙古自治区	2801	81	82	56	75	90	81
包头	内蒙古自治区	2787	82	78	74	30	105	68

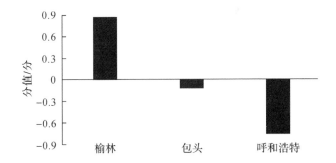

图 5-16 呼包鄂榆城市群各城市创新型经济指数相对得分

图 5-17 呼包鄂榆城市群各城市创新型经济细分指标得分

从各创新维度上看,该城市群的城市在发展模式上具有显著的差异。榆林在基础设施和创新资源都较为匮乏和薄弱的情况下,在创新过程维度上有突出的成绩,位列"一区",而创新产出也位列"二区"。包头具有良好的创新资源以及处于全国中等水平的创新产出,但在创新过程方面却处于全国城市的末流。而呼和浩特尽管具有良好的基础设施,但在创新资源以及创新转化和产出方面都未能取得良好的绩效。因此,在下一阶段,该城市群的创新发展应重点发挥"互补力",以取长补短的方式带动城市群创新经济的提升。

5.10　关中平原城市群

关中平原城市群地处我国内陆中心,是亚欧大陆桥的重要支点,是西部地区面向东中部地区的重要门户。该城市群规划范围包括陕西省的西安、宝鸡、咸阳等 5 个城市,山西省的运城、临汾市尧都区、侯马等。

在本书中,关中平原城市群中仅有 2 个陕西省的城市入选,分别是西安和宝鸡,而山西省的城市并未入选(见表 5-11、图 5-18 和图 5-19)。同时该城市群的入选城市在创新型经济发展水平上具有较大的差异。西安位列全国城市的第7,而宝鸡位于第 70。

表 5-11　关中平原城市群基本情况与创新型经济指数

城市	省份	GDP 总量/亿元	GDP 总量排名	创新指数排名	基础设施排名	创新资源排名	创新过程排名	创新产出排名
西安	陕西省	10020	23	7	15	5	2	96
宝鸡	陕西省	2277	86	70	86	72	31	87

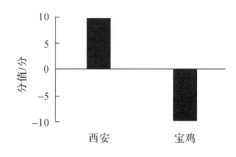

图 5-18　关中平原城市群各城市创新型经济指数相对得分

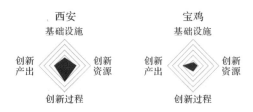

图 5-19　关中平原城市群各城市创新型经济细分指标得分

从创新的各个维度上看,关中平原城市群的创新过程效率较高,但创新产出较为薄弱。西安和宝鸡在创新过程方面均位于"一区",特别是西安,该指标位于全国第 2,反映出该地区具有极高的能力来利用基础设施将创新资源转换为科技论文等创新成果。然而,该城市群入选城市在创新产出方面均位于"三区",说明城市的创新型经济成果并未能良好地服务于城市的工业发展或人民生活中。在下一阶段,关中平原城市群应着力提升创新产出效率,将创新中间产物真正服务于城市发展和人民生活质量的提升。

5.11 兰州—西宁城市群

兰州—西宁城市群是我国西部重要的跨省区城市群,人口和城镇相对比较密集,水土资源条件相对较好,自古以来就是国家安全的战略要地。

在本书中,关中平原城市群有 2 个城市入选,分别是甘肃省的兰州和青海省的西宁(见表 5-12、图 5-20 和图 5-21)。这两个城市也是该城市群建设的核心城市。和两个城市的经济发展水平相似,兰州的创新型经济发展水平优于西宁。其中兰州的创新型经济位列全国城市的"二区"而西宁位于"三区"。

表 5-12 兰州—西宁城市群基本情况与创新型经济指数

城市	省份	GDP 总量/亿元	GDP 总量排名	创新指数排名	基础设施排名	创新资源排名	创新过程排名	创新产出排名
兰州	甘肃省	2887	79	40	18	83	12	100
西宁	青海省	1373	99	73	29	96	59	92

从创新经济发展维度上看,该区域的入选城市具有较为相似的发展模式。兰州和西宁均有较好的基础设施并展现出良好的创新过程,然而在创新资源和创新产出方面都位于"三区"。因此,在下一阶段,该城市群应加大人才投入、研发投入等创新资源的供给,同时学习其他城市群的优秀模式,提升创新产出水平。此外,该城市群要注重核心城市对城市群内其他城市的辐射,以整体提升区域创新水平。

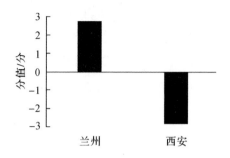

图 5-20　兰州—西宁城市群各城市创新型经济指数相对得分

图 5-21　兰州—西宁城市群各城市创新型经济细分指标得分

5.12　北部湾城市群

　　北部湾城市群地跨广西、广东、海南三省区,背靠大西南,毗邻粤港澳,面向东南亚,是海上丝绸之路的重要枢纽,在西部大开发战略格局和国家对外开放大局中具有独特地位。

　　在本书中,北部湾城市群有 2 个城市入选,分别是海南省的省会海口和广西壮族自治区的首府南宁(见表 5-13、图 5-22 和图 5-23)。整体来看,该区域的创新型经济发展水平与其经济发展水平有所区别。海口 2020 年的 GDP 仅位列全国主要城市的第 93,但其创新型经济指数位居全国第 54,体现出其较强的创新活力和发展潜力。而南宁尽管在总体经济发展水平上远优于海口,但其创新型经济水平落后于海口,位列全国主要城市的第 58。

表 5-13　北部湾城市群基本情况与创新型经济指数

城市	省(区)	GDP 总量(亿元)	GDP 总量排名	创新指数排名	基础设施排名	创新资源排名	创新过程排名	创新产出排名
南宁	广西壮族自治区	4726	47	58	33	78	55	79
海口	海南省	1792	93	54	43	91	41	53

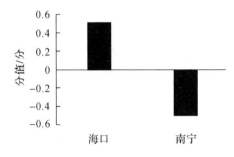

图 5-22　北部湾城市群各城市创新型经济指数相对得分

图 5-23　北部湾城市群各城市创新型经济细分指标得分

从创新型经济的发展模式上看,北部湾城市群也存在着创新资源薄弱的情况。入选城市在创新资源方面均处于"三区",远落后于其他指标。相较而言,该区域的基础设施和创新过程均已有了良好的发展。同时海口在创新产出方面已位于"二区",体现出较强的创新转换能力。总体而言,目前关中平原城市群的中心城市辐射带动能力有限,部分节点城市发展不及预期,在下一阶段要加强对创新人才和创新资本等资源的引进,同时提升南宁的创新转换效率。

第 6 章　专题分析

联合国于 2004 年提出了"环境、社会和治理"（Environmental, Social and Governance，简称 ESG）的管理理念，强调经济、环境、社会协调发展。随着全球对可持续发展的共识日益深入，ESG 理念在全球政府和市场主体中得到广泛实践和推广。自党的十九大以来，我国高度重视构建人与自然和谐共生的现代化建设，坚定不移地推动绿色低碳发展。党的二十大擘画了全面建设社会主义现代化国家、以中国式现代化全面推进中华民族伟大复兴的宏伟蓝图。ESG 所倡导的经济繁荣、环境可持续、社会公平的价值内核与我国高质量发展、共同富裕、实现"双碳"等重要战略目标高度契合。这些重要战略目标为 ESG 理念在中国的实践探索了道路、指明了重点、深化了内容，为 ESG 在中国的发展提供了宏大的舞台。无论是"双碳"目标对环境的着力，乡村振兴对社会公平的强调，还是共同富裕对经济和社会的全面关注，都为 ESG 在中国的实践提供了丰富的内涵和广阔的空间。本章将分别从"共同富裕"、"数字经济"和"绿色发展"的角度，对 105 个入选城市进行专题分析，旨在为各城市"立足新发展阶段、贯彻新发展理念、构建新发展格局，推动高质量发展"提供借鉴意义。

6.1　共同富裕

党的十九届五中全会首次提出"扎实推动共同富裕"的重大历史课题。《中华人民共和国国民经济和社会发展第十四个五年规划和 2035 年远景目标纲要》将"全体人民共同富裕取得更为明显的实质性进展"作为 2035 年远景目标之一。

2021 年 6 月 10 日，中共中央、国务院正式公布《中共中央　国务院关于支持浙江高质量发展建设共同富裕示范区的意见》，明确指出共同富裕具有鲜明的时代特征和中国特色,是指全体人民通过辛勤劳动和相互帮助,普遍达到生活富裕富足、精神自信自强、环境宜居宜业、社会和谐和睦、公共服务普及普惠,实现人的全面发展和社会全面进步,共享改革发展成果和幸福美好生活。随着我国开启全面建设社会主义现代化国家新征程,我们必须把促进全体人民共同富裕摆在更加重要的位置,向着这个目标更加积极有为地进行努力,让人民群众真真切切感受到共同富裕看得见、摸得着、真实可感。

共同富裕具有社会总体财富增加和人民收入增长的发展性和让改革发展成果更多更公平惠及全体人民的共享性[1]。基于这一认识,本蓝皮书结合已有创新型经济指标评价体系,选取代表性指标,考察本书收录的城市在共同富裕方面的表现情况。

6.1.1　内涵与构成

国内现有的几个关于共同富裕的评价研究大多采用国际流行的指标,评价重点各有侧重,尚未形成一套完整的具有中国特色的共同富裕评价体系[2][3][4]。陈丽君、郁建兴和徐铱娜以共同富裕的内涵和特征为逻辑起点,识别了影响共同富裕进程的重要因素,并基于当前中国各地推进共同富裕的实践方法,开发了一至三级指标[5]。根据其构建的共同富裕指数模型以及对各级指标的建议,本专题结合本蓝皮书"创新型经济评价体系"的指标构成,以客观性、可量化性、可获得性为标准,确立以发展性与共享性为主要评价维度,分别以富裕度、共同度和教育、社会保障、住房、公共基础设施、公共文化、数字应用为子维度来考察收录城市在共同富裕方面的表现情况(见图6-1)。

发展性维度用以反映社会总体财富、人民收入的增长情况和物质基础建设水平,衡量的是群体、代际、城乡、区域之间的贫富差距。

① 陈丽君,郁建兴,徐铱娜.共同富裕指数模型的构建[J].治理研究,2021,37(4):5—16+2.
② 陈正伟,张南林.基于购买力平价下共同富裕测算模型及实证分析[J].重庆工商大学学报(自然科学版),2013,30(6):1—5.
③ 宋群.我国共同富裕的内涵、特征及评价指标初探[J].全球化,2014(1):35—47+124.
④ 申云,李京蓉.我国农村居民生活富裕评价指标体系研究——基于全面建成小康社会的视角[J].调研世界,2020(1):42—50.
⑤ 陈丽君,郁建兴,徐铱娜.共同富裕指数模型的构建[J].治理研究,2021,37(4):5—16+2.

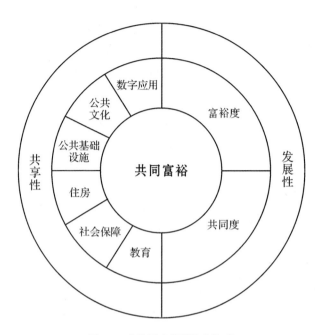

图 6-1 "共同富裕"维度构成

富裕是实现共同富裕的前提。同时,共同富裕要求在群体之间实现发展成果的收敛。因此,发展性维度包含富裕度和共同度 2 个子维度。具体地,以"城镇居民人均可支配收入"和"农村居民人均可支配收入"作为发展阶段和财富总量的标准线,衡量是否富裕;以"城乡居民人均可支配收入比"衡量城乡、区域之间的贫富差距。

共享性维度用以反映改革发展成果是否公平地惠及全体人民,从教育、医疗、社保、精神等方面衡量人民对美好生活的期待与现有发展之间的差距。

共同富裕是物质富裕和精神富裕的统一。依据学有所教、劳有所得、住有所居等全生命周期民生需求,共享性维度下设教育、社会保障、住房、公共基础设施、公共文化(精神富足)、数字应用等 6 个子维度。具体地,以"普通高等学校教育数量与质量""中等职业学校教育数量与质量""一般公共预算教育支出占GDP 比重"作为反映国民总体平均受教育水平,衡量教育资源可及性、教育资源分配均等化的重要依据;以"数字政务活力""城镇登记失业率""数字金融"反映社会保障的普惠性以及群众、企业办事的便利度;以"平均房价与人均可支配收入比"衡量居民的住房条件;以"公共汽(电)车运输人次占总人口比重"和"废水废物处理能力"反映公共基础设施完善水平;以"文化机构"和"数字文化活力"反映公众享受公共文化服务水平和精神富足状况;以"固网宽带应用渗透率"和"移动网络应用渗透率"衡量信息化发展程度。

本书在共同富裕各维度的计算与合成过程中,与本蓝皮书"创新型指标评价体系"一致,进行无量纲化处理。在对具体指标进行标准化处理的基础上通过平均加权求和进行指数的合成,计算各维度得分。

6.1.2　评价比较

1.总体水平

本蓝皮书依据发展性和共享性两个维度的得分情况,分别对本书收录的105 个城市进行排名。图 6-2 刻画了各个城市在共同富裕的两个重要维度上的表现,即各个城市在这两个维度上的排名情况。其中,横轴反映了发展性水平,纵轴反映了共享性水平。

具体来看,在 105 个收录城市中,嘉兴、长沙、宁波、绍兴、杭州、湖州、苏州、无锡、常州、温州、台州、上海、金华、镇江、广州、郑州、成都、乌鲁木齐、南京这 19个城市综合表现出色,在发展性和共享性维度的排名均位列前 1/3(前 35 位)。从区位来看,这些城市主要分布在长三角经济圈,其中,有 42% 的城市位于浙江省,26% 的城市位于江苏省。总体上,这些城市能够较好地兼顾经济效益和社会效益,其在提升收入和财富水平、缩小不同收入分配差距、扩大共享公共服务范围等方面的举措具有重要借鉴意义。

此外,徐州、盐城、漳州、宿迁这 4 个城市在发展性维度上有出色的表现,但对共享性维度兼顾不足。拉萨、兰州、济南、西宁、西安、海口、南昌、沈阳、长春、银川、贵阳、呼和浩特这 12 个城市在共享性维度上有出色的表现,但对发展性维度兼顾不足。保定、景德镇、蚌埠、南阳、长治、黄石、玉溪、滁州、石家庄、洛阳、重庆、榆林、临沂、遵义、汉中这 15 个城市综合表现有待提高,在发展性和共享性维度上均位列末 1/3(末 35 位)。

2.发展性水平

在发展性维度得分上,排名位列前 1/3(前 35 位)的城市分别为深圳(93.83

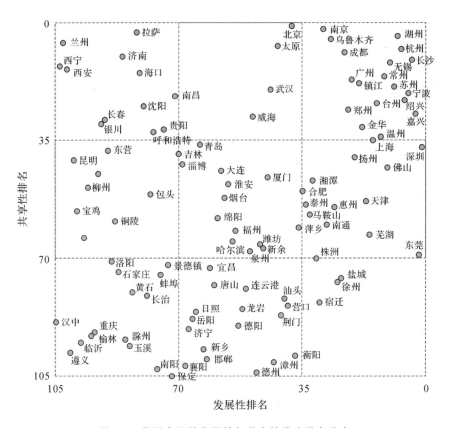

图 6-2　共同富裕的发展性与共享性维度排名分布

分)、东莞(77.89 分)、嘉兴(77.41 分)、长沙(74.76 分)、宁波(74.6 分)、绍兴(74.21 分)、杭州(73.43 分)、湖州(73.25 分)、苏州(69.99 分)、无锡(68.64 分)、佛山(67 分)、常州(62.64 分)、温州(61.1 分)、台州(60.98 分)、上海(60.84 分)、芜湖(56.8 分)、天津(56.76 分)、金华(56.6 分)、镇江(55.75 分)、扬州(55.44 分)、广州(54.95 分)、郑州(54.68 分)、成都(54.62 分)、盐城(53.68 分)、徐州(53.32 分)、惠州(52.75 分)、乌鲁木齐(51.99 分)、南通(50.46 分)、南京(50.32 分)、宿迁(49.46 分)、株洲(48.94 分)、湘潭(48.9 分)、马鞍山(48.67 分)、泰州(48.4 分)和合肥(48.03 分)。各城市的发展性维度得分如表 6-1 所示。

表 6-1　各城市发展性维度得分

城市	得分	城市	得分	城市	得分
深圳	93.83	萍乡	48.01	南昌	36.71
东莞	77.89	衡阳	47.97	保定	35.82
嘉兴	77.41	北京	46.60	景德镇	35.18
长沙	74.76	营口	46.59	贵阳	35.01
宁波	74.60	汕头	46.41	蚌埠	33.60
绍兴	74.21	荆门	46.22	南阳	32.21
杭州	73.43	太原	45.53	呼和浩特	31.14
湖州	73.25	漳州	45.45	包头	30.74
苏州	69.99	武汉	45.26	长治	29.91
无锡	68.64	厦门	44.71	沈阳	29.84
佛山	67.00	新余	44.69	海口	29.13
常州	62.64	潍坊	43.96	拉萨	28.29
温州	61.10	德州	43.52	黄石	27.95
台州	60.98	威海	42.58	玉溪	27.04
上海	60.84	泉州	42.44	滁州	26.55
芜湖	56.80	连云港	42.35	济南	26.52
天津	56.76	龙岩	41.54	石家庄	26.37
金华	56.60	德阳	41.14	铜陵	25.74
镇江	55.75	福州	41.10	洛阳	25.18
扬州	55.44	哈尔滨	39.92	东营	25.12
广州	54.95	淮安	39.65	长春	25.02
郑州	54.68	烟台	39.51	银川	24.80
成都	54.62	大连	38.73	南宁	24.54
盐城	53.68	绵阳	38.67	重庆	23.42
徐州	53.32	唐山	38.66	榆林	23.06
惠州	52.75	宜昌	38.60	柳州	22.99

续表

城市	得分	城市	得分	城市	得分
乌鲁木齐	51.99	邯郸	38.59	秦皇岛	21.93
南通	50.46	新乡	38.57	临沂	21.70
南京	50.32	青岛	38.31	宝鸡	21.59
宿迁	49.46	日照	38.23	昆明	18.80
株洲	48.94	岳阳	37.84	遵义	18.20
湘潭	48.90	济宁	37.62	西安	13.21
马鞍山	48.67	襄阳	37.52	兰州	12.06
泰州	48.40	淄博	37.03	西宁	9.81
合肥	48.03	吉林	36.86	汉中	2.57

本蓝皮书选取发展性维度得分处于前 1/3 的城市,对其子维度富裕度和共同度进行进一步分析,得分如图 6-3 所示。在富裕度方面,深圳(87.66 分)得分超过 80 分,表现出色。这意味着该城市的城乡居民收入水平较高,具有较高的消费水平。在共同度方面,深圳(100 分)、东莞(100 分)、嘉兴(91.64 分)、长沙(95.38 分)、宁波(82.51 分)、绍兴(83.54 分)、湖州(88.28 分)、佛山(83.95 分)、郑州(83.04 分)、盐城(84.74 分)、徐州(83.53 分)和宿迁(89.22 分)得分超过 80分,表现出色。这意味着这些城市城乡贫富差距相对较小。在两个维度综合发展方面,苏州(3.24 分)和广州(9.24 分)在富裕度和共同度的得分差距在 10 分以内,这意味着这两个城市既积累了较高的财富水平,又兼顾了区域协调发展。

3. 共享性水平

在共享性维度得分上,排名位列前 1/3(前 35 位)的城市分别为北京(57.97分)、南京(57.73 分)、拉萨(56.87 分)、湖州(56.67 分)、乌鲁木齐(55.68 分)、兰州(55.19 分)、太原(54.66 分)、杭州(54.47 分)、成都(53.3 分)、济南(53.01分)、长沙(52.63 分)、无锡(52.39 分)、西宁(52 分)、西安(51.86 分)、海口(51.28 分)、常州(50.42 分)、广州(50.22 分)、镇江(50.13 分)、苏州(50.1 分)、武汉(49.75 分)、宁波(49.63 分)、南昌(48.77 分)、绍兴(48.65 分)、台州(48.36分)、沈阳(48.23 分)、郑州(48.01 分)、嘉兴(48.01 分)、威海(47.92 分)、长春

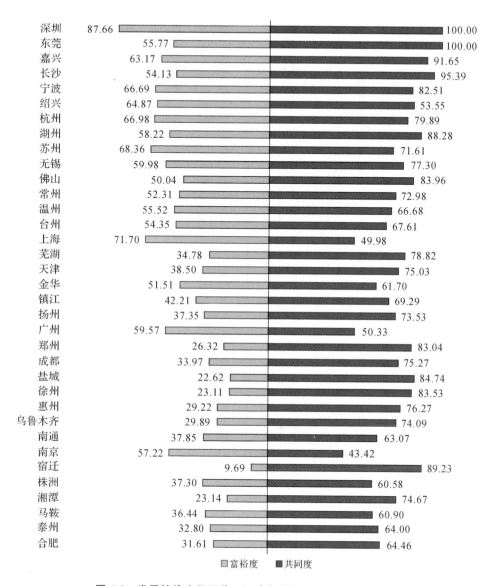

图 6-3　发展性维度位于前 1/3 城市的富裕度和共同度得分

（47.71 分）、银川（47.34 分）、金华（47.33 分）、贵阳（46.85 分）、呼和浩特（46.81 分）、温州（46.68 分）、上海（46.45 分）。各城市共享性维度得分如表 6-2 所示。

表 6-2 各城市共享性维度得分

城市	得分	城市	得分	城市	得分
北京	57.97	青岛	46.04	洛阳	40.40
南京	57.73	深圳	46.02	景德镇	40.22
拉萨	56.87	东营	45.65	宜昌	39.79
湖州	56.67	吉林	45.59	石家庄	39.70
乌鲁木齐	55.68	扬州	45.54	蚌埠	39.24
兰州	55.19	昆明	45.53	盐城	38.94
太原	54.66	淄博	45.29	徐州	38.82
杭州	54.47	佛山	45.25	唐山	38.72
成都	53.30	大连	45.14	连云港	38.68
济南	53.01	南宁	44.75	黄石	38.35
长沙	52.63	厦门	44.59	长治	38.20
无锡	52.39	湘潭	44.20	汕头	38.05
西宁	52.00	淮安	44.17	宿迁	37.96
西安	51.86	柳州	44.13	营口	37.52
海口	51.28	合肥	44.08	龙岩	37.29
常州	50.42	包头	43.94	日照	37.14
广州	50.22	烟台	43.47	荆门	36.84
镇江	50.13	天津	43.45	岳阳	36.83
苏州	50.10	泰州	43.29	汉中	36.75
武汉	49.75	惠州	43.05	德阳	36.72
宁波	49.63	宝鸡	42.69	济宁	36.59
南昌	48.77	马鞍山	42.45	重庆	36.54
绍兴	48.65	绵阳	42.44	榆林	36.39
台州	48.36	铜陵	42.44	滁州	35.73
沈阳	48.23	南通	42.38	临沂	35.30
郑州	48.01	萍乡	42.26	玉溪	35.07

续表

城市	得分	城市	得分	城市	得分
嘉兴	48.01	福州	42.07	新乡	34.76
威海	47.92	芜湖	41.66	遵义	34.63
长春	47.71	秦皇岛	41.60	衡阳	34.46
银川	47.34	哈尔滨	41.33	邯郸	33.84
金华	47.33	潍坊	41.13	漳州	33.28
贵阳	46.85	新余	40.72	襄阳	33.20
呼和浩特	46.81	泉州	40.66	南阳	32.40
温州	46.68	东莞	40.59	德州	32.13
上海	46.45	株洲	40.49	保定	31.97

本蓝皮书选取共享性维度位列前 1/3 的城市,对其作教育、社会保障、住房、公共基础设施、公共文化和数字应用作进一步分析,得分如图 6-4 所示。

在教育方面,拉萨(62.59 分)得分超过 60 分,这一方面也归因于西藏特殊的地理位置,导致其 GDP 总量较低,教育支出占比较高。北京(45.12 分)在该指标上仅次于拉萨,反映了该城市在教育资源可及性、教育资源分配均等化方面表现相对较好。在社会保障方面,北京(82.88 分)、嘉兴(63.24 分)、南京(62.28分)、杭州(62.00 分)、苏州(61.41 分)、台州(60.99 分)、温州(60.55 分)和湖州(60.29 分)得分超过 60 分,反映了这些城市在社会保障的普惠性方面人均水平相对较高。在住房方面,近九成城市得分超过 60 分,普遍表现较好。其中,镇江(92.93 分)、乌鲁木齐(92.42 分)、威海(91.82 分)、银川(90.79 分)和长沙(90.46 分)得分超过 90 分,反映了这两个城市对切实关系到广大群众民生福祉的住房问题的密切关注。在公共基础设施方面,兰州(82.26 分)、乌鲁木齐(79.08 分)、西宁(67.88 分)、沈阳(65.56 分)、太原(63.93 分)、拉萨(63.33 分)、北京(62.98 分)、广州(62.42 分)和贵阳(61.69 分)得分超过 60 分,反映了这些城市能够优先保障基本公共服务供给,实现公共服务保障与经济社会发展"同频共振"。公共文化强调精神富裕,北京(73.61)、上海(68.81 分)、成都(67.41 分)和西安(65.56 分)在该指标上表现较好,这反映了这些城市出色的公共文化服

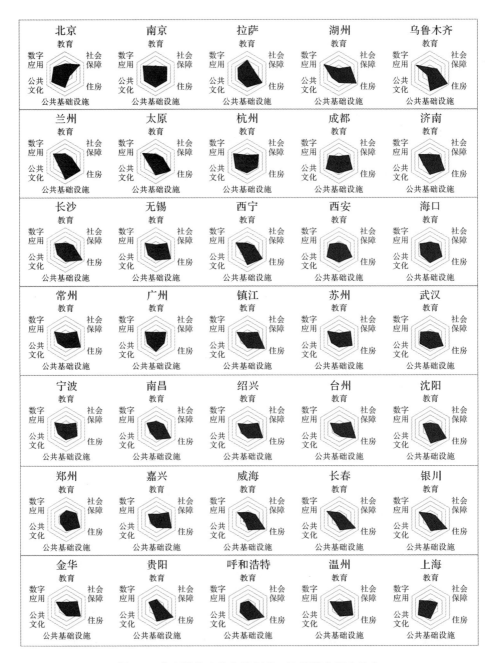

图6-4 共享性维度排名处于前1/3的城市得分分布

务水平。在数字应用方面,湖州(89.74 分)和乌鲁木齐(79.08 分)得分超过 80 分,反映了这两个城市公众使用移动电话和接触互联网程度方面人均水平较高。

6.1.3 杭州:推进高质量发展,助力共同富裕

2021 年 6 月 10 日,《中共中央 国务院关于支持浙江高质量发展建设共同富裕示范区的意见》发布,赋予浙江为全国推动共同富裕提供省域范例的重任。"高质量发展高品质生活先行区""城乡区域协调发展引领区""收入分配制度改革试验区""文明和谐美丽家园展示区"——该文件指出的四大战略定位,正是贯彻新发展理念、在高质量发展中推动共同富裕的题中应有之义。2021 年浙江的 GDP 迈上 7 万亿元的新台阶,人均 GDP 达到 11.3 万元,城镇居民人均可支配收入和农村居民人均可支配收入分别连续 21 年、37 年居全国省区第 1 位,发展质效双提。党的十八大以来,浙江经济社会发展保持稳中求进的好势头,经济实力在迈向高质量发展中稳步提升。围绕扎实推动共同富裕,浙江认真落实党和国家的重大战略部署,制定出台实施方案,明确了"四率先三美"发展目标和"七个先行示范"实施路径,明确了 56 个指标到 2022 年、2025 年的两个阶段性目标,共同富裕的美好生活图景正在徐徐铺展。2023 年初,浙江省高质量发展建设共同富裕示范区领导小组办公室公布浙江省高质量发展建设共同富裕示范区最佳实践(第二批)名单,全省共 71 个最佳实践上榜,其中杭州 5 个项目入选,在共同富裕路上发挥了示范引领、典型带动作用①。

1.杭州市:创新推动嵌入式体育场地设施建设

2022 年 7 月,为了因地制宜推进群众身边体育场地设施建设,进一步提升杭州功能性体育场地设施供给,杭州市体育局制定了《杭州市嵌入式体育场地设施建设三年行动计划(2022—2024 年)》。通过利用桥下空间、楼顶、公园和滨水绿道等不同类型的城市"金角银边",以嵌入式体育场地建设的"关键小事",撬动全民健康的"头等要事",力争经过三年努力,形成供给丰富、布局合理、功能完善的"10 分钟健身圈",满足不同人群多样化的日常运动需求。2022 年 11 月,杭州

---

① 浙江省发展和改革委员会.省高质量发展建设共同富裕示范区最佳实践(第二批)名单公布[EB/OL]. https://fzggw.zj.gov.cn/art/2023/1/3/art_1229629046_5048257.html

市首场在嵌入式体育场地举办的街头篮球赛在拱墅区东新街道新天地时光公园三人制篮球场举行,也为杭州今后进一步创新建设嵌入式体育场地、优化体育设施布局提供了重要的参考。据统计,2022年,杭州市新建群众身边体育健身设施308处,建成"三大球""三小球"、门球等7类场地2243片,共78.9万平方米。2022年杭州市人均体育场地面积增至2.6平方米以上[①]。接下来,杭州将以亚运会为契机,深化全民健身理念,培育全民健身习惯,力争跑好"体育共富"第一棒。

2.上城区:"幸福邻里坊"打造社区共富综合体

杭州市上城区以党建为统领,全域打造"幸福邻里坊"——一个以"幸福"为标尺,以"邻里"为主体,以"坊"为空间,以"生活"为核心,以服务为主线,围绕"党建引领、服务群众、创新治理、培育文化、联结邻里",广泛动员各方力量共同打造的社区共富综合体,有效破解老小区资源瓶颈制约、新小区服务共享不充分等现实问题,努力让不同年龄、各类群体都能享受到有质量、有温度的服务。

补齐居民"家门口"的服务资源和设施,是打造"幸福邻里坊"的重要内容。为凝聚共富单元建设的最大合力,采荷街道发挥党建共建"同心圆"引领效应,深化街道"大工委"、社区"大党委",组建了由50余家优质合伙企业或组织、30余个部门单位的"幸福红盟"。在青荷苑,街道通过整合原有10处空间,新增社区配套空间2000平方米,打了"采尚红邻"党群服务之家、荷乐颐养园、荷苗童乐园、晓荷书房、"金牌管家"等五大驿站,形成了"小而美""精而暖"的服务集群。在建好物理空间的同时,青荷苑还将原来辖区中36个"各自为政"的准物业服务小区集零为整,引入专业物业公司,打造"金牌管家",为居民提供更贴心、更专业的基础物业服务。截至目前,青荷苑已解决民生问题130余个,完成民生实事14件。在"幸福邻里坊"建设中,上城区加快推进党建网、治理网"双网"融合,积极整合社区(小区)闲置空间、机关事业单位及国企阵地资源,按照"办公最小化、服务最大化、功能集成化"的原则,提供"3+X"服务功能清单,通过"一厅一岗一坊",叠加X项功能,打造"十分优享"服务圈层。

---

① 浙江省体育局.嵌入式体育场地建设入选共同富裕最佳实践名单[EB/OL]. http://tyj. zj. gov. cn/art/2023/1/31/art_1347254_59064029.html

聚焦美好生活,一个个各具特色的"幸福邻里坊"正在上城区加速形成。比如,小营巷社区打造红管家一条街、便民商业街、邻里客厅、共享陪护中心、老人颐养中心等空间,净增服务面积超过 4000 平方米;青年路社区通过"晴雨""港湾"功能融合打造湖滨晴雨治理工作场景和红色港湾展示实践场景,形成党建统领下的全过程人民民主治理模式;景芳社区组建党员干部驻点包楼小队,将"邻里议事坊"协商平台建在网格上,打造以网格为单位的"一格一坊、坊网结合"的治理微单元;钱运社区组建"党员领雁""国际志愿""青春志愿""幸福邻里""大手拉小手"5 支志愿服务队,为居民提供多元服务,推动社区由"小家庭"向"大家庭"转变[①]。

3. 萧山区、滨江区:深化"萧滨一体化"模式,打造区域协作共富升级版

杭州市的萧山区、滨江区在"高质量""共富裕"发展背景下,直面萧山区制造业转型困难与滨江区土地要素紧张等发展需求与困境,共同提出"萧滨一体化"发展模式,按照"萧山打造空间、滨江导入产业"的总体思路,推动两区共融共荣发展,形成区域分工协作、要素互联互通的产业发展共同体。

萧山区与滨江区绘就区域合作新蓝图。从交通互联、设施共享、生态共建、产业共兴等方面统筹规划,高标准编制《杭州高新区(滨江)萧山特别合作园概念规划》,破解现有规划体系下对合作园内建筑高度与开发强度的制约等核心问题。根据新控制性详细规划,合作园的土地利用率将大幅提高,容积率可提升至3.5,局部建筑高度可达 100 米,预计将新增建设用地 1335 亩、建筑体量 210 万平方米。

双方成就项目量质双提升。围绕杭州市下达的"招引 10 个项目,总投资 30亿元以上"的目标任务,聚焦智能物联产业链,专班、部门、属地协同作战,共享资源信息。目前,特别合作园已签约亿元以上项目 10 个,总投资超 134 亿元,招引进度跑赢时间进度,投资额指标完成率达 446%。通过高质量项目的集聚,合作园湘湖未来产业板块和三江创智新城板块亩均税收预计可分别提升至 100 万元

---

① 中共杭州市委、杭州市人民政府. 上城全力打造"幸福邻里坊"社区共富综合体[EB/OL]. http://www.hangzhou.gov.cn/art/2022/5/27/art_812264_59058199.html

和 55 万元以上①。

4.桐庐县:高质量建设乡村"复兴少年宫",打造青少年"精神共富"新阵地

作为全省五个、全市唯一列入全国乡村"复兴少年宫"建设试点县,一年多来,杭州市桐庐聚焦乡村青少年学习娱乐实践场所偏少、优质课外教育资源不足、服务不优、课外活动形式单一、载体单一等问题,围绕"有效覆盖、精准服务、资源共享、快乐参与"的总体思路,制订标准,整合资源,创新机制,建设县乡村全覆盖、线上线下一体化乡村"复兴少年宫",为乡村青少年提供品德养成、学习益智、快乐成长的良好环境条件,有力推动乡村青少年"精神共富"。

桐庐县围绕"基础课+魅力课+实践课"体系,成立了县级课程研发中心,牵头研发开设"有意思的思政课"等基础课10余门,镇村自主研发了"葫芦烫画"等魅力课、实践课700余门,同时,进一步激活志愿力量共建"3+2"队伍,出台了乡村"复兴少年宫"合伙人招募标准,组建了县级"督导团""研发团""顾问团"3支专业人才队伍负责课程研发、队伍培训等,村社管理员、辅导员2支队伍负责阵地管理、活动策划等。有了这群资深的"厨师"及这份丰富的"菜单",再通过集成"资源库+项目库+展示窗"等资源的"我们的少年宫"数字平台,让"人员在线管理""活动一键预约""课程在线点单""家长共学共长"等一键直达,家长、孩子对各乡村"复兴少年宫"开设的一系列特色课程从最初踌躇观望到竞相报名,课程设置的魅力可见一斑。

凤川街道有近10万名外来务工人员,一到寒暑假,忙于工作的父母便无暇顾及子女。瞄准此实际困难,凤川街道邀请浙江工商大学杭州商学院的大学生和凤川街道"新凤人"流动党支部志愿者,在"复兴少年宫"为外来务工人员子女开展以红色文化、生命科学及趣味拓展等为主题的"红色乡音"假期素质提升班,为有需要的家庭提供兜底服务,也引导新凤川人共建裕美凤川、共享发展新成果。2022年,桐庐乡村青少年德智体美发展水平明显提升,其中分水镇青少年拿到178个县级以上奖项,同比增加34.85%。在满足全县6万余名未成年人培

---

① 萧山日报."萧滨一体化"打造区域协作共富升级版(2022年12月30日01版)[N/OL]. https://xsrb.xsnet.cn/epaper/html/2022—12/30/content_79494_15656873.htm

养兴趣爱好、拓展能力素质、陶冶道德情操等精神文化需求外，更带动了素质教育扎根乡村，照亮乡村青少年精神共富之路①。

5. 建德市:"三式"引育农创客，打造"两个先行"乡村示范

杭州建德市作为传统农业大市，聚力破解乡村技能人才不足、创业人才匮乏、青年人才紧缺等痛点、难点，以"两进两回"为主抓手，多措并举培育农创客群体，贯通"引育留"全链条服务，形成"建德农创客"模式，农创客达 2453 人，成为全省农创客最活跃县市之一。"靶向式"引才:聚焦创业群体、尖兵人才和青年学子，每年安排专项资金扶持农创客创新创业，开设"乡土人才银行"，开发"返乡创业贷"金融产品，开展符合条件的农创客人才认定;依托特色农业，引进农创客尖兵人才，引领乡村"一镇一业"建设。"滴灌式"育才:强化创业导师帮带、技术专家赋能和比学比武竞争，开设"长三角农创客成长营"实验班，聘请优秀农创企业家为长期导师，举办创业沙龙、"田间微课堂";组建农业专家服务团，实行"一镇一专家"，提供科技推广、技术指导、项目合作等服务。"嵌入式"留才:打造农创客孵化平台、服务体系，成立农创客发展联合会，建成农创客中心，构建"1＋N"农创客孵化矩阵。建设农业标准地，建成"农创小微园"，实现农创人才"拎包入驻"，成立农业技术专家团队，全天候开展线下服务②。

6.2　数字经济

2022 年 1 月 16 日出版的第 2 期《求是》杂志发表了中共中央总书记、国家主席、中央军委主席习近平的重要文章《不断做强做优做大我国数字经济》。文章指出，发展数字经济意义重大，是把握新一轮科技革命和产业变革新机遇的战略选择。一是数字经济健康发展，有利于推动构建新发展格局。二是数字经济健康发展，有利于推动建设现代化经济体系。三是数字经济健康发展，有利于推动

---

① 中共杭州市委、杭州市人民政府. 桐庐:"复兴少年宫"，点亮乡村孩子精神共富路[EB/OL]. http://www. hangzhou. gov. cn/art/2023/1/26/art_812265_59072672. html

② 浙江省经济信息中心. "浙里"共富进行时|城乡区域协调发展先行示范领域最佳实践(第二批)[EB/OL]. https://zjic. zj. gov. cn/zkfw/szhfn/202302/t20230206_8393203. shtml

构筑国家竞争新优势。当今时代,数字技术、数字经济是世界科技革命和产业变革的先机,是新一轮国际竞争重点领域,一定要抓住先机,抢占未来发展制高点。

与此同时,2022 年底,美国 OpenAI 公司发布的 ChatGPT 通用型对话系统表现出了强大的任意任务的对话理解、复杂逻辑推理、多风格长文本生成以及程序代码自动生成等能力,初步实现了通用认知智能,被产业界公认为人工智能发展史上一次重大技术阶跃,引发全球热议。以 ChatGPT 为代表的人工智能大模型技术的巨大跃升将掀起一场新的工业革命,这也表明数字经济已经成为一场"无法逃避的变革",对我国加速实现从追赶到超越追赶的这一战略进程具有重要意义。

基于这一认识,本蓝皮书结合已有创新型经济评价体系,选取代表性指标,考察本书收录的城市在"数字经济"方面的表现情况。

6.2.1　内涵与构成

自 2015 年我国提出"国家大数据战略"以来,推进数字经济发展和数字化转型的政策不断深化和落地。2017 年以来,"数字经济"已经被五度写入政府工作报告,其内涵也在不断演化。2017 年,政府工作报告提出要"促进数字经济加快成长";2018 年的政府工作报告虽然没有提及"数字经济",但首次提出了"数字中国"建设,这被解读为是"数字经济"的进一步延伸;2019 年,政府工作报告指出要"壮大数字经济";2020 年的政府工作报告则明确提出"全面推进'互联网+',打造数字经济新优势";2021 年,"数字经济"和"数字中国"在政府工作报告中同时出现,增加了"数字产业化和产业数字化""数字社会""数字政府""数字生态"等内容;2022 年,政府工作报告再次提出,"加强数字中国建设整体布局。建设数字信息基础设施,逐步构建全国一体化大数据中心体系,推进 5G 规模化应用,促进产业数字化转型,发展智慧城市、数字乡村。加快发展工业互联网,培育壮大集成电路、人工智能等数字产业,提升关键软硬件技术创新和供给能力。完善数字经济治理,培育数据要素市场,释放数据要素潜力,提高应用能力,更好赋能经济发展、丰富人民生活"。

本蓝皮书基于"投入—产出"逻辑,以客观性、可量化性、可获得性为标准,确立数字基础设施和数字创新活力为评价维度。

　　数字基础用以反映信息网络等新型基础设施建设情况。该维度包含 3 项三级指标。具体地,以"固网宽带应用渗透率"和"移动网络应用渗透率"作为衡量该城市在信息传播扩散方面的基础设施投入能力以及信息交流的即时性、互动性;以"车联网车辆接入数量"和"工业互联网示范项目数量"衡量该城市数字技术渗透融合的程度。

　　数字创新活力用以反映数字城市建设成果,即数字产业化和产业数字化、数字社会的建设和数字政府建设水平。该维度包含 4 项三级指标。具体地,以"数字产业活力"作为衡量该城市以数据赋能为主线,对产业链上下游的全要素数字化升级、转型和再造的水平;以"数字消费活力"反映数字技术在日常消费中的渗透程度,从而衡量数字社会建设程度;以"数字政务活力"衡量地方政府普惠化、便捷化、智能化服务的能力;以"数字文化活力"衡量人民群众通过数字技术或手段满足精神文化需要的程度。

6.2.2　评价比较

1.总体水平

　　本蓝皮书依据数字基础和数字创新活力两个维度的得分情况,分别对本书收录的 105 个城市进行排名。图 6-5 刻画了各个城市在数字经济两个重要维度上的表现,即各个城市在两个维度的排名情况。其中,横轴反映了"数字基础"水平,纵轴反映了"数字创新活力"水平。

　　具体来看,在 105 个收录城市中,北京、上海、广州、宁波、苏州、杭州、南京、长沙、太原、西安、济南、深圳、湖州、成都、无锡、银川、青岛、常州、厦门、重庆、天津、福州、南昌、合肥、海口、武汉、沈阳这 27 个城市综合表现出色,在数字基础和数字创新活力维度的排名均位列前 1/3(前 35 位)。从区位来看,这些城市主要分布在长三角和珠三角经济圈,其中,有 15% 的城市在江苏省,11% 的城市位于浙江省。这些城市在以网络通信、大数据、云计算、区块链、人工智能、量子科技、物联网以及工业互联网等数字技术为主要应用的新型基础设施建设方面有较高水平,同时能够高效地促进数字技术在产业、消费、政务、社会等方面的应用,推动数字生态城市建设。

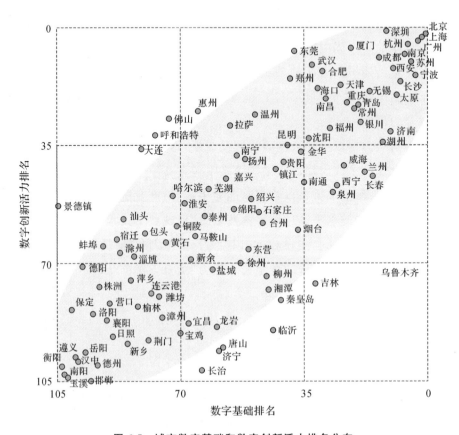

图 6-5　城市数字基础和数字创新活力排名分布

　　此外,乌鲁木齐和吉林这两个城市在数字基础维度有出色的表现,但对数字创新活力维度兼顾不足。佛山和呼和浩特这两个城市在数字创新活力维度取得了出色的表现,但对数字基础维度兼顾不足。漳州、潍坊、连云港、荆门、榆林、萍乡、新乡、日照、营口、襄阳、株洲、德州、洛阳、邯郸、岳阳、德阳、汉中、遵义、保定、玉溪、南阳和衡阳这 22 个城市综合表现有待提高,在数字基础和数字创新活力维度均位列末 1/3(末 35 位)。

　　从创新效率来看,数字基础与数字创新活力之间呈现出正相关关系,即数字基础设施水平能够促进数字创新活力水平。具体来看,东莞、惠州、佛山、呼和浩特、大连、景德镇虽然在数字基础维度上有待提高,但其数字基础设施投入转化为数字创新活力的效率较高(图 6-5 阴影上方的小圆圈);乌鲁木齐、吉林、秦皇岛、临沂、唐山、济宁、长治虽然在数字基础方面投入较多，但其转化为数字创新活力产出的效率较低（图 6-5 阴影下方的小圆圈）。

2. 数字基础水平

在数字基础维度得分上，排名位列前 1/3（前 35 位）的城市分别为北京（66.89 分）、上海（59.38 分）、广州（56.91 分）、宁波（48.81 分）、苏州（48.13 分）、杭州（47.08 分）、南京（47.03 分）、长沙（46.9 分）、太原（45.76 分）、西安（44.84 分）、济南（44.31 分）、深圳（42.56 分）、湖州（42.38 分）、成都（41.16 分）、乌鲁木齐（41.01 分）、长春（38.67 分）、无锡（37.5 分）、兰州（37.02 分）、银川（36.79 分）、青岛（36.57 分）、常州（35.72 分）、厦门（35.37 分）、重庆（34 分）、威海（32.88 分）、天津（32.66 分）、西宁（32.63 分）、泉州（32.46 分）、福州（31.94 分）、南昌（31.48 分）、合肥（31.2 分）、海口（30.72 分）、吉林（30.57 分）、武汉（29.97 分）、沈阳（29.68 分）和南通（29.24 分）。各城市的数字基础维度得分如表 6-3 所示。

表 6-3　各城市数字基础维度得分

城市	得分	城市	得分	城市	得分
北京	66.89	金华	29.17	铜陵	21.74
上海	59.38	烟台	28.93	哈尔滨	21.71
广州	56.91	东莞	28.80	佛山	21.67
宁波	48.81	郑州	28.78	黄石	21.45
苏州	48.13	昆明	28.73	漳州	21.20
杭州	47.08	贵阳	28.27	潍坊	20.82
南京	47.03	秦皇岛	27.95	呼和浩特	20.81
长沙	46.90	镇江	27.90	连云港	20.71
太原	45.76	临沂	27.86	荆门	20.24
西安	44.84	湘潭	27.82	包头	20.04
济南	44.31	柳州	27.71	大连	20.02
深圳	42.56	台州	27.70	榆林	20.02
湖州	42.38	石家庄	27.63	淄博	19.95
成都	41.16	温州	27.48	萍乡	19.25

续表

城市	得分	城市	得分	城市	得分
乌鲁木齐	41.01	绍兴	27.47	新乡	19.15
长春	38.67	东营	27.16	汕头	19.13
无锡	37.50	扬州	27.08	滁州	19.12
兰州	37.02	徐州	27.07	宿迁	18.94
银川	36.79	南宁	27.02	日照	18.62
青岛	36.57	绵阳	26.89	营口	18.15
常州	35.72	拉萨	25.59	襄阳	17.75
厦门	35.37	嘉兴	25.57	蚌埠	17.74
重庆	34.00	唐山	25.08	株洲	17.01
威海	32.88	济宁	24.98	德州	16.86
天津	32.66	龙岩	24.78	洛阳	16.72
西宁	32.63	盐城	24.31	邯郸	16.61
泉州	32.46	芜湖	23.89	岳阳	16.34
福州	31.94	泰州	23.84	德阳	16.26
南昌	31.48	长治	23.37	汉中	15.92
合肥	31.20	惠州	23.30	遵义	15.72
海口	30.72	马鞍山	23.25	保定	14.98
吉林	30.57	新余	23.13	玉溪	14.74
武汉	29.97	宜昌	22.86	南阳	12.29
沈阳	29.68	淮安	22.71	衡阳	11.89
南通	29.24	宝鸡	22.48	景德镇	9.52

3.数字创新活力水平

在数字创新活力维度得分上，排名位列前 1/3（前 35 位）的城市分别为深圳（83.90 分）、北京（63.80 分）、上海（60.08 分）、广州（48.58 分）、杭州（45.15 分）、

厦门(36.28 分)、东莞(34.43 分)、南京(30.65 分)、成都(28.03 分)、苏州(27.97
分)、武汉(26.96 分)、西安(25.6 分)、合肥(25.09 分)、宁波(23.66 分)、郑州
(23.29 分)、长沙(22.94 分)、天津(22.59 分)、海口(21.57 分)、无锡(21.13 分)、
太原(20.91 分)、南昌(20.41 分)、重庆(19.82 分)、青岛(19.35 分)、常州(18.91
分)、惠州(18.91 分)、温州(18.45 分)、佛山(18.26 分)、银川(16.52 分)、拉萨
(16.44 分)、福州(16.24 分)、济南(16.12 分)、呼和浩特(15.74 分)、沈阳(15.19
分)、湖州(15.01 分)、昆明(14.83 分)。各城市的数字创新活力维度得分如表 6-
4 所示。

表 6-4　各城市数字创新活力维度得分

城市	得分	城市	得分	城市	得分
深圳	83.90	大连	14.38	德阳	7.09
北京	63.80	金华	14.36	盐城	6.82
上海	60.08	南宁	14.34	乌鲁木齐	6.75
广州	48.58	扬州	14.33	柳州	6.51
杭州	45.15	贵阳	14.30	萍乡	6.50
厦门	36.28	威海	13.91	吉林	6.42
东莞	34.43	镇江	13.91	株洲	6.41
南京	30.65	兰州	13.16	湘潭	6.18
成都	28.03	长春	13.13	连云港	6.17
苏州	27.97	嘉兴	13.01	潍坊	6.09
武汉	26.96	南通	12.25	秦皇岛	5.96
西安	25.60	西宁	11.87	营口	5.81
合肥	25.09	芜湖	11.77	榆林	5.58
宁波	23.66	泉州	11.31	保定	5.46
郑州	23.29	哈尔滨	10.94	洛阳	5.34
长沙	22.94	绍兴	10.38	漳州	5.28

续表

城市	得分	城市	得分	城市	得分
天津	22.59	淮安	10.36	襄阳	5.06
海口	21.57	景德镇	10.22	宜昌	4.97
无锡	21.13	绵阳	9.72	龙岩	4.86
太原	20.91	石家庄	9.72	临沂	4.63
南昌	20.41	泰州	9.53	宝鸡	4.54
重庆	19.82	汕头	9.32	日照	4.46
青岛	19.35	台州	9.12	荆门	4.39
常州	18.91	铜陵	9.08	新乡	4.32
惠州	18.91	烟台	8.63	唐山	4.21
温州	18.45	包头	8.60	济宁	3.80
佛山	18.26	马鞍山	8.56	岳阳	3.64
银川	16.52	宿迁	8.42	遵义	3.60
拉萨	16.44	黄石	8.22	汉中	3.52
福州	16.24	蚌埠	8.06	德州	3.47
济南	16.12	东营	8.03	衡阳	3.20
呼和浩特	15.74	滁州	8.00	长治	2.93
沈阳	15.19	淄博	7.80	南阳	2.67
湖州	15.01	新余	7.48	玉溪	1.48
昆明	14.83	徐州	7.20	邯郸	1.44

本蓝皮书选取该维度位列前 1/3 的城市,对数字创新活力维度下的"数字产业活力""数字消费活力""数字政务活力""数字文化活力"作进一步分析,得分如图 6-6 所示。

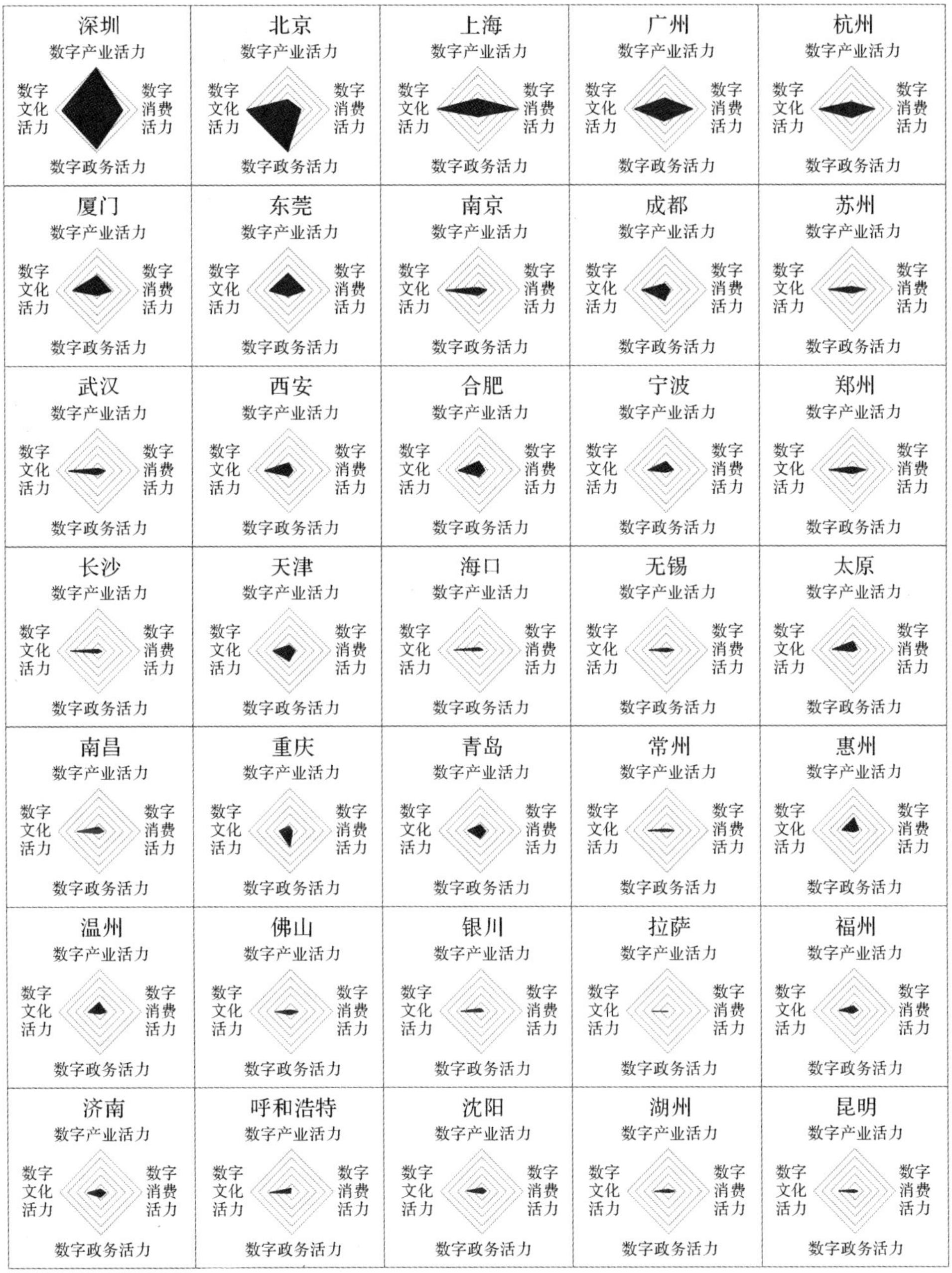

深圳	北京	上海	广州	杭州
数字产业活力	数字产业活力	数字产业活力	数字产业活力	数字产业活力
数字文化活力　数字消费活力	数字文化活力　数字消费活力	数字文化活力　数字消费活力	数字文化活力　数字消费活力	数字文化活力　数字消费活力
数字政务活力	数字政务活力	数字政务活力	数字政务活力	数字政务活力
厦门	东莞	南京	成都	苏州
数字产业活力	数字产业活力	数字产业活力	数字产业活力	数字产业活力
数字文化活力　数字消费活力	数字文化活力　数字消费活力	数字文化活力　数字消费活力	数字文化活力　数字消费活力	数字文化活力　数字消费活力
数字政务活力	数字政务活力	数字政务活力	数字政务活力	数字政务活力
武汉	西安	合肥	宁波	郑州
数字产业活力	数字产业活力	数字产业活力	数字产业活力	数字产业活力
数字文化活力　数字消费活力	数字文化活力　数字消费活力	数字文化活力　数字消费活力	数字文化活力　数字消费活力	数字文化活力　数字消费活力
数字政务活力	数字政务活力	数字政务活力	数字政务活力	数字政务活力
长沙	天津	海口	无锡	太原
数字产业活力	数字产业活力	数字产业活力	数字产业活力	数字产业活力
数字文化活力　数字消费活力	数字文化活力　数字消费活力	数字文化活力　数字消费活力	数字文化活力　数字消费活力	数字文化活力　数字消费活力
数字政务活力	数字政务活力	数字政务活力	数字政务活力	数字政务活力
南昌	重庆	青岛	常州	惠州
数字产业活力	数字产业活力	数字产业活力	数字产业活力	数字产业活力
数字文化活力　数字消费活力	数字文化活力　数字消费活力	数字文化活力　数字消费活力	数字文化活力　数字消费活力	数字文化活力　数字消费活力
数字政务活力	数字政务活力	数字政务活力	数字政务活力	数字政务活力
温州	佛山	银川	拉萨	福州
数字产业活力	数字产业活力	数字产业活力	数字产业活力	数字产业活力
数字文化活力　数字消费活力	数字文化活力　数字消费活力	数字文化活力　数字消费活力	数字文化活力　数字消费活力	数字文化活力　数字消费活力
数字政务活力	数字政务活力	数字政务活力	数字政务活力	数字政务活力
济南	呼和浩特	沈阳	湖州	昆明
数字产业活力	数字产业活力	数字产业活力	数字产业活力	数字产业活力
数字文化活力　数字消费活力	数字文化活力　数字消费活力	数字文化活力　数字消费活力	数字文化活力　数字消费活力	数字文化活力　数字消费活力
数字政务活力	数字政务活力	数字政务活力	数字政务活力	数字政务活力

图 6-6　数字创新活力维度前 1/3 城市得分分布

在数字产业活力方面,深圳(100 分)的得分遥遥领先,反映了该城市在数字产业化和产业数字化方面表现相对较好。在数字消费活力方面,上海(100 分)、广州(66.24 分)、深圳(62.33 分)和杭州(60.69 分)得分超过 60 分,反映了这些城市具有较强的数字消费潜力。在数字政务活力方面,北京(100 分)和深圳(90.75 分)表现突出,反映了其政务领域的数字化已进入较高水平,居民可以享受到数字化政务的便利。在数字文化活力方面,北京(100 分)和上海(99.13 分)的得分超过 90 分,反映数字文化已经成为大众文化消费和信息消费的主流形态,已深刻渗透着大众的生活方式、社交方式和表达方式。

6.2.3 宁波:谱写数字经济发展新篇章

数字经济成为推动城市产业发展的重要引擎,数字智能城市亦已成为智慧城市未来十年的发展趋势。2021 年,宁波加快实施数字经济核心产业提质扩量行动,加速优势产业智能化转型,打造信息消费升级版,同时以"产业大脑＋未来工厂"为核心,以工业互联网、数字贸易、数字港航及未来产业先导区等建设为引领,创新探索数字经济系统建设的"宁波方案"。

2021 年 1 至 8 月,宁波全市数字经济核心产业实现营收 2674.3 亿元,占浙江全省的 15%,总量位居全省第二;同比增长 35%,高出全省 3.1 个百分点。其中,核心制造业实现营收 2224 亿元,同比增长 36%;核心服务业实现营收 450 亿元,同比增长 30%。未来 5 年,宁波将瞄准数字化改革先行区和具有国际影响力的数字经济发展先行区,使数字化改革成为"重要窗口"模范生的重大标志性成果。到 2025 年,宁波力争全市数字经济总量突破 1 万亿元,实现数字经济核心产业增加值达到 3000 亿元,核心产业增加值占地区生产总值比重在 15%以上。

1."未来工厂"牵引智造,促发展高质量

"单项冠军之城"宁波,发展数字经济,主阵地无疑在制造业。从传统制造到单个工位机器换人,从生产线的自动化改造到打造智能车间,从智能工厂到产业链智能联动的"未来工厂",宁波智造渐成燎原之势。"十三五"期间,共有 8045 家规上企业实施了 10764 个项目的技术改造,12 个项目列入工信部智能制造系列试点示范,截至目前,8 个项目列入省级"未来工厂"(含试点、培育)名单。

　　制造业自动化水平提升,安全生产保障、预判风险、节能降耗等工业现场新的需求随之显现。在制造业谋求数字化转型的大背景下,工业互联网应运而生。自 2018 年工业互联网研究院在宁波成立以来,越来越多的在甬企业剖析了研发设计、生产制造、销售服务等环节存在的不足,通过工业互联网实现整个链条的降本增效、增值进化。随着一批工业互联网平台相继落地,如今,宁波的工业互联网发展有了自己独特的方式。例如,由工业互联网研究院孵化的浙江蓝卓工业互联网信息技术有限公司成功发布工业操作系统 supOS 3.0 版,在石化、建材等 30 多个行业领域成功应用,加快构建了更为中立、开放的工业互联网生态发展体系。"除原本就熟悉的绿色石化业务,我们还携手聚臻、畅想等本地软件企业,搭建汽车零部件、智能家电等行业工业互联网平台。"蓝卓数字化运营总监戴丹说,蓝卓欲把 supOS 系统打造成工业领域的安卓系统,通过与软件企业、智能制造工程服务机构、通信运营商等强强联合,赋能宁波"246"万千亿级产业集群。

　　2. 建设数字经济系统,加速产业融合

　　若把企业建设"未来工厂"视作"点",以行业为主体建设工业互联网平台就是"线","面"则是协同行业,以产业大脑为支撑形成制造业产业生态。在数字化改革牵引下,宁波"点、线、面"的分层级推进智能化改造也迎来了新命题——建设数字经济系统。

　　数字经济系统的核心架构是"产业大脑+未来工厂"。产业大脑就好比连接政府与市场的桥梁,是全面掌握、分析、研判、预警的"智慧大脑",也是描绘经济运行态势、洞察产业链状况、辅助政策落地和产业发展的"最强大脑"。在产业大脑建设过程中,宁波坚持边谋划、边推进、边总结,形成了市县联动、试点先行、协同推进的建设模式。化工产业大脑由宁波市牵头,11 个设区市联合共建,镇海区具体承担;模具(金属)产业大脑由北仑区牵头,宁海县联合共建;服装产业大脑由海曙区牵头建设;智能家电产业大脑由余姚市牵头,慈溪市、高新区联合共建;文体用品产业大脑由宁海县牵头,北仑区联合共建。

　　以"产业大脑+未来工厂"为核心,聚焦工业互联网、数字贸易、数字港航等引领型场景应用,宁波正全力打造全面连接要素、产业链、价值链的数字经济体系。如今,数字港航服务应用开启了港口经济研究和趋势预测;普惠金融信用信息服务应用让融资需求呼有所应、线上对接;制造业全域治理数字化应用让工业土地综合整治更精细化……一批优秀的系统应用案例,为省内外乃至全球的政企、机构提供了可借鉴、易推广的实践样本。

3. 升级信息消费示范,为"双循环"助力

随着数字经济的蓬勃发展,促进信息消费的新业态、新模式在宁波涌现。手机按下"一键救援",把需要拖离的车辆拍照上传,系统就通过平台派发最近的救援车辆。凭借道路救援模式的创新,甬企开发的"啾啾救援"——基于区块链的数智化共享救援平台,入选工信部 2021 年新型信息消费示范项目。此前,宁波云医院、浙江中塑在线、宁波海上鲜等项目已入选。这些正是宁波培育发展信息消费新业态新模式的生动缩影。年初,宁波还入选工信部公布的综合型信息消费示范城市。

宁波从供需两端协同发力,运用 5G、人工智能、数字孪生等前沿技术,培育形成一批信息消费新产品、新业态、新模式,以满足市民生活新需求,壮大新的经济增长极,助力"双循环"。例如本土首个零售生鲜电商平台"小 6 买菜",通过大数据精准预测采购数量,提高采购效率,通过智能化分拣机制实现严格的品控管理,配合智能化统筹调拨系统、配送路线智能规划系统确保交货质量,并将采购、品控、仓储、配送、售后等环节与平台一起纳入数字化管理。此外,宁波还公布了首批信息消费体验中心名单,宁波移动天宁旗舰厅、5G＋智慧教育(未来教室)、"健康中国 2030"宁波体验中心等 13 个项目覆盖多个产业行业[①]。

6.3　绿色发展

碳达峰碳中和"双碳"目标为中国经济社会高质量发展提供了方向指引,是一场广泛而深刻的经济社会系统性变革。2021 年 10 月 24 日,《中共中央　国务院关于完整准确全面贯彻新发展理念做好碳达峰碳中和工作的意见》(以下简称

---

① 浙江省经济和信息化厅. 宁波:谱写数字经济发展新篇章[EB/OL]. https://jxt.zj.gov.cn/art/2021/10/20/art_1657977_58927621.html

《意见》)发布。作为碳达峰碳中和"1＋N"政策体系中的"1",《意见》为碳达峰碳中和这项重大工作进行了系统谋划和总体部署。根据《意见》,到 2030 年,经济社会发展全面绿色转型取得显著成效,重点耗能行业能源利用效率达到国际先进水平。到 2060 年,绿色低碳循环发展的经济体系和清洁低碳安全高效的能源体系全面建立,能源利用效率达到国际先进水平,非化石能源消费比重达到 80％以上。

为了推进碳达峰碳中和,中国应在推动高质量发展和全面实现现代化的战略大局和全局中综合考虑,按照源头防治、产业调整、技术创新、新兴培育、绿色生活的路径,加快实现生产生活方式的绿色变革,推动如期实现"双碳"目标。基于这一认识,本蓝皮书结合创新型经济指标评价体系,选取代表性指标,考察本书收录的城市在推进减污降碳,进行"绿色发展"方面的表现情况。

6.3.1　内涵与构成

绿色发展是以人与自然和谐为价值取向,以绿色低碳循环为主要原则,以生态文明建设为基本抓手,建立在生态环境容量和资源承载力的约束条件下,将环境保护作为实现可持续发展重要支柱的一种新型发展模式①。本蓝皮书以城市平衡污染源头防治和末端污染治理的水平为考察目标,以客观性、可量化性、可获得性为标准,确立源头治理和末端治理为评价维度。

源头治理,反映了严控高耗能、高污染"两高"项目,严把新建、改建、扩建高耗能、高排放项目的环境准入关,从源头削减污染物排放水平。该维度包含 2 项三级指标。具体地,以"单位 GDP 能耗"作为当地产业发展中污染物源头控制情况的衡量依据;以"货运碳排放量"作为当地交通运输过程中污染物源头控制情况的衡量依据。

末端治理,反映了采用创新工艺流程、改进现有设备等方式,精准、科学、依法、系统地治污,长效改善环境质量,提升资源循环利用效率和节能减排水平。该维度包含 3 项三级指标。具体地,以"废水废物处理能力"衡量城市污水集中收集处理、生活垃圾无害化处理设施的配套程度和处理能力;以"园林绿化覆盖

---

① 人民日报. 人民日报:坚持绿色发展(深入学习贯彻习近平同志系列重要讲话精神)(2015 年 12 月 22 日 07 版)[N/OL]. http://opinion.people.com.cn/n1/2015/1222/c1003－27958390.html

率"衡量城市生态环境良性循环的能力;碳中和的目标和空气质量改善的目标高度一致,以"空气质量指数"衡量城市整体减污降碳能力。

6.3.2 评价比较

1.总体水平

本蓝皮书依据源头治理和末端治理两个维度的得分情况,分别对本书收录的 105 个城市进行排名。图 6-7 刻画了各个城市在绿色发展两个重要维度上的表现,即各个城市在两个维度的排名情况。其中,横轴反映了源头治理水平,纵轴反映了末端治理水平。

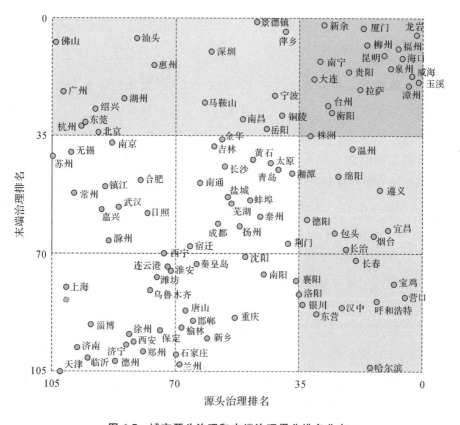

图 6-7 城市源头治理和末端治理得分排名分布

具体来看,在 105 个收录城市中,玉溪、龙岩、威海、漳州、海口、福州、泉州、昆明、柳州、厦门、拉萨、贵阳、衡阳、台州、新余、南宁、大连和株洲这 18 个城市综合表现出色,在源头治理和末端治理维度的排名均位列前 1/3(前 35 位)。这些城市在严把新建、改建、扩建高耗能、高排放项目的环境准入关的同时,能够精准、科学、依法、系统地治污,全面推动创新经济可持续发展。

此外,营口、宝鸡、呼和浩特、哈尔滨、长春、汉中、东营、银川和洛阳这 9 个城市在源头治理维度上有出色的表现,但对末端治理维度兼顾不足。汕头、佛山、惠州、广州、湖州、绍兴、东莞、杭州和北京这 9 个城市在末端治理维度上有出色的表现,但对源头治理维度兼顾不足。淮安、连云港、保定、潍坊、乌鲁木齐、郑州、西安、徐州、济宁、德州、淄博、临沂、济南、上海和天津这 15 个城市综合表现有待提高,在源头治理和末端治理维度上均位列末 1/3(末 35 位)。

2. 源头治理

在源头治理维度得分上,排名位列前 1/3(前 35 位)的城市分别为玉溪(93.83 分)、龙岩(93.27 分)、威海(93.10 分)、漳州(89.73 分)、营口(89.49 分)、海口(88.26 分)、福州(88.02 分)、宝鸡(87.45 分)、泉州(87.43 分)、宜昌(86.81 分)、昆明(86.28 分)、遵义(86.09 分)、呼和浩特(85.91 分)、烟台(85.76 分)、哈尔滨(85.61 分)、柳州(84.83 分)、厦门(84.30 分)、拉萨(83.99 分)、长春(83.26 分)、温州(83.11 分)、贵阳(82.83 分)、长治(82.75 分)、汉中(82.36 分)、绵阳(82.23 分)、包头(82.22 分)、衡阳(80.79 分)、台州(80.72 分)、新余(80.46 分)、南宁(79.15 分)、东营(79.09 分)、大连(78.95 分)、株洲(78.62 分)、德阳(78.49 分)、银川(78.44 分)、洛阳(78.38 分)。各城市末端治理维度得分如表 6-5 所示。

表 6-5　各城市源头治理维度得分

城市	得分	城市	得分	城市	得分
玉溪	93.83	襄阳	77.89	淮安	68.92
龙岩	93.27	湘潭	77.75	连云港	67.97
威海	93.10	荆门	77.44	西宁	67.61
漳州	89.73	萍乡	77.11	保定	66.94
营口	89.49	铜陵	77.02	潍坊	66.25

续表

城市	得分	城市	得分	城市	得分
海口	88.26	青岛	76.86	惠州	66.05
福州	88.02	宁波	76.75	乌鲁木齐	65.90
宝鸡	87.45	太原	76.24	日照	65.71
泉州	87.43	岳阳	76.09	郑州	65.45
宜昌	86.81	南阳	75.95	合肥	65.43
昆明	86.28	泰州	75.56	汕头	65.26
遵义	86.09	景德镇	74.94	西安	64.88
呼和浩特	85.91	黄石	74.88	徐州	64.54
烟台	85.76	蚌埠	74.52	济宁	64.47
哈尔滨	85.61	沈阳	74.16	湖州	63.56
柳州	84.83	南昌	74.00	武汉	62.62
厦门	84.30	扬州	73.60	德州	61.96
拉萨	83.99	重庆	73.57	南京	61.83
长春	83.26	芜湖	73.09	滁州	61.49
温州	83.11	盐城	72.86	镇江	60.58
贵阳	82.83	长沙	72.69	嘉兴	58.56
长治	82.75	金华	72.39	北京	57.84
汉中	82.36	成都	72.36	绍兴	57.80
绵阳	82.23	吉林	72.31	淄博	57.71
包头	82.22	深圳	72.26	临沂	57.61
衡阳	80.79	新乡	72.22	东莞	57.44
台州	80.72	马鞍山	72.12	杭州	57.19
新余	80.46	南通	71.93	济南	56.88
南宁	79.15	秦皇岛	71.85	常州	55.85
东营	79.09	邯郸	71.81	无锡	53.63
大连	78.95	宿迁	71.75	上海	52.15

城市	得分	城市	得分	城市	得分
株洲	78.62	唐山	71.51	广州	51.27
德阳	78.49	榆林	71.37	天津	50.32
银川	78.44	兰州	70.16	佛山	50.25
洛阳	78.38	石家庄	69.36	苏州	47.45

3.末端治理

在末端治理维度得分上,排名位列前 1/3(前 35 位)的城市分别为景德镇(81.55 分)、新余(80.41 分)、厦门(78.7 分)、萍乡(75.18 分)、龙岩(74.91 分)、汕头(74.01 分)、佛山(73.23 分)、柳州(73.16 分)、福州(72.73 分)、深圳(72.04分)、昆明(71.67 分)、海口(71.41 分)、南宁(70.85 分)、惠州(70.44 分)、泉州(68.8 分)、贵阳(68.75 分)、威海(68.73 分)、大连(68.68 分)、玉溪(67.8 分)、漳州(67.78 分)、拉萨(67.64 分)、广州(67.44 分)、宁波(67 分)、湖州(66.99 分)、马鞍山(66.49 分)、台州(66.07 分)、绍兴(65.07 分)、衡阳(65.03 分)、铜陵(64.4 分)、南昌(62.73 分)、东莞(62.59 分)、杭州(62.19 分)、岳阳(61.4 分)、北京(61.33 分)、株洲(61.07 分)。各城市末端治理维度得分如表 6-6 所示。

表 6-6　各城市末端治理维度得分

城市	得分	城市	得分	城市	得分
景德镇	81.55	金华	60.80	沈阳	53.08
新余	80.41	南京	60.77	长春	52.74
厦门	78.70	吉林	60.02	秦皇岛	52.72
萍乡	75.18	温州	59.44	连云港	52.12
龙岩	74.91	无锡	59.44	淮安	52.11
汕头	74.01	苏州	58.92	南阳	52.10
佛山	73.23	黄石	58.79	潍坊	50.40
柳州	73.16	太原	58.21	襄阳	50.30
福州	72.73	长沙	57.94	宝鸡	50.01

续表

城市	得分	城市	得分	城市	得分
深圳	72.04	青岛	57.79	上海	49.98
昆明	71.67	湘潭	57.78	乌鲁木齐	49.46
海口	71.41	绵阳	57.74	洛阳	49.23
南宁	70.85	合肥	57.71	营口	49.03
惠州	70.44	南通	57.42	呼和浩特	48.91
泉州	68.80	镇江	56.87	银川	48.89
贵阳	68.75	遵义	56.80	汉中	48.87
威海	68.73	常州	56.53	唐山	48.67
大连	68.68	盐城	56.28	东营	47.34
玉溪	67.80	蚌埠	56.16	重庆	46.60
漳州	67.78	芜湖	56.14	邯郸	46.16
拉萨	67.64	武汉	56.14	淄博	45.97
广州	67.44	嘉兴	56.11	榆林	45.53
宁波	67.00	日照	56.01	保定	45.00
湖州	66.99	泰州	55.42	徐州	44.93
马鞍山	66.49	德阳	55.40	新乡	44.28
台州	66.07	成都	55.39	西安	43.42
绍兴	65.07	扬州	55.07	济宁	42.38
衡阳	65.03	宜昌	55.02	济南	42.21
铜陵	64.40	包头	54.47	郑州	42.20
南昌	62.73	烟台	54.30	石家庄	42.18
东莞	62.59	滁州	54.27	临沂	41.60
杭州	62.19	荆门	54.03	德州	40.69
岳阳	61.40	宿迁	53.98	兰州	38.96
北京	61.33	长治	53.86	哈尔滨	38.62
株洲	61.07	西宁	53.42	天津	36.03

6.3.3　厦门：打造美丽中国样板城市

党的十八大以来，以习近平同志为核心的党中央把生态文明建设摆在全局工作的突出位置，全面加强生态文明建设，一体化治理山水林田湖草沙，开展了一系列根本性、开创性、长远性工作，决心之大、力度之大、成效之大前所未有，生态文明建设从认识到实践都发生了历史性、转折性、全局性的变化。

2021 年 4 月 30 日，习近平总书记在主持十九届中共中央政治局第二十九次集体学习时强调，生态环境保护和经济发展是辩证统一、相辅相成的，建设生态文明、推动绿色低碳循环发展，不仅可以满足人民日益增长的优美生态环境需要，而且可以推动实现更高质量、更有效率、更加公平、更可持续、更为安全的发展，走出一条生产发展、生活富裕、生态良好的文明发展道路。[①] 2021 年，在厦门市委、市政府和福建省生态环境厅的领导下，厦门市生态环境局坚持以习近平生态文明思想为指导，深入贯彻党的十九大和十九届历次全会精神，认真落实福建省第十一次、厦门市第十三次党代会决策部署，聚焦把厦门建设得更加美丽，让厦门的高颜值更富魅力，持续推进疫情防控阻击、污染防治攻坚、助力全方位高质量发展"三线联动"，坚定不移当好生态省建设排头兵，圆满完成年度工作目标，实现"十四五"生态环保工作良好开局，为更高水平建设高素质、高颜值、现代化、国际化城市提供良好的生态环境保障。

完善监测网络，深入开展生态环境监管能力建设三年行动，制定实施年度监测方案，健全监测结果回流和公开机制。推动 41 家重点排污单位安装自动监控设备并联网，排污单位自行监测完成率达 90%。强化环境质量监测分析反馈，"厦门市'十三五'生态环境质量报告书"获生态环境部通报表扬。开展重点领域环境监测数据质量监督检查，对 25 家检验检测机构开展"双随机"监督抽查，促进检验检测行业做优做强。

强化科技支撑，制定实施"十四五"环境信息化建设计划。重点推进智慧环保平台三期、生态环境大数据平台项目建设，"三线一单""海洋生态环境监管"应

---

① 人民日报. 让绿水青山造福人民泽被子孙——习近平总书记关于生态文明建设重要论述综述[EB/OL]. https://www.gov.cn/xinwen/2021-06/03/content_5615092.htm? eqid=afacf3bf000050ff00000005647d674b.

用系统在第四届数字中国建设峰会"数字生态分论坛"上展示推广,"海洋生态环境监管"被评选为厦门市 2021 年社会治理智能化建设"创新应用项目"。完成"厦门市臭氧污染成因分析及污染防治课题研究",为精细化管控臭氧污染提供科学支撑;在全国率先开展住宅民生类生态环境保护系列规范编制,厦门市地方标准《美丽家园住宅区环境保护规范生活垃圾分类投放点》发布实施。

强化执法监管,制定生态环境综合行政执法事项指导目录,严格执行行政执法"三项制度",全力推行"双随机、一公开",持续深化"清水蓝天"等专项执法行动,立案查处 373 件,罚款 2815.18 万元,实施查封扣押 19 起、限产停产 2 起。

积极办理信访投诉,持续加强生态环境综合行政执法,采取专家会诊、帮扶指导、驻厂蹲点等方式有效化解重复投诉问题,12369 平台受理信访投诉量同比下降 3.56%。

强化平安建设,深化主动创稳助力平安厦门建设,认真落实国家安全和人民防线工作。推进常态化开展扫黑除恶斗争,巩固扫黑除恶专项斗争成果,推进"行业清源"治理。积极开展环境民事纠纷行政调解工作,全年共受理并成功调解 15 件。

在宣传教育方面,召开 4 次新闻发布会,开展"5·22"国际生物多样性日、六五环境日等主场宣传活动。积极宣传环保重点工作,在国家、省、市级媒体刊播稿件 129 篇,"两微一站"推送微信 1471 条、微博转载信息 1098 条。

推进公众参与环境保护,全面落实《厦门市环境教育规定》,着力引导公众履行自身环保责任,形成践行绿色低碳生活的社会风尚。开设"厦门环境教育平台"网站,开展各类环保业务培训。推进环保设施向公众开放,2021 年共组织线下参观 11 场次,组织 459 名群众近距离参观城市污水处理设施及城市垃圾处理设施运行处理过程;近 10300 人次通过微信、VR 全景参观、"云课堂""云直播"等方式参与设施开放展示活动。

高度重视人大建议、政协提案办理工作,严格按照办理程序交办反馈,积极主动与人大代表、政协委员沟通协商,深刻领会交办意图,确保如期办结。2021年,共受理生态环境类人大代表建议 8 件、政协委员提案 18 件,全部办结并依法依规做好答复意见公开。

    减污降碳,积极构建全方位、多层次低碳试点体系,组织编制低碳工业园区等 4 个验收技术规范,推进军营村低碳社区、后溪工业组团低碳园区等 20 个低碳试点项目建设。指导九八投洽会、金鸡电影节等重大活动开展碳中和。推动高端制造业、先进服务业及生态农业等绿色产业发展,加快产业结构转型升级。强化"两高"建设项目生态环境源头防控,"两高"建设项目零新增。指导 452 家企业落实强制责任保险,完成 10 家企业强制性清洁生产审核①。

---

① 厦门市生态环境局. 2021 年厦门市生态环境质量公报［EB/OL］. http://sthjj. xm. gov. cn/zwgk/zfxxgk/fdzdgknr/hjzl/hjzkgb/202206/t20220602_2665142. htm

附　录

附录 1　三级指标意义及选用说明

1. 基础设施

1.1　数字基础

1.1.1　固网宽带应用渗透率

固网宽带应用渗透率是指一个城市或地区互联网宽带接入用户数占常住人口的比重。指标反映了该地区在信息传播扩散方面的基础设施投入能力。在创新型经济社会中,有效的信息获取渠道建设将带来极大的竞争优势。

1.1.2　移动网络应用渗透率

移动网络应用渗透率是指移动电话年末用户数占常住人口的比重。指标反映了该城市或地区信息交流的即时性、互动性。移动互联网技术可以有效打破时间和空间上的间隔,能够有效促进信息共享平台的进一步发展,带动各行各业发展,为建设创新型经济奠定重要基础。

1.1.3　车联网车辆接入数量

车联网车辆接入数量反映了一个城市或地区数字技术渗透融合的程度。车联网技术向着智能化、网联化方向演进,需要更低延时和更高可靠性的通信网络。这意味着 5G 的大带宽、移动边缘计算、边云协同技术不断提升,以满足车联网在高速传输、高可靠性、低延时方面的可靠要求。

1.1.4　工业互联网示范项目数量

工业互联网示范项目数量反映了一个城市或地区在工业技术和信息通信技术结合方面应用前沿技术和创新实践的水平。工业互联网推动企业数字化转型、工业经济各种要素资源高效共享、制造业和服务业之间的深度融合意义重大。

1.2 交通基础

1.2.1 公路单位里程运输量

1.2.1.1 公路单位里程货运量、1.2.1.2 公路单位里程客运量

公路单位里程货运量和公路单位里程客运量反映了该城市或地区货运和客运能力。货运量与客运量持续稳定增长并保持高位运行,为创新型经济社会发展的供应链畅通、人民生活服务水平的提高提供了重要支撑。

1.2.2 人均快递业务量

人均快递业务量反映了该城市或地区的快递需求和供给能力。快递业已成为转变经济发展方式的助推器和经济增长的新引擎,为中国创新型经济社会带来深刻变化。

1.2.3 城市物流仓储用地面积占城市建设用地总面积比重

城市物流仓储用地面积占城市建设用地总面积比重反映了该城市或地区对转运仓库的需求和供给能力。完备的物流仓储基础设施为促进活跃的创新型经济发展提供了支持条件。

1.2.4 公共汽(电)车运输人次占总人口比重

公共汽(电)车运输人次占总人口比重通过全年公共汽(电)车客运总量与常住人口的比值衡量。该指标反映了一个城市或地区的客运服务水平和运营效率。充分的运力和管理能力为创新型经济的持续健康发展提供了有力支撑。

1.3 金融基础

1.3.1 年末金融机构人民币各项存款余额

年末金融机构人民币各项存款余额反映一个城市或地区对资金的吸附能力。存、贷款是金融市场组织为经济发展提供资金支持的最重要的来源和方式,是激发创新型经济活力的重要支撑。

1.3.2 年末金融机构人民币各项贷款余额

年末金融机构人民币各项贷款余额反映了一个城市或地区地方金融对实体经济的支持力度。存、贷款是金融市场组织为经济发展提供资金支持的最重要的来源和方式,是激发创新经济活力的重要支撑。

1.3.3　数字金融

数字金融通过数字普惠金融指数,即数字金融覆盖广度、数字金融使用深度和普惠金融数字化程度来综合衡量。指标反映了地区金融服务的广度、深度和数字化程度。受益于数字金融科技发展,金融服务得以持续下沉,从而与数字经济形成内在合力,共同推动产业高速健康发展。

1.4　政策基础

1.4.1　政府社会资本合作环境

政府社会资本合作环境通过 PPP 入库项目数衡量。作为公共基础设施的一种项目合作模式,PPP 能够促进社会效益最大化,建设公共基础设施建设,促进地方创新型经济发展。

1.4.2　政府文件

政府文件通过地方政府发布的以"创新"为主题的政策数量衡量。这一指标反映了各地政府对创新的重视程度。政府通过发布和实施创新政策来支持和推动创新活动,促进科技研发、技术转移和商业化,以及提供相应的资金和资源支持。政府发布更多的与创新相关的政策意味着其将创新视为经济发展和竞争力提升的重要手段,并致力于为创新提供良好的政策环境。

2. 创新资源

2.1　人力资源

2.1.1　普通高等学校教育数量与质量

2.1.1.1　每万人口普通高等学校在校学生数

每万人口普通高等学校在校学生数反映了一个城市或地区教育水平的高低,以及为未来发展提供高技术人才的潜力。普通高等学校在校学生的数量也反映了该地区教育的吸引力。高等教育可以吸引潜在的在该地区就业的高级人才,对于大中城市来说,在校学生一般倾向于在他们受教育的地方工作,这为创新型经济发展提供了重要的高水平人才储备。

2.1.1.2　普通高校师生比

普通高校师生比是通过普通高等学校专任教师数与在校学生数的比值来衡

量的。指标反映了对高等教育教师资源的投入程度。师生比在很大程度上决定了师生互动程度,是教育质量的重要体现。

2.1.2　中等职业学校教育数量与质量

2.1.2.1　每万人口中等职业学校在校学生数

每万人口中等职业学校在校学生数反映了一个城市或地区工业人才水平。中等职业教育不仅能够为地区经济发展提供大量的熟练技术工人,而且能够缓解当前就业压力,对以教育扶贫实现社会综合治理有重大作用,对推进创新型经济建设有重要促进作用。

2.1.2.2　中等职业学校师生比

中等职业学校师生比是通过中等职业学校专任教师数与在校学生数的比值来衡量的。指标反映了该城市或地区对中等职业教育教师资源的投入程度。师生比一定程度上会影响每位学生获得的教育资源的多少,是教育质量的重要体现。

2.1.3　一般公共预算教育支出占 GDP 比重

一般公共预算教育支出占 GDP 比重反映了该城市或地区政府对教育的重视程度以及未来人才培养的潜力。对教育的持续投入,是支撑地区长远发展的基础性、战略性投资,并日益成为评价一个地区教育事业是否优先发展的一项重要指标。教育是提高人民综合素质、促进人的全面发展的重要途径,是民族振兴、社会进步的重要基石。教育经费投入增加,能够助推教育事业稳健发展,有了充足的资金才能升级硬件设施、提高师资水准、更新办学理念、与国际教育水平接轨,从根本上提供办好教育、提高教育质量的保障。

2.1.4　人才吸引力指数

人才吸引力指数反映了一个城市或地区对人才的吸引力。人才是创新之源,我国经济的发展模式正在从投资拉动向创新驱动转型,地区之间的竞争也在从引资竞争向引才竞争转变。随着各地对人才重视程度的不断提高,对人才的界定也发生了很大改变,原来只把具有很高专业水平的院士、专家、海归作为人才,现在接受过高等教育的大学毕业生也成为许多地区的引才对象。引进创新型人才,来发展创新型经济,这是最快捷、最经济、最有效的一个途径。营造创新型人才引进的体制机制,有利于充分发挥人才在产业发展中的引领作用,加快推进产业结构调整和经济转型升级。

2.1.5　高新区企业 R&D 人员所占比重

高新区企业 R&D 人员所占比重反映了该城市或地区 R&D 人力投入的强度。R&D 人员主要包括在研究机构、大中型工业企业和高校中的科技人员,是创新领域的重要群体,他们活跃于生产活动和创新活动的第一线,是许多创新成果的直接创造者,或者在研究机构中从事基础创新研究,他们是创新的基础资源之一。

2.2　研发投入

2.2.1　R&D 内部经费支出占 GDP 比重

R&D 内部经费占 GDP 比重反映了一个城市或地区对研发投入的重视程度,对区域的创新能力有着重要影响,为支持加强基础研究和前沿技术研究提供了保障。

2.2.2　一般公共预算科学技术支出占 GDP 比重

一般公共预算科学技术支出占 GDP 比重反映了该城市或地区地方政府对当地的科技发展与创新的重视程度。这种宏观的指导一方面鼓励了企业的研发行为,另外一方面支持了研究机构的科研创新,地方财政科研拨款是大学、科研机构以及企业研发活动重要的资金来源。

2.3.3　高新区企业 R&D 经费内部支出占营业收入比重

高新区企业 R&D 经费内部支出占营业收入比重反映了该城市或地区企业对于研发活动的投资强度。工业企业 R&D 经费的主要来源还是企业内部的销售收入,研发活动使得企业可以开发新产品和服务,从而始终保持竞争的优势。企业的研发活动对创新型经济发展起着关键的作用。

2.3　创新机构

2.3.1　文化机构

2.3.1.1　每万人博物馆拥有量

每万人博物馆拥有量反映了该城市或地区的文化事业和社会发展程度。博物馆既是经济社会发展的外在成果,也是一个展示不同时期文化建设的重要特征,更是提高文化自信的具体表现。通过发展博物馆,打造文化普及高地,有利于促进该地区人才培养,反哺教育,建设创新型经济。

3.3.1.2 人均公共图书馆藏书拥有量

人均公共图书馆藏书拥有量反映了该城市或地区馆藏资源建设程度。公共图书馆是各个年龄层学习的重要资源。建设公共图书馆,有利于打造文化共享新模式,推动文化事业和文化产业发展,从而为创新型经济建设提供丰沃的文化土壤。

2.3.2 国家重点实验室

国家重点实验室数量反映了一个城市或地区聚集优秀科学家、开展高层次学术交流的情况。国家重点实验室是国家科技创新体系的重要组成部分,是相关研究领域国内研究中心,对学科领域的发展具有辐射带动作用。

2.3.3 国家创新中心

2.3.2.1 国家制造业创新中心、2.3.2.2 国家企业技术中心数

国家创新中心包括制造业创新中心、国家级企业技术中心等,反映了该城市或地区创新组织的技术水平和竞争力。制造业创新中心是国家级创新平台的一种形式,以协同创新机制为手段,以需求为导向,打造贯通创新链、产业链、资本链的制造业创新生态系统,提供从前沿共性技术研发到转移扩散,到首次商业化应用的跨界型、协同型新型创新载体。中心以前沿技术、共性关键技术的研发供给、转移扩散和首次商业化为重点。因此国家制造业创新中心数量可以反映一个地区创新组织的影响力与赋能作用。

国家级企业技术中心由国家发展和改革委员会、科技部、财政部、中华人民共和国海关总署和国家税务总局等五部委联合认定,其建立旨在提高企业技术开发与创新能力,增强企业竞争力,是建立现代企业制度的内在要求。这一认定要求企业的研究开发能力、企业专职研究开发人员水平、仪器设备先进度、目前产品结构和未来发展方向等方面都达到国家相关规定的指标,企业技术中心获得国家级认定后可享受政府财政补贴、进口设备减免税等方面的优惠政策。

3.创新过程

3.1 知识创造

3.1.1　每十万人发明专利授权数

专利反映了原创性的创造发明数量及对创新的保护,反映技术发展活动是否活跃,以及发明人是否有谋求专利保护的积极性。发明专利作为三种专利中最重要的一种,其数量反映了具有商业意义的发明强度。一个国家、地区人均拥有的发明专利数集中体现了这个国家、地区的自主创新的能力,被认为是区域创新发展的航标[①]。

3.1.2　每十万人 WoS 论文数

论文常用来指进行各个学术领域的研究和描述学术研究成果的文章,它既是探讨问题进行学术研究的一种手段,又是描述学术研究成果进行学术交流的一种工具。Web of Science 是世界上有影响的多学科的学术文献文摘索引数据库,是衡量高质量论文发表的重要依据。因而,在 Web of Science 中发表论文的数量可以反映该地区中原创性、高质量知识的创造能力。

3.1.3　每亿元 R&D 内部经费支出所取得的发明专利授权数

每亿元 R&D 内部经费支出所取得的发明专利授权数可以反映一个地区创新过程中的科技发明强度,考虑到过程的效率,不仅仅应考虑人均指标,而且应该考虑一定的研发投入下所产生的科技发明强度,这个指标对过程效率具有十分重要的指示作用。

3.1.4　国际科研合作

国际科研合作通过当年 Web of Science 核心合集国际合作论文数在总论文数中所占比重来衡量。这一指标反映了一个城市或地区创新开放度和国际知识流动和共享程度。推动国际科研合作,不仅可以获取来自其他国家和地区的前沿科技知识和技术,还可以分享本地的研究成果和专业知识,加强全球科研社群的互动和交流。

---

① 人民网. 发明专利:区域创新发展的航标 http://ip. people. com. cn/n/2015/0213/c136655 — 26560786. html

3.2 知识扩散

3.2.1 输出技术成交额占地区生产总值的比重

技术市场成交情况反映了知识产权(如专利、发明等)流动、转移和利用的过程以及技术成果的市场化程度。成交金额反映了这些知识产权的市场价值。输出技术成交额占地区生产总值的比重是衡量科技成果转化的重要指标,反映了区域科技成果转移转化的辐射带动作用。

3.2.2 吸纳技术成交额占地区生产总值的比重

技术吸纳是区域克服研发基础与研发能力的限制的重要手段,是满足区域技术需求、优化产业生产方式、提升区域竞争力的重要手段。吸纳技术成交额占地区生产总值的比重反映了区域技术消化吸收能力及科技创新工作活跃度。

3.2.3 国家技术转移机构数

技术转移机构是促进科技成果持续产生,推动科技成果扩散、流动、共享、应用并实现经济与社会价值的组织。区域内国家技术转移机构数反映了科技成果资本化、产业化能力、创新创业活力。

4. 创新产出

4.1 创新经济效益

4.1.1 人均地区生产总值

一个地区的生产总值是该地区所有常住单位在一定时期内生产活动的最终成果。从价值形态看,它是所有常住单位在一定时期内所生产的全部货物和服务价值超过同期投入的全部非固定资产货物和服务价值的差额,即所有常住单位增加值之和。人均地区生产总值是反映该区域经济活力的最重要指标之一。

4.1.2 贸易顺差(逆差)

贸易顺差就是在一定的单位时间里(通常按年度计算),贸易的双方互相买卖各种货物,互相进口与出口,甲方的出口金额大过乙方的出口金额,或甲方的进口金额少于乙方的进口金额,其中的差额,对甲方来说,就称为贸易顺差。适当的贸易顺差,有利于刺激经济增长。这是一方面由于净出口增加使区域内总需求扩张,进而促进了国民经济增长;另一方面,净出口的乘数效应扩大了经济增长的规模。

4.1.3　人均工业增加值

人均工业增加值能反应区域内企业经营实质性项目的创造能力,是反映该区域经济产出的重要指标之一。

4.2　数字创新活力

4.2.1　数字产业活力

数字产业活力是通过数字经济领域[①]规上工业企业数占规上工业企业总数的比重来衡量的。产业数字化是继消费互联网化之后数字经济发展的另一高地,其是指在新一代数字科技支撑和引领下,以数据为关键要素,以价值释放为核心,以数据赋能为主线,对产业链上下游的全要素数字化升级、转型和再造的过程,是企业有效加速提升创新能力的关键。

4.2.2　数字消费活力

随着数字化技术的深入应用和产业数字化转型的快速推进,电子商务成为凝聚消费潜力和促进供需互动的新兴载体,同时也催生了大量的快递业务需求。已有的研究表明,邮政业务与电商的发展密切相关。[②]尽管邮政业务收入仅能部分反映网络交易情况,但间接反映了各城市间电子商务发展的相对水平。鉴于数据的可获得性,本书选择邮政业务收入来衡量数字消费的活力。

4.2.3　数字政务活力

在数字化浪潮下,政府的数字化转型驶入快车道。地方政府的数字化水平一方面反映了政府推进现代化治理能力变革、提高人民群众对政府满意度的决心;另一方面也反映了地方政府智普惠化、便捷化、智能化服务的能力。政务平台月平均每百万人中访问人数是该城市或地区数字政府建设成熟度、服务能力以及活跃程度的重要体现。

---

① 2021年6月,国家统计局发布《数字经济及其核心产业统计分类(2021)》,明确把数字经济产业范围确定为"数字产品制造业、数字产品服务业、数字技术应用业、数字要素驱动业和数字化效率提升业"等5个大类,以及32个中类和156个小类。其中,前4个大类是数字产业化部分,是数字经济核心产业;第5大类是产业数字化部分。

② 王明杰,颜梓晗,余斌,等.电子商务专业村空间格局演化及影响因素研究——基于2015—2020年中国淘宝村数据[J].地理科学进展,2022,41(05):838—853.

4.2.4　数字文化活力

文化产业是满足人民群众精神文化需要的重要载体,是衡量人民幸福指数的重要尺度。同时,创意资本理论已指出,文化创意产业的发展对城市和地区经济发展有重大意义,其是区域竞争力的重要组成,是创新型经济的重要维度。电影行业作为数字文化产业的重要组成,其活跃程度能有效反映区域数字文化活力。

4.3　创新包容性

4.3.1　城镇登记失业率

城镇登记失业率指城镇登记失业人员与城镇单位就业人员(扣除使用的农村劳动力、聘用的离退休人员、港澳台及外方人员)、城镇单位中的不在岗职工、城镇私营业主、个体户主、城镇私营企业和个体就业人员、城镇登记失业人员之和的比值。在经济运行良好、保持不断增长的情况时,失业率也会维持在较低的水平。失业率反映了某一地区整体的就业情况,低失业率有助于社会的和谐发展,是衡量政府执政水平的重要指标。

4.3.2　城乡居民人均可支配收入比

城镇居民人均可支配收入指被调查城镇居民家庭在支付个人所得税之后所余下的实际收入;农村居民可支配收入是指农村住户获得的经过初次分配与再分配后的收入。在经济运行良好,保持不断增长的情况下,人均可支配收入也会随之提高。人均可支配收入高低反映了购买力的高低,进而反映了生活质量的高低。城乡居民的可支配收入比例反映了区域内城乡居民生活质量的差距,该比例越接近于1,说明城乡差距越小。

4.3.3　平均房价与人均可支配收入比

平均房价反映了区域内住宅价格的平均水平。人均可支配收入则反映了购买力的高低。平均房价与人均可支配收入比衡量了区域内百姓购买住宅的能力和平均生活成本。

4.4　创新可持续性

4.4.1　单位 GDP 能耗

4.4.1.1　单位 GDP 煤气、天然气供气总量、4.4.1.2　单位 GDP 液化石油

气供气总量

单位 GDP 能耗是间接地衡量当地经济发展所付出的环境代价,其数值越高说明经济发展对环境产生的潜在破坏越大。可持续发展的根本保证是创新,若对环境产生了破坏性影响则表明创新的质量较低。

4.4.2　废水废物处理能力

4.4.2.1　废水处理能力、4.4.2.2　废物处理能力

废水废物处理能力通过污水处理厂集中处理率、生活垃圾无害化处理率反映。污水处理厂集中处理率指报告期内通过污水处理厂处理的污水量与污水排放总量的比率。生活垃圾无害化处理率指报告期生活垃圾无害化处理量与生活垃圾产生量的比率。该指标体现了一个城市污水集中收集处理、生活垃圾无害化处理设施的配套程度和处理能力。

4.4.3　空气质量指数

4.4.3.1　AQI 指数年平均数、4.4.3.2　空气质量达到及好于二级("良好"及以上)的天数所占比重

空气质量指数(Air Quality Index,AQI)是定量描述空气质量状况的无量纲指数。其数值越大、级别和类别越高、表征颜色越深,说明空气污染状况越严重,对人体的健康危害也就越大。在发展经济过程中有效控制对环境的破坏、实现经济与环境的和谐是创新型经济的重要特征,对于一个地区可持续发展的实现有着重大的影响。

4.4.4　园林绿化覆盖率

绿化覆盖率是城市各类型绿地绿化垂直投影面积占城市总面积的比率。生态环境是城市发展的立根之本,而园林绿化是实现城市生态环境良性循环的重要保证,并在改善城市生态环境、满足居民休闲娱乐要求、组织城市景观、美化环境和防灾避灾等方面具有重要作用。城市植被覆盖率高,则将更适宜居民居住,提高居民的生活质量和幸福指数。因此,其高低是衡量城市环境质量及居民生活福利水平的重要指标之一。

4.4.5　货运碳排放量

在经济社会发展全面绿色转型阶段,碳达峰和碳中和是实现高质量发展的内在要求,同时降低碳排放对我国的能源安全具有重要意义。公路运输是中国

交通运输领域碳排放的重要领域,碳排放占交通运输行业排放总量的 80％以上。在公路运输中,公路货运是碳排放的重点领域,碳排放占比超过 60％,其中重型货车占公路货运碳排放总量超过 85％。因而,货运碳排放量是城市低碳发展的重要指标之一。

附录 2　基于专家评分的
层次分析法的权重设置说明

1. AHP 方法介绍

AHP（Analytic Hierarchy Process）层次分析法是美国运筹学家 T. L. Saaty 教授于 20 世纪 70 年代提出的一种定性与定量相结合的决策分析方法，其利用专家或决策者的经验判断各衡量目标之间能否实现的标准之间的相对重要程度，并合理地给出每个决策方案的每个标准的权数，利用权数求出各方案的优劣次序。

本蓝皮书应用 AHP 层次分析法的各指标权重系数计算流程如下。

（1）针对"科学、准确测量中国城市创新型经济发展水平"这一核心目标，本蓝皮书设置了 1 个核心目标、4 个一级指标、13 个二级指标的三级相关关系体系。

（2）标度确定和判断矩阵构造：在建立层次结构之后，需要通过各因素之间的两两比较确定合适的标度，实现定性评价向定量标度转化，此过程邀请来自浙江大学管理学院及浙江大学创新管理基地的六位教授组成专家组参与指标权重系数评估工作并填写专家评分判断矩阵表格。

专家打分法标度如附表 2-1，教授专家组成员分别对同一层次的两个不同变量的比较用 1～9 打分。

附表 2-1　专家打分法标度

标度	相对比较（就某一标度而言）
1	同样重要
3	稍微重要
5	明显重要

续表

标度	相对比较（就某一标度而言）
7	重要得多
9	绝对重要
2、4、6、8	作为上述相邻判断的插值
上述各数的倒数	另一因素对原因素的反比

附表 2-2 所示为专家打分法判断矩阵之例。基础设施（纵向因素）与创新资源（横向因素）相比，相同重要，则打分为 1；若绝对重要则打分 9；反之创新资源与基础设施相比绝对重要，则打分为 1/9。

附表 2-2　专家打分法判断矩阵

例.一级指标权重系数意见	基础设施	创新资源	创新过程	创新产出
基础设施	—			
创新资源	—	—		
创新过程	—	—	—	
创新产出	—	—	—	—

（3）层次单排序及一致性检验：利用 SPSS 计算可得。

（4）层次总排序及其一致性检验：计算某一层次所有因素对于最高层（总目标）相对重要性的权值。

2. 中国城市创新型经济蓝皮书 AHP 层次分析过程及一致性检验结果

中国城市创新型经济评价体系 AHP 层次分析模型如附图 2-1 所示，包括目标体系 A、一级指标 B、二级指标 C 三个层次。目标体系 A 即中国城市创新型经济评价体系。一级指标 B 包括 4 个一级指标，即 B1 基础设施、B2 创新资源、B3 创新过程、B4 创新产出；二级指标 C 包括 13 个二级指标，即 C1 数字基础、C2 交通基础、C3 金融基础、C4 政策基础、C5 人力资源、C6 研发投入、C7 创新机构、C8 知识创造、C9 知识扩散、C 创新经济效益、C11 数字创新活力、C12 创新包容性、C13 创新可持续性。

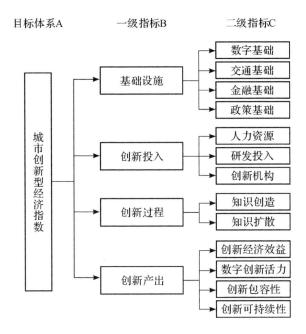

目标体系A　　　一级指标B　　　二级指标C

附图 2-1　中国城市创新型经济评价体系

结合 6 位专家对 4 个一级指标重要度的看法,利用 SPSS 数值计算软件构建目标体系 A 的群组判断矩阵(如附表 2-3 所示)得到权重和向量等结果,并通过一次性检验。一次性检验结果如附表 2-4 所示。以同样方式获得各二级指标层次分析结果和一致性检验结果,如附表 2-5 至附表 2-12 所示。各指标权重结果得分详见正文。

附表 2-3　一级指标 B 对目标体系 A 层次分析结果

项	特征向量	权重值	最大特征根	CI 值
基础设施	1.013	25.59%		
创新资源	0.949	24.51%		
创新过程	0.936	24.31%	4	0
创新产出	1.013	25.59%		

附表 2-4　一级指标 B 对目标体系 A 一致性检验结果

最大特征根	CI 值	RI 值	CR 值	一致性检验结果
4	0	1.26	0	通过

附表 2-5　基础设施二级指标层次分析结果

项	特征向量	权重值	最大特征值	CI 值
数字基础	1.049	26.23%		
交通基础	1.01	25.25%	4	0
金融基础	0.984	24.59%		
政策基础	0.957	23.93%		

附表 2-6　基础设施二级指标一致性检验结果

最大特征根	CI 值	RI 值	CR 值	一致性检验结果
4	0	0.52	0	通过

附表 2-7　创新资源二级指标层次分析结果

项	特征向量	权重值	最大特征值	CI 值
人力资源	0.883	29.44%		
研发投入	1.066	35.53%	3	0
创新机构	1.051	35.03%		

附表 2-8　创新资源二级指标一致性检验结果

最大特征根	CI 值	RI 值	CR 值	一致性检验结果
3	0	0.52	0	通过

附表 2-9　创新过程二级指标层次分析结果

项	特征向量	权重值	最大特征值	CI 值
知识创造	0.973	49.55%	2	0
知识扩散	1	50.45%		

附表 2-10 创新过程二级指标一致性检验结果

最大特征根	CI 值	RI 值	CR 值	一致性检验结果
2	0	0.52	0	通过

附表 2-11 创新产出二级指标层次分析结果

项	特征向量	权重值	最大特征值	CI 值
创新经济效益	0.978	24.44%		
数字创新活力	1.022	25.56%		
创新包容性	0.948	23.70%	4	0
创新可持续性	1.052	26.30%		

附表 2-12 创新产出二级指标一致性检验结果

最大根值	CI 值	RI 值	CR 值	一致性检验结果
4	0	0.89	0	通过

附录 3   城市群划分

随着社会经济的发展,信息、人才和技术等要素在各个城市之间的流动日渐频繁,城市由单体型分散、孤立的空间形态逐渐向组合型都市圈、城市群等空间形态转变,进而呈现出城市集群化聚集发展趋势。随着我国城市化进程与工业化进程的不断加快,城市群已成为我国经济发展格局中最具活力和潜力的核心地区,也是我国生产力布局的增长极点和核心支点。2019 年 2 月 19 日国家发展改革委发布《国家发展改革委关于培育发展现代化都市圈的指导意见》提到:城市群是支撑全国经济增长、促进区域协调发展、参与国际竞争合作的重要平台。[①]具体而言,城市群是指依托发达的交通、通信等基础设施网络所形成的空间组织紧凑、经济联系紧密并最终实现高度同城化和高度一体化的城市群体。

自"十一五"以来,城市群就被作为推进我国新型城镇化的主体形态。在"十三五"以及"十四五"规划中,推进城市群建设的步伐进一步加大。《全国国土资源规划纲要(2016—2030 年)》指出,我国的新型城镇化要把城市群作为主体形态。"十三五"规划纲要则首次明确了我国城市群建设的总体规划:建设 19 个城市群,其中将京津冀、长三角及珠三角 3 个城市群打造为世界级城市群。2021 年发布的"十四五"规划纲要多次强调城市群的重要性,并指出城市群分级发展战略:优化提升京津冀、长三角、珠三角、成渝、长江中游等城市群,发展壮大山东半岛、粤闽浙沿海、中原、关中平原、北部湾等城市群,培育发展哈长、辽中南、山西中部、黔中、滇中、呼包鄂榆、兰州—西宁、宁夏沿黄、天山北坡等城市群[②]。本书对我国三个世界级城市群,以及截至 2022 年 9 月 1 日国务院已批复同意城市群发展规划的其余 8 个主要城市群的范围及相应战略定位进行了综合整理,如附表 3-1 所示。

[①] 国家发展改革委,《国家发展改革委关于培育发展现代化都市圈的指导意见》,2019.
[②] 中华人民共和国国民经济和社会发展第十四个五年规划和 2035 年远景目标纲要,2021.

附表 3-1　我国主要城市群的划分与战略定位

城市群名称	范围	战略定位
京津冀城市群	河北省的张家口、承德、秦皇岛、唐山、沧州、衡水、廊坊、保定、石家庄、邢台、邯郸等 11 个地级市和定州、辛集 2 个省直管市以及河南省的安阳市①	以首都为核心的世界级城市群、区域整体协同发展改革引领区、全国创新驱动经济增长新引擎、生态修复环境改善示范区
长江三角洲城市群	上海市,江苏省南京、无锡、常州、苏州、南通、扬州、镇江、盐城、泰州,浙江省杭州、宁波、温州、湖州、嘉兴、绍兴、金华、舟山、台州,安徽省合肥、芜湖、马鞍山、铜陵、安庆、滁州、池州、宣城②	全国发展强劲活跃增长极、全国高质量发展样板区、率先基本实现现代化引领区、区域一体化发展示范区、新时代改革开放新高地
珠三角城市群	"广佛肇"(广州、佛山、肇庆)、"深莞惠"(深圳、东莞、惠州)、"珠中江"(珠海、中山、江门)等三个新型都市区。大珠江三角洲地区还包括香港、澳门特别行政区,即粤港澳大湾区③	通过粤港澳的经济融合和经济一体化发展,共同构建有全球影响力的先进制造业基地和现代服务业基地,南方地区对外开放的门户,我国参与经济全球化的主体区域,全国科技创新与技术研发基地,全国经济发展的重要引擎,辐射带动华南、中南和西南地区发展的龙头。
成渝城市群	重庆市的渝中、万州、黔江、涪陵、大渡口、江北、沙坪坝、九龙坡、南岸、北碚、綦江、大足、渝北、巴南、长寿、江津、合川、永川、南川、潼南、铜梁、荣昌、璧山、梁平、丰都、垫江、忠县等 27 个区(县)以及开县(今开州区)、云阳的部分地区,四川省的成都、自贡、泸州、德阳、绵阳(除北川县、平武县)、遂宁、内江、乐山、南充、眉山、宜宾、广安、达州(除万源市)、雅安(除天全县、宝兴县)、资阳等 15 个市④	引领西部开发开放的国家级城市群,加快在以下发展定位上实现突破:全国重要的现代产业基地、西部创新驱动先导区、内陆开放型经济战略高地、统筹城乡发展示范区、美丽中国的先行区

---

① 中共中央,国务院.京津冀协同发展规划纲要[R].2015.
② 中共中央,国务院.长江三角洲区域一体化发展规划纲要[R].2019.
③ 中共中央,国务院.粤港澳大湾区发展规划纲要[R].2019.
④ 国家发展改革委,住房城乡建设部.关于印发成渝城市群发展规划的通知[R].2016.

续表

城市群名称	范围	战略定位
长江中游城市群	湖北省武汉市、黄石市、鄂州市、黄冈市、孝感市、咸宁市、仙桃市、潜江市、天门市、襄阳市、宜昌市、荆州市、荆门市，湖南省长沙市、株洲市、湘潭市、岳阳市、益阳市、常德市、衡阳市、娄底市，江西省南昌市、九江市、景德镇市、鹰潭市、新余市、宜春市、萍乡市、上饶市及抚州市、吉安市的部分县（区）①	承东启西、连南接北，是推动长江经济带发展、促进中部地区崛起、巩固"两横三纵"城镇化战略格局的重点区域②
北部湾城市群	广西壮族自治区的南宁市、北海市、钦州市、防城港市、玉林市、崇左市，广东省的湛江市、茂名市、阳江市，海南省的海口市、儋州市、东方市、澄迈县、临高县、昌江黎族自治县③	面向东盟国际大通道的重要枢纽、"三南"开放发展新的战略支点、21世纪海上丝绸之路与丝绸之路经济带有机衔接的重要门户、全国重要绿色产业基地、陆海统筹发展示范区④
兰州—西宁城市群	甘肃省兰州市，白银市白银区、平川区、靖远县、景泰县，定西市安定区、陇西县、渭源县、临洮县，临夏回族自治州临夏市、东乡族自治县、永靖县、积石山保安族东乡族撒拉族自治县，青海省西宁市、海东市，海北藏族自治州海晏县，海南藏族自治州共和县、贵德县、贵南县，黄南藏族自治州同仁县（今同仁市）、尖扎县。⑤	维护国家生态安全的战略支撑、优化国土开发格局的重要平台、促进我国向西开放的重要支点、沟通西北西南、连接欧亚大陆的重要枢纽
呼包鄂榆城市群	内蒙古自治区呼和浩特市、包头市、鄂尔多斯市和陕西省榆林市⑥	全国高端能源化工基地、向北向西开放战略支点、西北地区生态文明合作共建区、民族地区城乡融合发展先行区

① 国家发展改革委.国家发展改革委关于印发长江中游城市群发展规划的通知[R]. 2015.

② 国家发展改革委.国家发展改革委关于印发长江中游城市群发展"十四五"实施方案的通知[R]. 2022.

③ 国家发展改革委.住房城乡建设部、国家发展改革委 住房城乡建设部关于印发北部湾城市群发展规划的通知[R]. 2017.

④ 国家发展改革委. 北部湾城市群建设"十四五"实施方案[R]. 2022.

⑤ 国家发展改革委.住房城乡建设部,国家发展改革委 住房城乡建设部关于印发兰州—西宁城市群发展规划的通知[R]. 2018.

⑥ 国家发展改革委.国家发展改革委关于印发呼包鄂榆城市群发展规划的通知[R]. 2018.

续表

城市群名称	范围	战略定位
关中平原城市群	陕西省西安、宝鸡、咸阳、铜川、渭南 5 个市、杨凌农业高新技术产业示范区及商洛市的商州区、洛南县、丹凤县、柞水县，山西省运城市（除平陆县、垣曲县）、临汾市尧都区、侯马市、襄汾县、霍州市、曲沃县、翼城县、洪洞县、浮山县，甘肃省天水市及平凉市的崆峒区、华亭市、泾川县、崇信县、灵台县和庆阳市区①	向西开放的战略支点、引领西北地区发展的重要增长极、传承中华文化的世界级旅游目的地、内陆生态文明建设先行区
中原城市群	以河南省郑州市、开封市、洛阳市、平顶山市、新乡市、焦作市、许昌市、漯河市、济源市、鹤壁市、商丘市、周口市和山西省晋城市、安徽省亳州市为核心发展区。联动辐射河南省安阳市、濮阳市、三门峡市、南阳市、信阳市、驻马店市，河北省邯郸市、邢台市，山西省长治市、运城市，安徽省宿州市、阜阳市、淮北市、蚌埠市，山东省聊城市、菏泽市等②	经济发展新增长极、重要的先进制造业和现代服务业基地、中西部地区创新创业先行区、内陆地区双向开放新高地、绿色生态发展示范区
哈长城市群	黑龙江省哈尔滨市、大庆市、齐齐哈尔市、绥化市、牡丹江市，吉林省长春市、吉林市、四平市、辽源市、松原市、延边朝鲜族自治州③	东北老工业基地振兴发展重要增长极、北方开放重要门户、绿色生态城市群

---

① 国家发展改革委.国家发展改革委关于印发关中平原城市群发展规划的通知[R]. 2022.
② 国家发展改革委.国家发展改革委关于印发中原城市群发展规划的通知[R]. 2016.
③ 国家发展改革委.国家发展改革委关于印发哈长城市群发展规划的通知[R]. 2016.

附录 4 数据处理

1. 无量纲处理

课题组对本研究中的基础指标采用直接获取的数据,无量纲处理采取效用值法,值域为 $0\sim100$,即所有指标的最劣值为 0,最优值为 100。

正效指标(指标值越高则效用越高,如固网宽带应用渗透率)的计算方法为: X_ij 代表在第 i 项指标上第 j 个城市的获取值,Y_ij 代表在第 i 项指标上第 j 个城市的效用值,$X\_i_{\max}$ 代表在第 i 项指标上各城市获取值中的最大值,$X\_i_{\min}$ 代表在第 i 项指标上各城市获取值中的最小值,则:

$$Y\_ij = \frac{X\_ij - X\_i_{\min}}{X\_i_{\max} - X\_i_{\min}} \times 100$$

负效指标(指标值越高则效用越低,如城镇登记失业率)的计算方法为: X_ij 代表在第 i 项指标上第 j 个城市的获取值,Y_ij 代表在第 i 项指标上第 j 个城市的效用值,$X\_i_{\max}$ 代表在第 i 项指标上各城市获取值中的最大值,$X\_i_{\min}$ 代表在第 i 项指标上各城市获取值中的最小值,则:

$$Y\_ij = \frac{X\_i_{\max} - X\_ij}{X\_i_{\max} - X\_i_{\min}} \times 100$$

2. 数据可得性

在数据来源方面,本书的大多数数据来自公开渠道,主要包括国家及各地方统计局、统计公报、统计年鉴、政府公开资料等;同时,本书的部分数据(如车联网车辆接入数量)由 G7 易流提供。数据的可获得性一直是类似指标评价体系面临的挑战。依赖于过去 10 余年编撰《浙江省创新型经济蓝皮书》的经验,在设计本评价指标体系时课题组已经参考了主要的统计年鉴及其他相关数据来源,但在数据搜集过程中仍然不可避免地发现部分城市的部分指标无法获得。为了保证报告的完整性与可比性,我们对缺失的数据进行了估计(具体估计方式见下一节)。附表 4-1 列出了三级指标的数据来源及可得性,附表 4-2 列出了各个城市的数据可得性。

附表 4-1　三级指标的数据来源与可得性

指标类型		数据来源	数据可得性/%
数字基础	固网宽带应用渗透率	《中国城市统计年鉴 2021》、本书收录的 105 个城市 2020 年统计年鉴、国民经济和社会发展统计公报以及 105 个城市的统计局(统计信息网)	94.29
	移动网络应用渗透率	《中国城市统计年鉴 2021》、本书收录的 105 个城市 2020 年统计年鉴、国民经济和社会发展统计公报以及 105 个城市的统计局(统计信息网)	98.10
	车联网车辆接入数量	G7 易流提供	100
	工业互联网示范项目数量	中国工信部官方网站	100
交通基础	公路单位里程运输量	《中国城市统计年鉴 2021》	94.29
	人均快递业务量	《中国城市统计年鉴 2021》、本书收录的 105 个城市 2020 年统计年鉴、国民经济和社会发展统计公报以及 105 个城市的统计局(统计信息网)	81.90
	城市物流仓储用地面积占城市建设用地总面积比重	《中国城市建设统计年鉴 2020》	99.05
	公共汽(电)车运输人次占总人口比重	《中国城市统计年鉴 2021》	100
金融基础	年末金融机构人民币各项存款余额	《中国城市统计年鉴 2021》	100
	年末金融机构人民币各项贷款余额	《中国城市统计年鉴 2021》	100
	数字金融	北京大学数字普惠金融指数(PKU-DFIIC)	100

续表

指标类型		数据来源	数据可得性/%
政策基础	政府社会资本合作环境	本书收录的 105 个城市 2020 年统计年鉴、国民经济和社会发展统计公报以及 105 个城市的统计局(统计信息网)	100
	政府文件	中国知网政府文件以"创新"为主题、发布机关为本书收录的 105 个城市的政府文件数量	100
人力资源	普通高等学校教育数量与质量	《中国城市统计年鉴 2021》	100
	中等职业学校教育数量与质量	《中国城市统计年鉴 2021》	100
	一般公共预算教育支出占 GDP 比重	《中国城市统计年鉴 2021》	100
	人才吸引力指数	任泽平团队("泽平宏观"课题组)和智联招聘联合发布的《中国城市人才吸引力排名:2021》	76.19
	高新区企业 R&D 人员所占比重	《中国火炬统计年鉴 2021》	88.57
研发投入	R&D 内部经费占 GDP 的比重	《中国城市统计年鉴 2021》、本书收录的 105 个城市 2020 年统计年鉴、国民经济和社会发展统计公报以及 105 个城市的统计局(统计信息网)	80.95
	一般公共预算科学技术支出占 GDP 的比重	《中国城市统计年鉴 2021》	100
	高新区企业 R&D 经费内部支出占营业收入比重	《中国火炬统计年鉴 2021》	88.57
创新机构	文化机构	《中国城市统计年鉴 2021》	100
	国家重点实验室	中国教育部官方网站	100
	国家创新中心	中国工信部与发改委官方网站	100
知识创造	每十万人发明专利授权数	《中国城市统计年鉴 2021》	98.10
	每十万人 WoS 论文数	《中国城市统计年鉴 2021》、Web of Science 官方网站	100
	每亿元 R&D 内部经费支出所取得的发明专利授权数	《中国城市统计年鉴 2021》、本书收录的 105 个城市 2020 年统计年鉴、国民经济和社会发展统计公报以及 105 个城市的统计局(统计信息网)	91.43
	国际科研合作	Web of Science 官方网站	100

续表

指标类型		数据来源	数据可得性/%
知识扩散	输出技术成交额占地区生产总值的比重	《中国城市统计年鉴 2021》、《全国技术市场统计年报 2021》、本书收录的 105 个城市 2020 年统计年鉴、国民经济和社会发展统计公报以及 105 个城市的统计局(统计信息网)	30.48
	吸纳技术成交额占地区生产总值的比重	《中国城市统计年鉴 2021》、《全国技术市场统计年报 2021》、本书收录的 105 个城市 2020 年统计年鉴、国民经济和社会发展统计公报以及 105 个城市的统计局(统计信息网)	30.48
	国家技术转移机构数	《全国技术市场统计年报 2021》	100
创新经济效益	人均地区生产总值	《中国城市统计年鉴 2021》	100
	贸易顺差(逆差)	《中国城市统计年鉴 2021》	100
	人均工业增加值	《中国城市统计年鉴 2021》、本书收录的 105 个城市 2020 年统计年鉴、国民经济和社会发展统计公报以及 105 个城市的统计局(统计信息网)	99.05
数字创新活力	数字产业活力	根据国家统计局发布《数字经济及其核心产业统计分类(2021)》整理、《中国城市统计年鉴 2021》	100
	数字消费活力	《中国城市统计年鉴 2021》	100
	数字政务活力	站长之家(https://alexa.chinaz.com/)、《中国城市统计年鉴 2021》	100
	数字文化活力	阿里影业"灯塔专业版"、《中国城市统计年鉴 2021》	100
创新包容性	城镇登记失业率	本书收录的 105 个城市 2020 年统计年鉴、国民经济和社会发展统计公报以及 105 个城市的统计局(统计信息网)	100
	城乡居民人均可支配收入比	本书收录的 105 个城市 2020 年统计年鉴、国民经济和社会发展统计公报以及 105 个城市的统计局(统计信息网)	100
	平均房价与人均可支配收入比	全国房价行情网、本书收录的 105 个城市 2020 年统计年鉴、国民经济和社会发展统计公报以及 105 个城市的统计局(统计信息网)	100

续表

指标类型		数据来源	数据可得性/%
创新可持续性	单位 GDP 能耗	《中国城市统计年鉴 2021》	100
	废水废物处理能力	《中国城市统计年鉴 2021》	100
	空气质量指数	本书收录的 105 个城市 2020 年统计年鉴、国民经济和社会发展统计公报以及 105 个城市的统计局(统计信息网)	100
	园林绿化覆盖率	《中国城市统计年鉴 2021》	100
	货运碳排放量	G7 易流提供	100

附表 4-2　各城市的数据可得性

单位:%

城市	数据可得性	城市	数据可得性	城市	数据可得性
上海	100	绍兴	95.65	柳州	91.30
北京	97.83	盐城	95.65	株洲	93.48
深圳	100	石家庄	95.65	德州	93.48
广州	100	潍坊	95.65	滁州	93.48
重庆	100	南昌	93.48	威海	93.48
苏州	95.65	嘉兴	95.65	新乡	93.48
成都	100	泰州	95.65	绵阳	93.48
杭州	100	台州	91.30	东营	91.30
武汉	100	哈尔滨	97.83	兰州	89.13
南京	100	洛阳	93.48	龙岩	100
天津	100	临沂	93.48	呼和浩特	95.65
宁波	100	南宁	91.30	包头	93.48
青岛	100	金华	91.30	汕头	93.48
无锡	95.65	襄阳	95.65	德阳	93.48
长沙	93.48	漳州	100	湘潭	93.48
郑州	95.65	济宁	93.48	宝鸡	93.48
佛山	95.65	贵阳	100	马鞍山	100

续表

城市	数据可得性	城市	数据可得性	城市	数据可得性
泉州	100	宜昌	91.30	蚌埠	97.83
济南	100	惠州	95.65	玉溪	93.48
合肥	100	镇江	100	日照	91.30
南通	95.65	太原	93.48	银川	86.96
福州	100	榆林	93.48	荆门	93.48
西安	100	淮安	95.65	海口	91.30
东莞	95.65	岳阳	86.96	长治	84.78
烟台	95.65	保定	95.65	秦皇岛	89.13
常州	95.65	南阳	93.48	黄石	86.96
徐州	95.65	芜湖	100	汉中	89.13
唐山	95.65	遵义	93.48	吉林	84.78
大连	100	淄博	95.65	西宁	86.96
温州	95.65	邯郸	86.96	营口	95.65
上海	100	绍兴	95.65	柳州	91.30
北京	97.83	盐城	95.65	株洲	93.48
深圳	100	石家庄	95.65	德州	93.48
广州	100	潍坊	95.65	滁州	93.48
重庆	100	南昌	93.48	威海	93.483.

4. 缺失数据的估计

如果某一指标的数据无法获得,我们采用两种方法对缺失的数据进行估计。

(1)利用省级数据估算,即利用下列估算公式:

某城市的某一指标数据 = 换算系数(CF1)× 对应省份该指标的数据

该方法主要针对的是全国输出技术成交额、全国输出技术成交合同数这个指标数据缺失严重的情况(《全国技术市场统计年报 2021》中只提供省份以及部分代表城市的数据)。我们通过年鉴中省份的数据与该城市占所在省份 GDP 的比值进行估计,换算系数为 2020 年该城市的 GDP 与所在省份 GDP 的比值。

(2)利用增长率法估算,即利用下列估算公式:

某城市的某一指标数据＝增长率(CF2)×对应城市该指标的当年数据

该方法针对的是某指标 2020 年数据少量缺失的情况,如 R&D 经费内部支出、发明专利授权数、工业增加值等利用该方法进行估算。具体地,用 2018 年的城市指标数据乘上该城市对应指标 2019 年对 2018 年的增长率进行估算。

(3)利用赋值最小值法,即利用下列估算方式

某城市的某一指标数据＝该指标可得数据最小值÷2

该方法针对的是数据来源为某些排名的指标,例如人才吸引力指数。具体来说,对于在榜单排名中未出现的城市,使用榜单排名中最末位得分的 1/2 来对数据缺失城市在该指标上的表现进行估算。

附录 5　各城市得分

北京	得分	排名
城市创新指数	63.88	1
1 基础设施	52.02	2
2 创新资源	66.33	1
3 创新过程	88.04	1
4 创新产出	50.45	36
1.1 数字基础	66.89	1
1.1.1 固网宽带应用渗透率	23.71	
1.1.2 移动网络应用渗透率	98.86	
1.1.3 车联网车辆接入数量	45.00	
1.1.4 工业互联网示范项目数量	100.00	
1.2 交通基础	28.81	10
1.2.1 公路单位里程运输量	7.18	
1.2.2 人均快递业务量	8.34	
1.2.3 城市物流仓储用地面积占城市建设用地总面积比重	39.33	
1.2.4 公共汽(电)车运输人次占总人口比重	60.38	
1.3 金融基础	96.11	1
1.3.1 年末金融机构人民币各项存款余额	100.00	
1.3.2 年末金融机构人民币各项贷款余额	100.00	
1.3.3 数字金融	88.34	
1.4 政策基础	14.88	24
1.4.1 政府社会资本合作环境	18.52	

续表

北京	得分	排名
1.4.2 政府文件	11.24	
2.1 人力资源	55.26	1
2.1.1 普通高等学校教育数量与质量	60.27	
2.1.2 中等职业学校教育数量与质量	50.00	
2.1.3 一般公共预算教育支出占 GDP 比重	25.10	
2.1.4 人才吸引力指数	100.00	
2.1.5 高新区企业 R&D 人员所占比重	40.91	
2.2 研发投入	59.66	3
2.2.1R&D 内部经费占 GDP 的比重	90.12	
2.2.2 一般公共预算科学技术支出占 GDP 的比重	68.90	
2.2.3 高新区企业 R&D 经费内部支出占营业收入比重	19.97	
2.3 创新机构	82.41	1
2.3.1 文化机构	47.23	
2.3.2 国家重点实验室	100.00	
2.3.3 国家创新中心	100.00	
3.1 知识创造	75.85	1
3.1.1 每十万人发明专利授权数	100.00	
3.1.2 每十万人 WoS 论文数	100.00	
3.1.3 每亿元 R&D 内部经费支出所取得的发明专利授权数	32.47	
3.1.4 国际科研合作	70.95	
3.2 知识扩散	100.00	1
3.2.1 输出技术成交额占地区生产总值的比重	100.00	
3.2.2 吸纳技术成交额占地区生产总值的比重	100.00	
3.2.3 国家技术转移机构数	100.00	
4.1 创新经济效益	39.92	83
4.1.1 人均地区生产总值	99.27	

续表

北京	得分	排名
4.1.2 贸易顺差（逆差）	0.00	
4.1.3 人均工业增加值	20.49	
4.2 数字创新活力	63.80	2
4.2.1 数字产业活力	22.99	
4.2.2 数字消费活力	32.21	
4.2.3 数字政务活力	100.00	
4.2.4 数字文化活力	100.00	
4.3 创新包容性	36.38	100
4.3.1 城镇登记失业率	60.32	
4.3.2 城乡居民人均可支配收入比	26.92	
4.3.3 平均房价与人均可支配收入比	21.92	
4.4 创新可持续性	59.93	73
4.4.1 单位 GDP 能耗	67.72	
4.4.2 废水废物处理能力	65.60	
4.4.3 空气质量指数	42.38	
4.4.4 园林绿化覆盖率	76.00	
4.4.5 货运碳排放量	47.96	
深圳	得分	排名
城市创新指数	52.66	2
1 基础设施	51.90	3
2 创新资源	48.18	3
3 创新过程	34.84	8
4 创新产出	74.63	1
1.1 数字基础	42.56	12
1.1.1 固网宽带应用渗透率	16.07	
1.1.2 移动网络应用渗透率	81.66	

续表

深圳	得分	排名
1.1.3 车联网车辆接入数量	60.00	
1.1.4 工业互联网示范项目数量	12.50	
1.2 交通基础	48.62	1
1.2.1 公路单位里程运输量	90.58	
1.2.2 人均快递业务量	23.72	
1.2.3 城市物流仓储用地面积占城市建设用地总面积比重	23.62	
1.2.4 公共汽(电)车运输人次占总人口比重	56.58	
1.3 金融基础	75.13	3
1.3.1 年末金融机构人民币各项存款余额	52.14	
1.3.2 年末金融机构人民币各项贷款余额	77.56	
1.3.3 数字金融	95.69	
1.4 政策基础	41.73	4
1.4.1 政府社会资本合作环境	14.81	
1.4.2 政府文件	68.64	
2.1 人力资源	49.97	4
2.1.1 普通高等学校教育数量与质量	24.81	
2.1.2 中等职业学校教育数量与质量	25.47	
2.1.3 一般公共预算教育支出占 GDP 比重	23.91	
2.1.4 人才吸引力指数	89.90	
2.1.5 高新区企业 R&D 人员所占比重	85.78	
2.2 研发投入	72.65	1
2.2.1 R&D 内部经费占 GDP 的比重	76.23	
2.2.2 一般公共预算科学技术支出占 GDP 的比重	73.90	
2.2.3 高新区企业 R&D 经费内部支出占营业收入比重	67.82	
2.3 创新机构	21.85	13
2.3.1 文化机构	25.6	

续表

深圳	得分	排名
2.3.2 国家重点实验室	0.00	
2.3.3 国家创新中心	39.95	
3.1 知识创造	48.70	5
3.1.1 每十万人发明专利授权数	60.75	
3.1.2 每十万人 WoS 论文数	21.22	
3.1.3 每亿元 R&D 内部经费支出所取得的发明专利授权数	24.00	
3.1.4 国际科研合作	88.83	
3.2 知识扩散	21.23	14
3.2.1 输出技术成交额占地区生产总值的比重	21.65	
3.2.2 吸纳技术成交额占地区生产总值的比重	21.65	
3.2.3 国家技术转移机构数	20.37	
4.1 创新经济效益	87.07	3
4.1.1 人均地区生产总值	95.03	
4.1.2 贸易顺差（逆差）	94.96	
4.1.3 人均工业增加值	71.22	
4.2 数字创新活力	83.90	1
4.2.1 数字产业活力	100.00	
4.2.2 数字消费活力	62.33	
4.2.3 数字政务活力	90.75	
4.2.4 数字文化活力	82.51	
4.3 创新包容性	54.60	74
4.3.1 城镇登记失业率	63.81	
4.3.2 城乡居民人均可支配收入比	100.00	
4.3.3 平均房价与人均可支配收入比	0.00	
4.4 创新可持续性	72.13	18
4.4.1 单位 GDP 能耗	87.38	

续表

深圳	得分	排名
4.4.2 废水废物处理能力	73.58	
4.4.3 空气质量指数	93.32	
4.4.4 园林绿化覆盖率	49.21	
4.4.5 货运碳排放量	57.14	
上海	**得分**	**排名**
城市创新指数	47.34	3
1 基础设施	55.50	1
2 创新资源	49.46	2
3 创新过程	36.33	7
4 创新产出	47.60	53
1.1 数字基础	59.38	2
1.1.1 固网宽带应用渗透率	30.42	
1.1.2 移动网络应用渗透率	94.59	
1.1.3 车联网车辆接入数量	100.00	
1.1.4 工业互联网示范项目数量	12.50	
1.2 交通基础	21.07	22
1.2.1 公路单位里程运输量	4.29	
1.2.2 人均快递业务量	10.41	
1.2.3 城市物流仓储用地面积占城市建设用地总面积比重	30.46	
1.2.4 公共汽(电)车运输人次占总人口比重	39.13	
1.3 金融基础	88.48	2
1.3.1 年末金融机构人民币各项存款余额	80.09	
1.3.2 年末金融机构人民币各项贷款余额	96.19	
1.3.3 数字金融	89.16	
1.4 政策基础	53.70	2
1.4.1 政府社会资本合作环境	7.41	

上海	得分	排名
1.4.2 政府文件	100.00	
2.1 人力资源	44.55	7
2.1.1 普通高等学校教育数量与质量	40.46	
2.1.2 中等职业学校教育数量与质量	30.63	
2.1.3 一般公共预算教育支出占 GDP 比重	16.41	
2.1.4 人才吸引力指数	98.60	
2.1.5 高新区企业 R&D 人员所占比重	36.66	
2.2 研发投入	48.13	9
2.2.1 R&D 内部经费占 GDP 的比重	58.08	
2.2.2 一般公共预算科学技术支出占 GDP 的比重	63.25	
2.2.3 高新区企业 R&D 经费内部支出占营业收入比重	23.06	
2.3 创新机构	54.94	2
2.3.1 文化机构	38.50	
2.3.2 国家重点实验室	28.89	
2.3.3 国家创新中心	97.42	
3.1 知识创造	41.88	7
3.1.1 每十万人发明专利授权数	33.05	
3.1.2 每十万人 WoS 论文数	42.90	
3.1.3 每亿元 R&D 内部经费支出所取得的发明专利授权数	16.76	
3.1.4 国际科研合作	74.81	
3.2 知识扩散	30.89	8
3.2.1 输出技术成交额占地区生产总值的比重	23.18	
3.2.2 吸纳技术成交额占地区生产总值的比重	23.18	
3.2.3 国家技术转移机构数	46.30	
4.1 创新经济效益	45.85	64
4.1.1 人均地区生产总值	92.86	

续表

上海	得分	排名
4.1.2 贸易顺差（逆差）	35.45	
4.1.3 人均工业增加值	9.75	
4.2 数字创新活力	60.08	3
4.2.1 数字产业活力	24.10	
4.2.2 数字消费活力	100.00	
4.2.3 数字政务活力	17.09	
4.2.4 数字文化活力	99.13	
4.3 创新包容性	32.35	104
4.3.1 城镇登记失业率	25.40	
4.3.2 城乡居民人均可支配收入比	49.98	
4.3.3 平均房价与人均可支配收入比	21.67	
4.4 创新可持续性	50.85	100
4.4.1 单位 GDP 能耗	83.89	
4.4.2 废水废物处理能力	66.22	
4.4.3 空气质量指数	63.61	
4.4.4 园林绿化覆盖率	20.12	
4.4.5 货运碳排放量	20.41	
广州	**得分**	**排名**
城市创新指数	44.05	4
1 基础设施	41.82	4
2 创新资源	38.50	10
3 创新过程	39.57	6
4 创新产出	55.87	15
1.1 数字基础	56.91	3
1.1.1 固网宽带应用渗透率	21.16	
1.1.2 移动网络应用渗透率	100.00	

续表

广州	得分	排名
1.1.3 车联网车辆接入数量	44.00	
1.1.4 工业互联网示范项目数量	62.50	
1.2 交通基础	33.53	6
1.2.1 公路单位里程运输量	16.86	
1.2.2 人均快递业务量	31.70	
1.2.3 城市物流仓储用地面积占城市建设用地总面积比重	33.20	
1.2.4 公共汽(电)车运输人次占总人口比重	52.34	
1.3 金融基础	64.13	4
1.3.1 年末金融机构人民币各项存款余额	35.74	
1.3.2 年末金融机构人民币各项贷款余额	65.61	
1.3.3 数字金融	91.05	
1.4 政策基础	11.10	35
1.4.1 政府社会资本合作环境	7.41	
1.4.2 政府文件	14.79	
2.1 人力资源	47.70	5
2.1.1 普通高等学校教育数量与质量	44.97	
2.1.2 中等职业学校教育数量与质量	28.66	
2.1.3 一般公共预算教育支出占 GDP 比重	11.01	
2.1.4 人才吸引力指数	87.00	
2.1.5 高新区企业 R&D 人员所占比重	66.84	
2.2 研发投入	43.81	13
2.2.1 R&D 内部经费占 GDP 的比重	42.87	
2.2.2 一般公共预算科学技术支出占 GDP 的比重	53.44	
2.2.3 高新区企业 R&D 经费内部支出占营业收入比重	35.13	
2.3 创新机构	25.38	7
2.3.1 文化机构	21.99	

续表

广州	得分	排名
2.3.2 国家重点实验室	11.11	
2.3.3 国家创新中心	43.04	
3.1 知识创造	38.74	10
3.1.1 每十万人发明专利授权数	27.17	
3.1.2 每十万人 WoS 论文数	36.71	
3.1.3 每亿元 R&D 内部经费支出所取得的发明专利授权数	22.52	
3.1.4 国际科研合作	68.56	
3.2 知识扩散	40.39	3
3.2.1 输出技术成交额占地区生产总值的比重	49.47	
3.2.2 吸纳技术成交额占地区生产总值的比重	49.47	
3.2.3 国家技术转移机构数	22.22	
4.1 创新经济效益	65.62	19
4.1.1 人均地区生产总值	76.59	
4.1.2 贸易顺差(逆差)	83.33	
4.1.3 人均工业增加值	36.93	
4.2 数字创新活力	48.58	4
4.2.1 数字产业活力	25.02	
4.2.2 数字消费活力	66.24	
4.2.3 数字政务活力	28.42	
4.2.4 数字文化活力	74.64	
4.3 创新包容性	48.01	96
4.3.1 城镇登记失业率	47.62	
4.3.2 城乡居民人均可支配收入比	50.33	
4.3.3 平均房价与人均可支配收入比	46.08	
4.4 创新可持续性	60.97	65
4.4.1 单位 GDP 能耗	79.07	

续表

广州	得分	排名
4.4.2 废水废物处理能力	72.50	
4.4.3 空气质量指数	70.32	
4.4.4 园林绿化覆盖率	59.48	
4.4.5 货运碳排放量	23.47	

武汉	得分	排名
城市创新指数	43.84	5
1 基础设施	26.82	24
2 创新资源	44.11	4
3 创新过程	53.14	3
4 创新产出	51.77	28
1.1 数字基础	29.97	33
1.1.1 固网宽带应用渗透率	35.10	
1.1.2 移动网络应用渗透率	64.79	
1.1.3 车联网车辆接入数量	20.00	
1.1.4 工业互联网示范项目数量	0.00	
1.2 交通基础	19.28	26
1.2.1 公路单位里程运输量	2.19	
1.2.2 人均快递业务量	6.79	
1.2.3 城市物流仓储用地面积占城市建设用地总面积比重	34.50	
1.2.4 公共汽(电)车运输人次占总人口比重	33.65	
1.3 金融基础	46.05	9
1.3.1 年末金融机构人民币各项存款余额	16.11	
1.3.2 年末金融机构人民币各项贷款余额	43.05	
1.3.3 数字金融	79.01	
1.4 政策基础	11.55	33
1.4.1 政府社会资本合作环境	14.81	

续表

武汉	得分	排名
1.4.2 政府文件	8.28	
2.1 人力资源	43.97	8
2.1.1 普通高等学校教育数量与质量	54.81	
2.1.2 中等职业学校教育数量与质量	24.95	
2.1.3 一般公共预算教育支出占 GDP 比重	5.55	
2.1.4 人才吸引力指数	53.70	
2.1.5 高新区企业 R&D 人员所占比重	80.86	
2.2 研发投入	47.38	11
2.2.1 R&D 内部经费占 GDP 的比重	48.69	
2.2.2 一般公共预算科学技术支出占 GDP 的比重	58.66	
2.2.3 高新区企业 R&D 经费内部支出占营业收入比重	34.78	
2.3 创新机构	40.92	4
2.3.1 文化机构	32.73	
2.3.2 国家重点实验室	18.89	
2.3.3 国家创新中心	71.13	
3.1 知识创造	75.38	2
3.1.1 每十万人发明专利授权数	97.17	
3.1.2 每十万人 WoS 论文数	52.87	
3.1.3 每亿元 R&D 内部经费支出所取得的发明专利授权数	78.77	
3.1.4 国际科研合作	72.71	
3.2 知识扩散	31.29	7
3.2.1 输出技术成交额占地区生产总值的比重	32.13	
3.2.2 吸纳技术成交额占地区生产总值的比重	32.13	
3.2.3 国家技术转移机构数	29.63	
4.1 创新经济效益	63.82	20
4.1.1 人均地区生产总值	73.85	

武汉	得分	排名
4.1.2 贸易顺差(逆差)	76.89	
4.1.3 人均工业增加值	40.72	
4.2 数字创新活力	26.96	11
4.2.1 数字产业活力	6.66	
4.2.2 数字消费活力	19.42	
4.2.3 数字政务活力	9.04	
4.2.4 数字文化活力	72.70	
4.3 创新包容性	58.37	67
4.3.1 城镇登记失业率	46.35	
4.3.2 城乡居民人均可支配收入比	56.90	
4.3.3 平均房价与人均可支配收入比	71.86	
4.4 创新可持续性	58.73	77
4.4.1 单位 GDP 能耗	88.51	
4.4.2 废水废物处理能力	67.87	
4.4.3 空气质量指数	57.63	
4.4.4 园林绿化覆盖率	42.92	
4.4.5 货运碳排放量	36.73	
南京	得分	排名
城市创新指数	43.83	6
1 基础设施	32.75	8
2 创新资源	38.33	11
3 创新过程	45.46	4
4 创新产出	58.63	9
1.1 数字基础	47.03	7
1.1.1 固网宽带应用渗透率	72.27	
1.1.2 移动网络应用渗透率	70.86	

续表

南京	得分	排名
1.1.3 车联网车辆接入数量	20.00	
1.1.4 工业互联网示范项目数量	25.00	
1.2 交通基础	21.88	18
1.2.1 公路单位里程运输量	5.95	
1.2.2 人均快递业务量	7.81	
1.2.3 城市物流仓储用地面积占城市建设用地总面积比重	32.26	
1.2.4 公共汽(电)车运输人次占总人口比重	41.49	
1.3 金融基础	50.97	7
1.3.1 年末金融机构人民币各项存款余额	20.96	
1.3.2 年末金融机构人民币各项贷款余额	45.68	
1.3.3 数字金融	86.27	
1.4 政策基础	9.85	36
1.4.1 政府社会资本合作环境	18.52	
1.4.2 政府文件	1.18	
2.1 人力资源	51.41	2
2.1.1 普通高等学校教育数量与质量	61.82	
2.1.2 中等职业学校教育数量与质量	35.18	
2.1.3 一般公共预算教育支出占 GDP 比重	8.47	
2.1.4 人才吸引力指数	69.50	
2.1.5 高新区企业 R&D 人员所占比重	82.06	
2.2 研发投入	42.40	14
2.2.1 R&D 内部经费占 GDP 的比重	48.27	
2.2.2 一般公共预算科学技术支出占 GDP 的比重	39.71	
2.2.3 高新区企业 R&D 经费内部支出占营业收入比重	39.20	
2.3 创新机构	23.21	11
2.3.1 文化机构	39.23	

续表

南京	得分	排名
2.3.2 国家重点实验室	21.11	
2.3.3 国家创新中心	9.28	
3.1 知识创造	62.14	3
3.1.1 每十万人发明专利授权数	54.89	
3.1.2 每十万人 WoS 论文数	86.11	
3.1.3 每亿元 R&D 内部经费支出所取得的发明专利授权数	34.65	
3.1.4 国际科研合作	72.92	
3.2 知识扩散	29.07	9
3.2.1 输出技术成交额占地区生产总值的比重	26.94	
3.2.2 吸纳技术成交额占地区生产总值的比重	26.94	
3.2.3 国家技术转移机构数	33.33	
4.1 创新经济效益	79.78	6
4.1.1 人均地区生产总值	95.04	
4.1.2 贸易顺差（逆差）	84.11	
4.1.3 人均工业增加值	60.18	
4.2 数字创新活力	30.65	8
4.2.1 数字产业活力	7.01	
4.2.2 数字消费活力	22.88	
4.2.3 数字政务活力	12.02	
4.2.4 数字文化活力	80.70	
4.3 创新包容性	64.13	48
4.3.1 城镇登记失业率	88.57	
4.3.2 城乡居民人均可支配收入比	43.42	
4.3.3 平均房价与人均可支配收入比	60.40	
4.4 创新可持续性	61.19	63
4.4.1 单位 GDP 能耗	93.04	

续表

南京	得分	排名
4.4.2 废水废物处理能力	72.50	
4.4.3 空气质量指数	54.32	
4.4.4 园林绿化覆盖率	55.50	
4.4.5 货运碳排放量	30.61	
西安	**得分**	**排名**
城市创新指数	42.31	7
1 基础设施	30.13	15
2 创新资源	43.68	5
3 创新过程	57.58	2
4 创新产出	38.66	96
1.1 数字基础	44.84	10
1.1.1 固网宽带应用渗透率	30.67	
1.1.2 移动网络应用渗透率	68.19	
1.1.3 车联网车辆接入数量	18.00	
1.1.4 工业互联网示范项目数量	62.50	
1.2 交通基础	21.79	19
1.2.1 公路单位里程运输量	5.58	
1.2.2 人均快递业务量	3.86	
1.2.3 城市物流仓储用地面积占城市建设用地总面积比重	33.07	
1.2.4 公共汽(电)车运输人次占总人口比重	44.65	
1.3 金融基础	40.52	13
1.3.1 年末金融机构人民币各项存款余额	13.55	
1.3.2 年末金融机构人民币各项贷款余额	30.63	
1.3.3 数字金融	77.38	
1.4 政策基础	12.14	32
1.4.1 政府社会资本合作环境	14.81	

续表

西安	得分	排名
1.4.2 政府文件	9.47	
2.1 人力资源	43.12	11
2.1.1 普通高等学校教育数量与质量	47.04	
2.1.2 中等职业学校教育数量与质量	33.81	
2.1.3 一般公共预算教育支出占 GDP 比重	12.49	
2.1.4 人才吸引力指数	50.90	
2.1.5 高新区企业 R&D 人员所占比重	71.38	
2.2 研发投入	46.05	12
2.2.1R&D 内部经费占 GDP 的比重	70.45	
2.2.2 一般公共预算科学技术支出占 GDP 的比重	11.11	
2.2.3 高新区企业 R&D 经费内部支出占营业收入比重	56.58	
2.3 创新机构	41.75	3
2.3.1 文化机构	71.89	
2.3.2 国家重点实验室	14.44	
2.3.3 国家创新中心	38.92	
3.1 知识创造	39.55	9
3.1.1 每十万人发明专利授权数	28.90	
3.1.2 每十万人 WoS 论文数	45.02	
3.1.3 每亿元 R&D 内部经费支出所取得的发明专利授权数	25.62	
3.1.4 国际科研合作	58.68	
3.2 知识扩散	75.29	2
3.2.1 输出技术成交额占地区生产总值的比重	99.05	
3.2.2 吸纳技术成交额占地区生产总值的比重	99.05	
3.2.3 国家技术转移机构数	27.78	
4.1 创新经济效益	41.22	77
4.1.1 人均地区生产总值	34.13	

续表

西安	得分	排名
4.1.2 贸易顺差(逆差)	76.56	
4.1.3 人均工业增加值	12.98	
4.2 数字创新活力	25.60	12
4.2.1 数字产业活力	18.52	
4.2.2 数字消费活力	9.94	
4.2.3 数字政务活力	14.70	
4.2.4 数字文化活力	59.25	
4.3 创新包容性	35.31	102
4.3.1 城镇登记失业率	28.57	
4.3.2 城乡居民人均可支配收入比	7.75	
4.3.3 平均房价与人均可支配收入比	69.61	
4.4 创新可持续性	52.00	96
4.4.1 单位 GDP 能耗	82.82	
4.4.2 废水废物处理能力	65.79	
4.4.3 空气质量指数	22.59	
4.4.4 园林绿化覆盖率	41.86	
4.4.5 货运碳排放量	46.94	
杭州	**得分**	**排名**
城市创新指数	42.24	8
1 基础设施	34.55	7
2 创新资源	41.54	6
3 创新过程	32.36	10
4 创新产出	60.01	5
1.1 数字基础	47.08	6
1.1.1 固网宽带应用渗透率	54.56	
1.1.2 移动网络应用渗透率	84.27	

杭州	得分	排名
1.1.3 车联网车辆接入数量	37.00	
1.1.4 工业互联网示范项目数量	12.50	
1.2 交通基础	18.39	30
1.2.1 公路单位里程运输量	3.59	
1.2.2 人均快递业务量	19.48	
1.2.3 城市物流仓储用地面积占城市建设用地总面积比重	11.46	
1.2.4 公共汽(电)车运输人次占总人口比重	39.02	
1.3 金融基础	62.54	5
1.3.1 年末金融机构人民币各项存款余额	28.11	
1.3.2 年末金融机构人民币各项贷款余额	60.17	
1.3.3 数字金融	99.33	
1.4 政策基础	9.11	42
1.4.1 政府社会资本合作环境	11.11	
1.4.2 政府文件	7.10	
2.1 人力资源	51.26	3
2.1.1 普通高等学校教育数量与质量	38.95	
2.1.2 中等职业学校教育数量与质量	29.63	
2.1.3 一般公共预算教育支出占 GDP 比重	15.17	
2.1.4 人才吸引力指数	99.20	
2.1.5 高新区企业 R&D 人员所占比重	73.35	
2.2 研发投入	51.42	6
2.2.1 R&D 内部经费占 GDP 的比重	49.88	
2.2.2 一般公共预算科学技术支出占 GDP 的比重	53.46	
2.2.3 高新区企业 R&D 经费内部支出占营业收入比重	50.92	
2.3 创新机构	23.35	10
2.3.1 文化机构	34.71	

续表

杭州	得分	排名
2.3.2 国家重点实验室	11.11	
2.3.3 国家创新中心	24.23	
3.1 知识创造	50.12	4
3.1.1 每十万人发明专利授权数	49.62	
3.1.2 每十万人 WoS 论文数	41.49	
3.1.3 每亿元 R&D 内部经费支出所取得的发明专利授权数	35.99	
3.1.4 国际科研合作	73.37	
3.2 知识扩散	14.91	21
3.2.1 输出技术成交额占地区生产总值的比重	12.18	
3.2.2 吸纳技术成交额占地区生产总值的比重	12.18	
3.2.3 国家技术转移机构数	20.37	
4.1 创新经济效益	68.56	14
4.1.1 人均地区生产总值	77.78	
4.1.2 贸易顺差（逆差）	84.08	
4.1.3 人均工业增加值	43.83	
4.2 数字创新活力	45.15	5
4.2.1 数字产业活力	16.66	
4.2.2 数字消费活力	60.69	
4.2.3 数字政务活力	20.67	
4.2.4 数字文化活力	82.58	
4.3 创新包容性	67.01	41
4.3.1 城镇登记失业率	66.03	
4.3.2 城乡居民人均可支配收入比	79.89	
4.3.3 平均房价与人均可支配收入比	55.10	
4.4 创新可持续性	60.19	71
4.4.1 单位 GDP 能耗	89.89	

杭州	得分	排名
4.4.2 废水废物处理能力	68.43	
4.4.3 空气质量指数	69.03	
4.4.4 园林绿化覆盖率	49.11	
4.4.5 货运碳排放量	24.49	
苏州	**得分**	**排名**
城市创新指数	38.72	9
1 基础设施	30.52	13
2 创新资源	40.17	8
3 创新过程	21.13	24
4 创新产出	62.24	2
1.1 数字基础	48.13	5
1.1.1 固网宽带应用渗透率	55.86	
1.1.2 移动网络应用渗透率	72.65	
1.1.3 车联网车辆接入数量	39.00	
1.1.4 工业互联网示范项目数量	25.00	
1.2 交通基础	15.20	45
1.2.1 公路单位里程运输量	12.12	
1.2.2 人均快递业务量	12.74	
1.2.3 城市物流仓储用地面积占城市建设用地总面积比重	19.33	
1.2.4 公共汽(电)车运输人次占总人口比重	16.63	
1.3 金融基础	49.39	8
1.3.1 年末金融机构人民币各项存款余额	18.80	
1.3.2 年末金融机构人民币各项贷款余额	41.43	
1.3.3 数字金融	87.94	
1.4 政策基础	8.00	46
1.4.1 政府社会资本合作坏境	14.81	

续表

苏州	得分	排名
1.4.2 政府文件	1.18	
2.1 人力资源	45.66	6
2.1.1 普通高等学校教育数量与质量	20.53	
2.1.2 中等职业学校教育数量与质量	38.60	
2.1.3 一般公共预算教育支出占 GDP 比重	6.05	
2.1.4 人才吸引力指数	63.10	
2.1.5 高新区企业 R&D 人员所占比重	100.00	
2.2 研发投入	54.50	5
2.2.1 R&D 内部经费占 GDP 的比重	52.45	
2.2.2 一般公共预算科学技术支出占 GDP 的比重	64.69	
2.2.3 高新区企业 R&D 经费内部支出占营业收入比重	46.37	
2.3 创新机构	21.03	14
2.3.1 文化机构	23.14	
2.3.2 国家重点实验室	0.00	
2.3.3 国家创新中心	39.95	
3.1 知识创造	31.23	22
3.1.1 每十万人发明专利授权数	26.22	
3.1.2 每十万人 WoS 论文数	11.68	
3.1.3 每亿元 R&D 内部经费支出所取得的发明专利授权数	14.23	
3.1.4 国际科研合作	72.82	
3.2 知识扩散	11.20	33
3.2.1 输出技术成交额占地区生产总值的比重	12.17	
3.2.2 吸纳技术成交额占地区生产总值的比重	12.17	
3.2.3 国家技术转移机构数	9.26	
4.1 创新经济效益	93.27	1
4.1.1 人均地区生产总值	94.39	

苏州	得分	排名
4.1.2 贸易顺差（逆差）	95.63	
4.1.3 人均工业增加值	89.79	
4.2 数字创新活力	27.97	10
4.2.1 数字产业活力	6.79	
4.2.2 数字消费活力	35.21	
4.2.3 数字政务活力	9.63	
4.2.4 数字文化活力	60.24	
4.3 创新包容性	75.98	21
4.3.1 城镇登记失业率	86.67	
4.3.2 城乡居民人均可支配收入比	71.61	
4.3.3 平均房价与人均可支配收入比	69.65	
4.4 创新可持续性	54.33	92
4.4.1 单位 GDP 能耗	94.90	
4.4.2 废水废物处理能力	67.04	
4.4.3 空气质量指数	61.84	
4.4.4 园林绿化覆盖率	47.86	
4.4.5 货运碳排放量	0.00	
成都	得分	排名
城市创新指数	38.43	10
1 基础设施	30.45	14
2 创新资源	38.80	9
3 创新过程	33.76	9
4 创新产出	50.51	34
1.1 数字基础	41.16	14
1.1.1 固网宽带应用渗透率	30.20	
1.1.2 移动网络应用渗透率	71.96	

续表

成都	得分	排名
1.1.3 车联网车辆接入数量	25.00	
1.1.4 工业互联网示范项目数量	37.50	
1.2 交通基础	17.28	37
1.2.1 公路单位里程运输量	2.21	
1.2.2 人均快递业务量	5.16	
1.2.3 城市物流仓储用地面积占城市建设用地总面积比重	24.21	
1.2.4 公共汽(电)车运输人次占总人口比重	37.52	
1.3 金融基础	52.74	6
1.3.1 年末金融机构人民币各项存款余额	22.75	
1.3.2 年末金融机构人民币各项贷款余额	48.29	
1.3.3 数字金融	87.16	
1.4 政策基础	9.70	37
1.4.1 政府社会资本合作环境	11.11	
1.4.2 政府文件	8.28	
2.1 人力资源	39.50	16
2.1.1 普通高等学校教育数量与质量	33.85	
2.1.2 中等职业学校教育数量与质量	26.21	
2.1.3 一般公共预算教育支出占 GDP 比重	5.15	
2.1.4 人才吸引力指数	61.20	
2.1.5 高新区企业 R&D 人员所占比重	71.08	
2.2 研发投入	38.62	18
2.2.1 R&D 内部经费占 GDP 的比重	43.08	
2.2.2 一般公共预算科学技术支出占 GDP 的比重	35.77	
2.2.3 高新区企业 R&D 经费内部支出占营业收入比重	37.02	
2.3 创新机构	38.38	5
2.3.1 文化机构	75.68	

成都	得分	排名
2.3.2 国家重点实验室	11.11	
2.3.3 国家创新中心	28.35	
3.1 知识创造	31.29	21
3.1.1 每十万人发明专利授权数	17.21	
3.1.2 每十万人 WoS 论文数	23.73	
3.1.3 每亿元 R&D 内部经费支出所取得的发明专利授权数	22.87	
3.1.4 国际科研合作	61.34	
3.2 知识扩散	36.20	4
3.2.1 输出技术成交额占地区生产总值的比重	37.63	
3.2.2 吸纳技术成交额占地区生产总值的比重	37.63	
3.2.3 国家技术转移机构数	33.33	
4.1 创新经济效益	47.57	57
4.1.1 人均地区生产总值	39.07	
4.1.2 贸易顺差(逆差)	81.93	
4.1.3 人均工业增加值	21.70	
4.2 数字创新活力	28.03	9
4.2.1 数字产业活力	14.16	
4.2.2 数字消费活力	12.75	
4.2.3 数字政务活力	26.04	
4.2.4 数字文化活力	59.16	
4.3 创新包容性	64.85	46
4.3.1 城镇登记失业率	47.62	
4.3.2 城乡居民人均可支配收入比	75.27	
4.3.3 平均房价与人均可支配收入比	71.67	
4.4 创新可持续性	62.18	58
4.4.1 单位 GDP 能耗	85.55	

续表

成都	得分	排名
4.4.2 废水废物处理能力	71.06	
4.4.3 空气质量指数	44.13	
4.4.4 园林绿化覆盖率	50.98	
4.4.5 货运碳排放量	59.18	
宁波	得分	排名
城市创新指数	35.94	11
1 基础设施	30.72	12
2 创新资源	32.18	14
3 创新过程	18.37	33
4 创新产出	61.44	4
1.1 数字基础	48.81	4
1.1.1 固网宽带应用渗透率	53.33	
1.1.2 移动网络应用渗透率	74.92	
1.1.3 车联网车辆接入数量	17.00	
1.1.4 工业互联网示范项目数量	50.00	
1.2 交通基础	23.02	17
1.2.1 公路单位里程运输量	4.73	
1.2.2 人均快递业务量	9.38	
1.2.3 城市物流仓储用地面积占城市建设用地总面积比重	58.62	
1.2.4 公共汽(电)车运输人次占总人口比重	19.35	
1.3 金融基础	44.16	11
1.3.1 年末金融机构人民币各项存款余额	12.12	
1.3.2 年末金融机构人民币各项贷款余额	29.99	
1.3.3 数字金融	90.36	
1.4 政策基础	5.18	59
1.4.1 政府社会资本合作环境	7.41	

续表

宁波	得分	排名
1.4.2 政府文件	2.96	
2.1 人力资源	39.60	15
2.1.1 普通高等学校教育数量与质量	20.45	
2.1.2 中等职业学校教育数量与质量	37.70	
2.1.3 一般公共预算教育支出占 GDP 比重	10.09	
2.1.4 人才吸引力指数	59.70	
2.1.5 高新区企业 R&D 人员所占比重	70.08	
2.2 研发投入	41.73	15
2.2.1 R&D 内部经费占 GDP 的比重	39.52	
2.2.2 一般公共预算科学技术支出占 GDP 的比重	54.17	
2.2.3 高新区企业 R&D 经费内部支出占营业收入比重	31.50	
2.3 创新机构	16.27	21
2.3.1 文化机构	32.83	
2.3.2 国家重点实验室	0.00	
2.3.3 国家创新中心	15.98	
3.1 知识创造	28.06	30
3.1.1 每十万人发明专利授权数	18.84	
3.1.2 每十万人 WoS 论文数	9.79	
3.1.3 每亿元 R&D 内部经费支出所取得的发明专利授权数	16.82	
3.1.4 国际科研合作	66.78	
3.2 知识扩散	8.87	55
3.2.1 输出技术成交额占地区生产总值的比重	7.74	
3.2.2 吸纳技术成交额占地区生产总值的比重	7.74	
3.2.3 国家技术转移机构数	11.11	
4.1 创新经济效益	79.32	7
4.1.1 人均地区生产总值	74.74	

续表

宁波	得分	排名
4.1.2 贸易顺差(逆差)	92.70	
4.1.3 人均工业增加值	70.51	
4.2 数字创新活力	23.66	14
4.2.1 数字产业活力	21.50	
4.2.2 数字消费活力	22.02	
4.2.3 数字政务活力	5.16	
4.2.4 数字文化活力	45.97	
4.3 创新包容性	73.26	33
4.3.1 城镇登记失业率	72.38	
4.3.2 城乡居民人均可支配收入比	82.51	
4.3.3 平均房价与人均可支配收入比	64.89	
4.4 创新可持续性	70.90	21
4.4.1 单位 GDP 能耗	88.19	
4.4.2 废水废物处理能力	81.93	
4.4.3 空气质量指数	75.39	
4.4.4 园林绿化覆盖率	43.69	
4.4.5 货运碳排放量	65.31	
天津	得分	排名
城市创新指数	35.45	12
1 基础设施	35.05	6
2 创新资源	32.47	13
3 创新过程	31.49	11
4 创新产出	42.48	84
1.1 数字基础	32.66	25
1.1.1 固网宽带应用渗透率	34.27	
1.1.2 移动网络应用渗透率	62.86	

续表

天津	得分	排名
1.1.3 车联网车辆接入数量	21.00	
1.1.4 工业互联网示范项目数量	12.50	
1.2 交通基础	24.57	15
1.2.1 公路单位里程运输量	4.72	
1.2.2 人均快递业务量	5.05	
1.2.3 城市物流仓储用地面积占城市建设用地总面积比重	57.27	
1.2.4 公共汽(电)车运输人次占总人口比重	31.23	
1.3 金融基础	45.78	10
1.3.1 年末金融机构人民币各项存款余额	17.61	
1.3.2 年末金融机构人民币各项贷款余额	45.80	
1.3.3 数字金融	73.94	
1.4 政策基础	37.68	7
1.4.1 政府社会资本合作环境	48.15	
1.4.2 政府文件	27.22	
2.1 人力资源	36.80	22
2.1.1 普通高等学校教育数量与质量	34.27	
2.1.2 中等职业学校教育数量与质量	30.62	
2.1.3 一般公共预算教育支出占 GDP 比重	24.97	
2.1.4 人才吸引力指数	47.30	
2.1.5 高新区企业 R&D 人员所占比重	46.84	
2.2 研发投入	38.44	19
2.2.1 R&D 内部经费占 GDP 的比重	47.76	
2.2.2 一般公共预算科学技术支出占 GDP 的比重	49.82	
2.2.3 高新区企业 R&D 经费内部支出占营业收入比重	17.75	
2.3 创新机构	22.76	12
2.3.1 文化机构	25.46	

续表

天津	得分	排名
2.3.2 国家重点实验室	7.78	
2.3.3 国家创新中心	35.05	
3.1 知识创造	27.92	31
3.1.1 每十万人发明专利授权数	12.33	
3.1.2 每十万人 WoS 论文数	27.46	
3.1.3 每亿元 R&D 内部经费支出所取得的发明专利授权数	11.45	
3.1.4 国际科研合作	60.46	
3.2 知识扩散	34.99	5
3.2.1 输出技术成交额占地区生产总值的比重	43.22	
3.2.2 吸纳技术成交额占地区生产总值的比重	43.22	
3.2.3 国家技术转移机构数	18.52	
4.1 创新经济效益	52.41	42
4.1.1 人均地区生产总值	51.18	
4.1.2 贸易顺差(逆差)	69.61	
4.1.3 人均工业增加值	36.44	
4.2 数字创新活力	22.59	17
4.2.1 数字产业活力	13.09	
4.2.2 数字消费活力	14.05	
4.2.3 数字政务活力	25.74	
4.2.4 数字文化活力	37.47	
4.3 创新包容性	54.50	75
4.3.1 城镇登记失业率	28.57	
4.3.2 城乡居民人均可支配收入比	75.03	
4.3.3 平均房价与人均可支配收入比	59.89	
4.4 创新可持续性	41.75	105
4.4.1 单位 GDP 能耗	75.14	

续表

天津	得分	排名
4.4.2 废水废物处理能力	64.88	
4.4.3 空气质量指数	21.79	
4.4.4 园林绿化覆盖率	21.41	
4.4.5 货运碳排放量	25.51	
东莞	**得分**	**排名**
城市创新指数	34.49	13
1 基础设施	31.11	10
2 创新资源	24.70	33
3 创新过程	22.46	22
4 创新产出	58.69	8
1.1 数字基础	28.80	38
1.1.1 固网宽带应用渗透率	20.16	
1.1.2 移动网络应用渗透率	79.04	
1.1.3 车联网车辆接入数量	16.00	
1.1.4 工业互联网示范项目数量	0.00	
1.2 交通基础	11.25	69
1.2.1 公路单位里程运输量	2.74	
1.2.2 人均快递业务量	15.65	
1.2.3 城市物流仓储用地面积占城市建设用地总面积比重	16.01	
1.2.4 公共汽(电)车运输人次占总人口比重	10.61	
1.3 金融基础	35.31	24
1.3.1 年末金融机构人民币各项存款余额	8.94	
1.3.2 年末金融机构人民币各项贷款余额	13.70	
1.3.3 数字金融	83.28	
1.4 政策基础	50.30	3
1.4.1 政府社会资本合作环境	100.00	

续表

东莞	得分	排名
1.4.2 政府文件	0.59	
2.1 人力资源	31.39	38
2.1.1 普通高等学校教育数量与质量	11.92	
2.1.2 中等职业学校教育数量与质量	25.97	
2.1.3 一般公共预算教育支出占 GDP 比重	9.02	
2.1.4 人才吸引力指数	42.30	
2.1.5 高新区企业 R&D 人员所占比重	67.74	
2.2 研发投入	35.57	23
2.2.1 R&D 内部经费占 GDP 的比重	49.19	
2.2.2 一般公共预算科学技术支出占 GDP 的比重	18.90	
2.2.3 高新区企业 R&D 经费内部支出占营业收入比重	38.62	
2.3 创新机构	8.05	55
2.3.1 文化机构	22.60	
2.3.2 国家重点实验室	0.00	
2.3.3 国家创新中心	1.55	
3.1 知识创造	31.68	20
3.1.1 每十万人发明专利授权数	28.13	
3.1.2 每十万人 WoS 论文数	3.17	
3.1.3 每亿元 R&D 内部经费支出所取得的发明专利授权数	30.27	
3.1.4 国际科研合作	65.17	
3.2 知识扩散	13.40	29
3.2.1 输出技术成交额占地区生产总值的比重	16.39	
3.2.2 吸纳技术成交额占地区生产总值的比重	16.39	
3.2.3 国家技术转移机构数	7.41	
4.1 创新经济效益	66.53	16
4.1.1 人均地区生产总值	44.01	

续表

东莞	得分	排名
4.1.2 贸易顺差（逆差）	93.97	
4.1.3 人均工业增加值	61.63	
4.2 数字创新活力	34.43	7
4.2.1 数字产业活力	38.76	
4.2.2 数字消费活力	40.61	
4.2.3 数字政务活力	13.51	
4.2.4 数字文化活力	44.86	
4.3 创新包容性	74.73	26
4.3.1 城镇登记失业率	73.65	
4.3.2 城乡居民人均可支配收入比	100.00	
4.3.3 平均房价与人均可支配收入比	50.54	
4.4 创新可持续性	60.53	69
4.4.1 单位 GDP 能耗	75.09	
4.4.2 废水废物处理能力	63.80	
4.4.3 空气质量指数	75.64	
4.4.4 园林绿化覆盖率	48.34	
4.4.5 货运碳排放量	39.80	
长沙	**得分**	**排名**
城市创新指数	34.06	14
1 基础设施	27.24	22
2 创新资源	28.92	17
3 创新过程	23.40	18
4 创新产出	55.94	14
1.1 数字基础	46.90	8
1.1.1 固网宽带应用渗透率	45.41	
1.1.2 移动网络应用渗透率	67.70	

续表

长沙	得分	排名
1.1.3 车联网车辆接入数量	12.00	
1.1.4 工业互联网示范项目数量	62.50	
1.2 交通基础	16.12	43
1.2.1 公路单位里程运输量	4.84	
1.2.2 人均快递业务量	7.05	
1.2.3 城市物流仓储用地面积占城市建设用地总面积比重	23.72	
1.2.4 公共汽(电)车运输人次占总人口比重	28.88	
1.3 金融基础	42.08	12
1.3.1 年末金融机构人民币各项存款余额	12.03	
1.3.2 年末金融机构人民币各项贷款余额	28.80	
1.3.3 数字金融	85.41	
1.4 政策基础	2.15	87
1.4.1 政府社会资本合作环境	3.70	
1.4.2 政府文件	0.59	
2.1 人力资源	43.81	9
2.1.1 普通高等学校教育数量与质量	57.00	
2.1.2 中等职业学校教育数量与质量	35.29	
2.1.3 一般公共预算教育支出占 GDP 比重	5.96	
2.1.4 人才吸引力指数	55.80	
2.1.5 高新区企业 R&D 人员所占比重	65.02	
2.2 研发投入	35.07	24
2.2.1 R&D 内部经费占 GDP 的比重	40.71	
2.2.2 一般公共预算科学技术支出占 GDP 的比重	25.42	
2.2.3 高新区企业 R&D 经费内部支出占营业收入比重	39.08	
2.3 创新机构	10.16	40
2.3.1 文化机构	12.55	

长沙	得分	排名
2.3.2 国家重点实验室	5.56	
2.3.3 国家创新中心	12.37	
3.1 知识创造	36.13	16
3.1.1 每十万人发明专利授权数	23.79	
3.1.2 每十万人 WoS 论文数	37.25	
3.1.3 每亿元 R&D 内部经费支出所取得的发明专利授权数	23.11	
3.1.4 国际科研合作	60.39	
3.2 知识扩散	10.90	37
3.2.1 输出技术成交额占地区生产总值的比重	9.86	
3.2.2 吸纳技术成交额占地区生产总值的比重	9.86	
3.2.3 国家技术转移机构数	12.96	
4.1 创新经济效益	63.51	23
4.1.1 人均地区生产总值	67.66	
4.1.2 贸易顺差(逆差)	80.22	
4.1.3 人均工业增加值	42.65	
4.2 数字创新活力	22.94	16
4.2.1 数字产业活力	4.96	
4.2.2 数字消费活力	12.34	
4.2.3 数字政务活力	5.76	
4.2.4 数字文化活力	68.70	
4.3 创新包容性	74.97	24
4.3.1 城镇登记失业率	39.05	
4.3.2 城乡居民人均可支配收入比	95.39	
4.3.3 平均房价与人均可支配收入比	90.47	
4.4 创新可持续性	63.84	48
4.4.1 单位 GDP 能耗	93.34	

续表

长沙	得分	排名
4.4.2 废水废物处理能力	75.08	
4.4.3 空气质量指数	58.76	
4.4.4 园林绿化覆盖率	39.99	
4.4.5 货运碳排放量	52.04	

合肥	得分	排名
城市创新指数	33.93	15
1 基础设施	20.36	38
2 创新资源	40.24	7
3 创新过程	25.62	14
4 创新产出	49.35	41
1.1 数字基础	31.20	30
1.1.1 固网宽带应用渗透率	41.90	
1.1.2 移动网络应用渗透率	56.38	
1.1.3 车联网车辆接入数量	14.00	
1.1.4 工业互联网示范项目数量	12.50	
1.2 交通基础	10.13	78
1.2.1 公路单位里程运输量	2.92	
1.2.2 人均快递业务量	7.21	
1.2.3 城市物流仓储用地面积占城市建设用地总面积比重	6.38	
1.2.4 公共汽(电)车运输人次占总人口比重	24.00	
1.3 金融基础	33.27	29
1.3.1 年末金融机构人民币各项存款余额	9.41	
1.3.2 年末金融机构人民币各项贷款余额	20.77	
1.3.3 数字金融	69.63	
1.4 政策基础	5.99	53
1.4.1 政府社会资本合作环境	3.70	

续表

合肥	得分	排名
1.4.2 政府文件	8.28	
2.1 人力资源	37.99	20
2.1.1 普通高等学校教育数量与质量	39.11	
2.1.2 中等职业学校教育数量与质量	27.34	
2.1.3 一般公共预算教育支出占 GDP 比重	6.93	
2.1.4 人才吸引力指数	40.50	
2.1.5 高新区企业 R&D 人员所占比重	76.07	
2.2 研发投入	65.98	2
2.2.1 R&D 内部经费占 GDP 的比重	48.82	
2.2.2 一般公共预算科学技术支出占 GDP 的比重	100.00	
2.2.3 高新区企业 R&D 经费内部支出占营业收入比重	49.13	
2.3 创新机构	16.02	22
2.3.1 文化机构	18.08	
2.3.2 国家重点实验室	1.11	
2.3.3 国家创新中心	28.87	
3.1 知识创造	36.78	14
3.1.1 每十万人发明专利授权数	27.37	
3.1.2 每十万人 WoS 论文数	30.34	
3.1.3 每亿元 R&D 内部经费支出所取得的发明专利授权数	25.12	
3.1.4 国际科研合作	64.27	
3.2 知识扩散	14.67	22
3.2.1 输出技术成交额占地区生产总值的比重	13.67	
3.2.2 吸纳技术成交额占地区生产总值的比重	13.67	
3.2.3 国家技术转移机构数	16.67	
4.1 创新经济效益	53.41	38
4.1.1 人均地区生产总值	56.36	

续表

合肥	得分	排名
4.1.2 贸易顺差(逆差)	79.22	
4.1.3 人均工业增加值	24.66	
4.2 数字创新活力	25.09	13
4.2.1 数字产业活力	22.15	
4.2.2 数字消费活力	13.63	
4.2.3 数字政务活力	15.00	
4.2.4 数字文化活力	49.57	
4.3 创新包容性	58.63	64
4.3.1 城镇登记失业率	45.71	
4.3.2 城乡居民人均可支配收入比	64.46	
4.3.3 平均房价与人均可支配收入比	65.72	
4.4 创新可持续性	60.80	67
4.4.1 单位 GDP 能耗	92.09	
4.4.2 废水废物处理能力	71.73	
4.4.3 空气质量指数	58.86	
4.4.4 园林绿化覆盖率	42.53	
4.4.5 货运碳排放量	38.78	
青岛	得分	排名
城市创新指数	33.29	16
1 基础设施	30.87	11
2 创新资源	25.11	29
3 创新过程	26.56	13
4 创新产出	49.96	39
1.1 数字基础	36.57	20
1.1.1 固网宽带应用渗透率	39.78	
1.1.2 移动网络应用渗透率	63.51	

青岛	得分	排名
1.1.3 车联网车辆接入数量	18.00	
1.1.4 工业互联网示范项目数量	25.00	
1.2 交通基础	29.31	8
1.2.1 公路单位里程运输量	2.31	
1.2.2 人均快递业务量	4.35	
1.2.3 城市物流仓储用地面积占城市建设用地总面积比重	64.44	
1.2.4 公共汽(电)车运输人次占总人口比重	46.16	
1.3 金融基础	35.90	22
1.3.1 年末金融机构人民币各项存款余额	10.26	
1.3.2 年末金融机构人民币各项贷款余额	23.94	
1.3.3 数字金融	73.49	
1.4 政策基础	21.08	14
1.4.1 政府社会资本合作环境	3.70	
1.4.2 政府文件	38.46	
2.1 人力资源	38.86	18
2.1.1 普通高等学校教育数量与质量	33.06	
2.1.2 中等职业学校教育数量与质量	41.81	
2.1.3 一般公共预算教育支出占 GDP 比重	12.45	
2.1.4 人才吸引力指数	53.10	
2.1.5 高新区企业 R&D 人员所占比重	53.89	
2.2 研发投入	28.63	37
2.2.1 R&D 内部经费占 GDP 的比重	33.40	
2.2.2 一般公共预算科学技术支出占 GDP 的比重	20.40	
2.2.3 高新区企业 R&D 经费内部支出占营业收入比重	32.10	
2.3 创新机构	9.97	43
2.3.1 文化机构	7.16	

续表

青岛	得分	排名
2.3.2 国家重点实验室	1.11	
2.3.3 国家创新中心	21.65	
3.1 知识创造	37.34	12
3.1.1 每十万人发明专利授权数	28.90	
3.1.2 每十万人 WoS 论文数	30.73	
3.1.3 每亿元 R&D 内部经费支出所取得的发明专利授权数	34.40	
3.1.4 国际科研合作	55.32	
3.2 知识扩散	15.98	19
3.2.1 输出技术成交额占地区生产总值的比重	12.85	
3.2.2 吸纳技术成交额占地区生产总值的比重	12.85	
3.2.3 国家技术转移机构数	22.22	
4.1 创新经济效益	63.68	22
4.1.1 人均地区生产总值	68.06	
4.1.2 贸易顺差(逆差)	83.43	
4.1.3 人均工业增加值	39.55	
4.2 数字创新活力	19.35	23
4.2.1 数字产业活力	14.82	
4.2.2 数字消费活力	13.54	
4.2.3 数字政务活力	18.28	
4.2.4 数字文化活力	30.75	
4.3 创新包容性	51.67	84
4.3.1 城镇登记失业率	47.62	
4.3.2 城乡居民人均可支配收入比	37.46	
4.3.3 平均房价与人均可支配收入比	69.94	
4.4 创新可持续性	65.42	38
4.4.1 单位 GDP 能耗	93.52	

续表

青岛	得分	排名
4.4.2 废水废物处理能力	74.05	
4.4.3 空气质量指数	60.76	
4.4.4 园林绿化覆盖率	38.55	
4.4.5 货运碳排放量	60.20	

厦门	得分	排名
城市创新指数	33.16	17
1 基础设施	26.95	23
2 创新资源	28.90	18
3 创新过程	22.82	21
4 创新产出	53.29	22
1.1 数字基础	35.37	22
1.1.1 固网宽带应用渗透率	55.29	
1.1.2 移动网络应用渗透率	64.71	
1.1.3 车联网车辆接入数量	9.00	
1.1.4 工业互联网示范项目数量	12.50	
1.2 交通基础	31.25	7
1.2.1 公路单位里程运输量	12.92	
1.2.2 人均快递业务量	8.88	
1.2.3 城市物流仓储用地面积占城市建设用地总面积比重	27.83	
1.2.4 公共汽(电)车运输人次占总人口比重	75.36	
1.3 金融基础	36.03	21
1.3.1 年末金融机构人民币各项存款余额	6.22	
1.3.2 年末金融机构人民币各项贷款余额	14.53	
1.3.3 数字金融	87.33	
1.4 政策基础	3.85	75
1.4.1 政府社会资本合作坏境	0.00	

续表

厦门	得分	排名
1.4.2 政府文件	7.69	
2.1 人力资源	40.94	14
2.1.1 普通高等学校教育数量与质量	30.03	
2.1.2 中等职业学校教育数量与质量	27.07	
2.1.3 一般公共预算教育支出占 GDP 比重	15.17	
2.1.4 人才吸引力指数	51.60	
2.1.5 高新区企业 R&D 人员所占比重	80.83	
2.2 研发投入	38.01	20
2.2.1 R&D 内部经费占 GDP 的比重	42.21	
2.2.2 一般公共预算科学技术支出占 GDP 的比重	37.49	
2.2.3 高新区企业 R&D 经费内部支出占营业收入比重	34.35	
2.3 创新机构	9.52	46
2.3.1 文化机构	10.37	
2.3.2 国家重点实验室	2.22	
2.3.3 国家创新中心	15.98	
3.1 知识创造	37.32	13
3.1.1 每十万人发明专利授权数	19.75	
3.1.2 每十万人 WoS 论文数	24.79	
3.1.3 每亿元 R&D 内部经费支出所取得的发明专利授权数	17.74	
3.1.4 国际科研合作	87.02	
3.2 知识扩散	8.58	59
3.2.1 输出技术成交额占地区生产总值的比重	10.09	
3.2.2 吸纳技术成交额占地区生产总值的比重	10.09	
3.2.3 国家技术转移机构数	5.56	
4.1 创新经济效益	63.74	21
4.1.1 人均地区生产总值	68.17	

续表

厦门	得分	排名
4.1.2 贸易顺差(逆差)	77.39	
4.1.3 人均工业增加值	45.67	
4.2 数字创新活力	36.28	6
4.2.1 数字产业活力	36.51	
4.2.2 数字消费活力	35.07	
4.2.3 数字政务活力	10.83	
4.2.4 数字文化活力	62.7	
4.3 创新包容性	30.17	105
4.3.1 城镇登记失业率	20.95	
4.3.2 城乡居民人均可支配收入比	41.68	
4.3.3 平均房价与人均可支配收入比	27.88	
4.4 创新可持续性	80.94	2
4.4.1 单位 GDP 能耗	89.01	
4.4.2 废水废物处理能力	83.32	
4.4.3 空气质量指数	93.29	
4.4.4 园林绿化覆盖率	59.48	
4.4.5 货运碳排放量	79.59	
无锡	**得分**	**排名**
城市创新指数	32.92	18
1 基础设施	23.34	30
2 创新资源	28.80	20
3 创新过程	16.42	43
4 创新产出	62.12	3
1.1 数字基础	37.50	17
1.1.1 固网宽带应用渗透率	59.42	
1.1.2 移动网络应用渗透率	65.06	

续表

无锡	得分	排名
1.1.3 车联网车辆接入数量	13.00	
1.1.4 工业互联网示范项目数量	12.50	
1.2 交通基础	13.32	52
1.2.1 公路单位里程运输量	5.03	
1.2.2 人均快递业务量	7.77	
1.2.3 城市物流仓储用地面积占城市建设用地总面积比重	23.13	
1.2.4 公共汽(电)车运输人次占总人口比重	17.35	
1.3 金融基础	37.07	20
1.3.1 年末金融机构人民币各项存款余额	9.73	
1.3.2 年末金融机构人民币各项贷款余额	17.57	
1.3.3 数字金融	83.91	
1.4 政策基础	4.30	68
1.4.1 政府社会资本合作环境	7.41	
1.4.2 政府文件	1.18	
2.1 人力资源	34.34	27
2.1.1 普通高等学校教育数量与质量	19.14	
2.1.2 中等职业学校教育数量与质量	43.76	
2.1.3 一般公共预算教育支出占 GDP 比重	1.99	
2.1.4 人才吸引力指数	53.10	
2.1.5 高新区企业 R&D 人员所占比重	53.70	
2.2 研发投入	29.28	33
2.2.1 R&D 内部经费占 GDP 的比重	43.59	
2.2.2 一般公共预算科学技术支出占 GDP 的比重	21.52	
2.2.3 高新区企业 R&D 经费内部支出占营业收入比重	22.73	
2.3 创新机构	23.67	9
2.3.1 文化机构	35.62	

续表

无锡	得分	排名
2.3.2 国家重点实验室	1.11	
2.3.3 国家创新中心	34.28	
3.1 知识创造	23.58	43
3.1.1 每十万人发明专利授权数	19.50	
3.1.2 每十万人 WoS 论文数	10.34	
3.1.3 每亿元 R&D 内部经费支出所取得的发明专利授权数	11.90	
3.1.4 国际科研合作	52.57	
3.2 知识扩散	9.39	50
3.2.1 输出技术成交额占地区生产总值的比重	11.31	
3.2.2 吸纳技术成交额占地区生产总值的比重	11.31	
3.2.3 国家技术转移机构数	5.56	
4.1 创新经济效益	91.44	2
4.1.1 人均地区生产总值	100.00	
4.1.2 贸易顺差（逆差）	81.71	
4.1.3 人均工业增加值	92.61	
4.2 数字创新活力	21.13	19
4.2.1 数字产业活力	3.61	
4.2.2 数字消费活力	23.80	
4.2.3 数字政务活力	5.46	
4.2.4 数字文化活力	51.65	
4.3 创新包容性	81.67	9
4.3.1 城镇登记失业率	87.30	
4.3.2 城乡居民人均可支配收入比	77.30	
4.3.3 平均房价与人均可支配收入比	80.39	
4.4 创新可持续性	57.12	84
4.4.1 单位 GDP 能耗	94.00	

续表

无锡	得分	排名
4.4.2 废水废物处理能力	77.75	
4.4.3 空气质量指数	51.11	
4.4.4 园林绿化覆盖率	49.45	
4.4.5 货运碳排放量	13.27	
济南	**得分**	**排名**
城市创新指数	32.43	19
1 基础设施	31.73	9
2 创新资源	28.88	19
3 创新过程	24.22	16
4 创新产出	44.32	70
1.1 数字基础	44.31	11
1.1.1 固网宽带应用渗透率	54.16	
1.1.2 移动网络应用渗透率	64.57	
1.1.3 车联网车辆接入数量	21.00	
1.1.4 工业互联网示范项目数量	37.50	
1.2 交通基础	19.55	24
1.2.1 公路单位里程运输量	1.90	
1.2.2 人均快递业务量	5.32	
1.2.3 城市物流仓储用地面积占城市建设用地总面积比重	30.34	
1.2.4 公共汽(电)车运输人次占总人口比重	40.63	
1.3 金融基础	33.81	26
1.3.1 年末金融机构人民币各项存款余额	10.76	
1.3.2 年末金融机构人民币各项贷款余额	23.31	
1.3.3 数字金融	67.37	
1.4 政策基础	28.65	9
1.4.1 政府社会资本合作环境	40.74	

续表

济南	得分	排名
1.4.2 政府文件	16.57	
2.1 人力资源	43.68	10
2.1.1 普通高等学校教育数量与质量	49.95	
2.1.2 中等职业学校教育数量与质量	40.46	
2.1.3 一般公共预算教育支出占 GDP 比重	8.69	
2.1.4 人才吸引力指数	52.20	
2.1.5 高新区企业 R&D 人员所占比重	67.12	
2.2 研发投入	28.71	35
2.2.1R&D 内部经费占 GDP 的比重	36.10	
2.2.2 一般公共预算科学技术支出占 GDP 的比重	21.24	
2.2.3 高新区企业 R&D 经费内部支出占营业收入比重	28.78	
2.3 创新机构	16.61	20
2.3.1 文化机构	32.66	
2.3.2 国家重点实验室	2.22	
2.3.3 国家创新中心	14.95	
3.1 知识创造	28.66	27
3.1.1 每十万人发明专利授权数	19.08	
3.1.2 每十万人 WoS 论文数	27.75	
3.1.3 每亿元 R&D 内部经费支出所取得的发明专利授权数	23.14	
3.1.4 国际科研合作	44.68	
3.2 知识扩散	19.85	15
3.2.1 输出技术成交额占地区生产总值的比重	19.60	
3.2.2 吸纳技术成交额占地区生产总值的比重	19.60	
3.2.3 国家技术转移机构数	20.37	
4.1 创新经济效益	54.73	34
4.1.1 人均地区生产总值	57.71	

续表

济南	得分	排名
4.1.2 贸易顺差（逆差）	76.83	
4.1.3 人均工业增加值	29.66	
4.2 数字创新活力	16.12	31
4.2.1 数字产业活力	8.45	
4.2.2 数字消费活力	12.52	
4.2.3 数字政务活力	10.53	
4.2.4 数字文化活力	32.97	
4.3 创新包容性	59.82	57
4.3.1 城镇登记失业率	79.37	
4.3.2 城乡居民人均可支配收入比	19.68	
4.3.3 平均房价与人均可支配收入比	80.42	
4.4 创新可持续性	48.08	103
4.4.1 单位 GDP 能耗	90.29	
4.4.2 废水废物处理能力	79.35	
4.4.3 空气质量指数	10.20	
4.4.4 园林绿化覆盖率	37.06	
4.4.5 货运碳排放量	23.47	
湖州	**得分**	**排名**
城市创新指数	31.75	20
1 基础设施	20.60	37
2 创新资源	27.87	22
3 创新过程	20.30	26
4 创新产出	57.48	10
1.1 数字基础	42.38	13
1.1.1 固网宽带应用渗透率	100.00	
1.1.2 移动网络应用渗透率	68.51	

湖州	得分	排名
1.1.3 车联网车辆接入数量	1.00	
1.1.4 工业互联网示范项目数量	0.00	
1.2 交通基础	6.34	100
1.2.1 公路单位里程运输量	3.86	
1.2.2 人均快递业务量	0.80	
1.2.3 城市物流仓储用地面积占城市建设用地总面积比重	11.14	
1.2.4 公共汽(电)车运输人次占总人口比重	9.56	
1.3 金融基础	30.28	34
1.3.1 年末金融机构人民币各项存款余额	2.49	
1.3.2 年末金融机构人民币各项贷款余额	6.07	
1.3.3 数字金融	82.26	
1.4 政策基础	1.85	92
1.4.1 政府社会资本合作环境	3.70	
1.4.2 政府文件	0.00	
2.1 人力资源	32.83	30
2.1.1 普通高等学校教育数量与质量	17.66	
2.1.2 中等职业学校教育数量与质量	38.98	
2.1.3 一般公共预算教育支出占 GDP 比重	17.09	
2.1.4 人才吸引力指数	37.60	
2.1.5 高新区企业 R&D 人员所占比重	52.79	
2.2 研发投入	36.15	22
2.2.1 R&D 内部经费占 GDP 的比重	42.73	
2.2.2 一般公共预算科学技术支出占 GDP 的比重	35.16	
2.2.3 高新区企业 R&D 经费内部支出占营业收入比重	30.57	
2.3 创新机构	15.29	23
2.3.1 文化机构	42.28	

续表

湖州	得分	排名
2.3.2 国家重点实验室	0.00	
2.3.3 国家创新中心	3.61	
3.1 知识创造	31.73	19
3.1.1 每十万人发明专利授权数	13.09	
3.1.2 每十万人 WoS 论文数	4.72	
3.1.3 每亿元 R&D 内部经费支出所取得的发明专利授权数	15.09	
3.1.4 国际科研合作	94.01	
3.2 知识扩散	9.07	53
3.2.1 输出技术成交额占地区生产总值的比重	10.83	
3.2.2 吸纳技术成交额占地区生产总值的比重	10.83	
3.2.3 国家技术转移机构数	5.56	
4.1 创新经济效益	60.54	27
4.1.1 人均地区生产总值	46.59	
4.1.2 贸易顺差(逆差)	81.16	
4.1.3 人均工业增加值	53.85	
4.2 数字创新活力	15.01	34
4.2.1 数字产业活力	4.85	
4.2.2 数字消费活力	15.89	
4.2.3 数字政务活力	3.37	
4.2.4 数字文化活力	35.91	
4.3 创新包容性	91.09	1
4.3.1 城镇登记失业率	95.24	
4.3.2 城乡居民人均可支配收入比	88.28	
4.3.3 平均房价与人均可支配收入比	89.75	
4.4 创新可持续性	65.62	35
4.4.1 单位 GDP 能耗	93.45	

续表

湖州	得分	排名
4.4.2 废水废物处理能力	74.56	
4.4.3 空气质量指数	63.05	
4.4.4 园林绿化覆盖率	63.37	
4.4.5 货运碳排放量	33.67	

佛山	得分	排名
城市创新指数	30.71	21
1 基础设施	19.49	42
2 创新资源	24.56	34
3 创新过程	18.83	30
4 创新产出	59.08	7
1.1 数字基础	21.67	73
1.1.1 固网宽带应用渗透率	15.46	
1.1.2 移动网络应用渗透率	63.21	
1.1.3 车联网车辆接入数量	8.00	
1.1.4 工业互联网示范项目数量	0.00	
1.2 交通基础	13.95	48
1.2.1 公路单位里程运输量	5.20	
1.2.2 人均快递业务量	7.67	
1.2.3 城市物流仓储用地面积占城市建设用地总面积比重	19.43	
1.2.4 公共汽(电)车运输人次占总人口比重	23.49	
1.3 金融基础	38.95	16
1.3.1 年末金融机构人民币各项存款余额	9.68	
1.3.2 年末金融机构人民币各项贷款余额	16.62	
1.3.3 数字金融	90.56	
1.4 政策基础	2.96	83
1.4.1 政府社会资本合作环境	0.00	

续表

佛山	得分	排名
1.4.2 政府文件	5.92	
2.1 人力资源	28.05	53
2.1.1 普通高等学校教育数量与质量	4.72	
2.1.2 中等职业学校教育数量与质量	31.20	
2.1.3 一般公共预算教育支出占 GDP 比重	1.25	
2.1.4 人才吸引力指数	52.90	
2.1.5 高新区企业 R&D 人员所占比重	50.19	
2.2 研发投入	39.09	17
2.2.1 R&D 内部经费占 GDP 的比重	36.81	
2.2.2 一般公共预算科学技术支出占 GDP 的比重	56.19	
2.2.3 高新区企业 R&D 经费内部支出占营业收入比重	24.28	
2.3 创新机构	6.90	66
2.3.1 文化机构	11.93	
2.3.2 国家重点实验室	0.00	
2.3.3 国家创新中心	8.76	
3.1 知识创造	26.25	34
3.1.1 每十万人发明专利授权数	19.81	
3.1.2 每十万人 WoS 论文数	2.87	
3.1.3 每亿元 R&D 内部经费支出所取得的发明专利授权数	22.68	
3.1.4 国际科研合作	59.64	
3.2 知识扩散	11.55	31
3.2.1 输出技术成交额占地区生产总值的比重	16.39	
3.2.2 吸纳技术成交额占地区生产总值的比重	16.39	
3.2.3 国家技术转移机构数	1.85	
4.1 创新经济效益	78.38	8
4.1.1 人均地区生产总值	60.71	

佛山	得分	排名
4.1.2 贸易顺差(逆差)	93.66	
4.1.3 人均工业增加值	80.77	
4.2 数字创新活力	18.26	27
4.2.1 数字产业活力	4.67	
4.2.2 数字消费活力	19.96	
4.2.3 数字政务活力	7.55	
4.2.4 数字文化活力	40.87	
4.3 创新包容性	77.69	16
4.3.1 城镇登记失业率	64.13	
4.3.2 城乡居民人均可支配收入比	83.96	
4.3.3 平均房价与人均可支配收入比	84.99	
4.4 创新可持续性	64.04	47
4.4.1 单位 GDP 能耗	60.71	
4.4.2 废水废物处理能力	85.07	
4.4.3 空气质量指数	74.70	
4.4.4 园林绿化覆盖率	59.91	
4.4.5 货运碳排放量	39.80	
沈阳	得分	排名
城市创新指数	30.64	22
1 基础设施	29.25	17
2 创新资源	26.42	25
3 创新过程	23.28	19
4 创新产出	43.06	80
1.1 数字基础	29.68	34
1.1.1 固网宽带应用渗透率	16.93	
1.1.2 移动网络应用渗透率	73.27	

续表

沈阳	得分	排名
1.1.3 车联网车辆接入数量	16.00	
1.1.4 工业互联网示范项目数量	12.50	
1.2 交通基础	25.18	13
1.2.1 公路单位里程运输量	3.40	
1.2.2 人均快递业务量	4.26	
1.2.3 城市物流仓储用地面积占城市建设用地总面积比重	39.80	
1.2.4 公共汽(电)车运输人次占总人口比重	53.28	
1.3 金融基础	33.54	28
1.3.1 年末金融机构人民币各项存款余额	9.95	
1.3.2 年末金融机构人民币各项贷款余额	21.09	
1.3.3 数字金融	69.59	
1.4 政策基础	28.64	10
1.4.1 政府社会资本合作环境	25.93	
1.4.2 政府文件	31.36	
2.1 人力资源	35.45	24
2.1.1 普通高等学校教育数量与质量	38.05	
2.1.2 中等职业学校教育数量与质量	39.10	
2.1.3 一般公共预算教育支出占 GDP 比重	4.89	
2.1.4 人才吸引力指数	32.70	
2.1.5 高新区企业 R&D 人员所占比重	62.52	
2.2 研发投入	27.68	41
2.2.1 R&D 内部经费占 GDP 的比重	40.59	
2.2.2 一般公共预算科学技术支出占 GDP 的比重	18.20	
2.2.3 高新区企业 R&D 经费内部支出占营业收入比重	24.24	
2.3 创新机构	17.54	18
2.3.1 文化机构	14.25	

续表

沈阳	得分	排名
2.3.2 国家重点实验室	6.67	
2.3.3 国家创新中心	31.70	
3.1 知识创造	24.76	39
3.1.1 每十万人发明专利授权数	12.92	
3.1.2 每十万人 WoS 论文数	23.72	
3.1.3 每亿元 R&D 内部经费支出所取得的发明专利授权数	21.46	
3.1.4 国际科研合作	40.95	
3.2 知识扩散	21.83	13
3.2.1 输出技术成交额占地区生产总值的比重	26.26	
3.2.2 吸纳技术成交额占地区生产总值的比重	26.26	
3.2.3 国家技术转移机构数	12.96	
4.1 创新经济效益	41.45	76
4.1.1 人均地区生产总值	31.39	
4.1.2 贸易顺差(逆差)	73.51	
4.1.3 人均工业增加值	19.45	
4.2 数字创新活力	15.19	33
4.2.1 数字产业活力	7.01	
4.2.2 数字消费活力	9.46	
4.2.3 数字政务活力	5.76	
4.2.4 数字文化活力	38.52	
4.3 创新包容性	54.31	76
4.3.1 城镇登记失业率	44.44	
4.3.2 城乡居民人均可支配收入比	33.42	
4.3.3 平均房价与人均可支配收入比	85.06	
4.4 创新可持续性	61.51	61
4.4.1 单位 GDP 能耗	83.01	

续表

沈阳	得分	排名
4.4.2 废水废物处理能力	77.86	
4.4.3 空气质量指数	44.47	
4.4.4 园林绿化覆盖率	36.92	
4.4.5 货运碳排放量	65.31	
大连	**得分**	**排名**
城市创新指数	30.49	23
1 基础设施	30.02	16
2 创新资源	20.70	48
3 创新过程	22.30	23
4 创新产出	48.13	51
1.1 数字基础	20.02	81
1.1.1 固网宽带应用渗透率	14.18	
1.1.2 移动网络应用渗透率	59.91	
1.1.3 车联网车辆接入数量	6.00	
1.1.4 工业互联网示范项目数量	0.00	
1.2 交通基础	26.02	12
1.2.1 公路单位里程运输量	3.00	
1.2.2 人均快递业务量	2.01	
1.2.3 城市物流仓储用地面积占城市建设用地总面积比重	42.95	
1.2.4 公共汽(电)车运输人次占总人口比重	56.13	
1.3 金融基础	35.65	23
1.3.1 年末金融机构人民币各项存款余额	7.86	
1.3.2 年末金融机构人民币各项贷款余额	14.46	
1.3.3 数字金融	84.64	
1.4 政策基础	39.39	6
1.4.1 政府社会资本合作环境	59.26	

续表

大连	得分	排名
1.4.2 政府文件	19.53	
2.1 人力资源	27.82	54
2.1.1 普通高等学校教育数量与质量	34.66	
2.1.2 中等职业学校教育数量与质量	32.72	
2.1.3 一般公共预算教育支出占 GDP 比重	2.81	
2.1.4 人才吸引力指数	33.60	
2.1.5 高新区企业 R&D 人员所占比重	35.31	
2.2 研发投入	24.41	52
2.2.1 R&D 内部经费占 GDP 的比重	40.75	
2.2.2 一般公共预算科学技术支出占 GDP 的比重	17.19	
2.2.3 高新区企业 R&D 经费内部支出占营业收入比重	15.28	
2.3 创新机构	10.95	34
2.3.1 文化机构	20.60	
2.3.2 国家重点实验室	5.56	
2.3.3 国家创新中心	6.70	
3.1 知识创造	27.72	32
3.1.1 每十万人发明专利授权数	13.02	
3.1.2 每十万人 WoS 论文数	25.22	
3.1.3 每亿元 R&D 内部经费支出所取得的发明专利授权数	15.96	
3.1.4 国际科研合作	56.67	
3.2 知识扩散	16.98	17
3.2.1 输出技术成交额占地区生产总值的比重	19.92	
3.2.2 吸纳技术成交额占地区生产总值的比重	19.92	
3.2.3 国家技术转移机构数	11.11	
4.1 创新经济效益	52.41	42
4.1.1 人均地区生产总值	45.92	

续表

大连	得分	排名
4.1.2 贸易顺差（逆差）	73.34	
4.1.3 人均工业增加值	37.96	
4.2 数字创新活力	14.38	36
4.2.1 数字产业活力	8.13	
4.2.2 数字消费活力	8.38	
4.2.3 数字政务活力	4.56	
4.2.4 数字文化活力	36.45	
4.3 创新包容性	52.75	81
4.3.1 城镇登记失业率	34.92	
4.3.2 城乡居民人均可支配收入比	49.38	
4.3.3 平均房价与人均可支配收入比	73.94	
4.4 创新可持续性	72.79	17
4.4.1 单位 GDP 能耗	65.04	
4.4.2 废水废物处理能力	77.03	
4.4.3 空气质量指数	70.39	
4.4.4 园林绿化覆盖率	58.62	
4.4.5 货运碳排放量	92.86	
温州	**得分**	**排名**
城市创新指数	30.22	24
1 基础设施	22.01	34
2 创新资源	22.44	40
3 创新过程	23.81	17
4 创新产出	51.96	24
1.1 数字基础	27.48	49
1.1.1 固网宽带应用渗透率	42.31	
1.1.2 移动网络应用渗透率	63.59	

温州	得分	排名
1.1.3 车联网车辆接入数量	4.00	
1.1.4 工业互联网示范项目数量	0.00	
1.2 交通基础	17.35	36
1.2.1 公路单位里程运输量	5.03	
1.2.2 人均快递业务量	10.93	
1.2.3 城市物流仓储用地面积占城市建设用地总面积比重	42.93	
1.2.4 公共汽(电)车运输人次占总人口比重	10.52	
1.3 金融基础	37.90	18
1.3.1 年末金融机构人民币各项存款余额	7.60	
1.3.2 年末金融机构人民币各项贷款余额	15.63	
1.3.3 数字金融	90.48	
1.4 政策基础	4.59	65
1.4.1 政府社会资本合作环境	7.41	
1.4.2 政府文件	1.78	
2.1 人力资源	31.53	37
2.1.1 普通高等学校教育数量与质量	17.67	
2.1.2 中等职业学校教育数量与质量	32.97	
2.1.3 一般公共预算教育支出占 GDP 比重	25.99	
2.1.4 人才吸引力指数	39.20	
2.1.5 高新区企业 R&D 人员所占比重	41.80	
2.2 研发投入	27.04	43
2.2.1 R&D 内部经费占 GDP 的比重	31.56	
2.2.2 一般公共预算科学技术支出占 GDP 的比重	22.08	
2.2.3 高新区企业 R&D 经费内部支出占营业收入比重	27.50	
2.3 创新机构	10.14	41
2.3.1 文化机构	26.81	

续表

温州	得分	排名
2.3.2 国家重点实验室	0.00	
2.3.3 国家创新中心	3.61	
3.1 知识创造	36.24	15
3.1.1 每十万人发明专利授权数	25.25	
3.1.2 每十万人 WoS 论文数	5.86	
3.1.3 每亿元 R&D 内部经费支出所取得的发明专利授权数	56.11	
3.1.4 国际科研合作	57.73	
3.2 知识扩散	11.60	30
3.2.1 输出技术成交额占地区生产总值的比重	16.48	
3.2.2 吸纳技术成交额占地区生产总值的比重	16.48	
3.2.3 国家技术转移机构数	1.85	
4.1 创新经济效益	46.70	60
4.1.1 人均地区生产总值	28.50	
4.1.2 贸易顺差（逆差）	84.71	
4.1.3 人均工业增加值	26.90	
4.2 数字创新活力	18.45	26
4.2.1 数字产业活力	24.18	
4.2.2 数字消费活力	16.33	
4.2.3 数字政务活力	5.16	
4.2.4 数字文化活力	28.12	
4.3 创新包容性	74.73	26
4.3.1 城镇登记失业率	86.03	
4.3.2 城乡居民人均可支配收入比	66.68	
4.3.3 平均房价与人均可支配收入比	71.47	
4.4 创新可持续性	68.91	24
4.4.1 单位 GDP 能耗	92.74	

续表

温州	得分	排名
4.4.2 废水废物处理能力	73.64	
4.4.3 空气质量指数	82.03	
4.4.4 园林绿化覆盖率	22.66	
4.4.5 货运碳排放量	73.47	
芜湖	**得分**	**排名**
城市创新指数	30.14	25
1 基础设施	14.13	76
2 创新资源	34.16	12
3 创新过程	20.18	27
4 创新产出	51.76	29
1.1 数字基础	23.89	62
1.1.1 固网宽带应用渗透率	37.96	
1.1.2 移动网络应用渗透率	54.59	
1.1.3 车联网车辆接入数量	3.00	
1.1.4 工业互联网示范项目数量	0.00	
1.2 交通基础	10.49	75
1.2.1 公路单位里程运输量	1.01	
1.2.2 人均快递业务量	5.03	
1.2.3 城市物流仓储用地面积占城市建设用地总面积比重	20.73	
1.2.4 公共汽(电)车运输人次占总人口比重	15.19	
1.3 金融基础	15.21	72
1.3.1 年末金融机构人民币各项存款余额	1.82	
1.3.2 年末金融机构人民币各项贷款余额	3.79	
1.3.3 数字金融	40.03	
1.4 政策基础	6.15	51
1.4.1 政府社会资本合作坏境	11.11	

续表

芜湖	得分	排名
1.4.2 政府文件	1.18	
2.1 人力资源	35.93	23
2.1.1 普通高等学校教育数量与质量	28.12	
2.1.2 中等职业学校教育数量与质量	33.41	
2.1.3 一般公共预算教育支出占 GDP 比重	10.04	
2.1.4 人才吸引力指数	28.90	
2.1.5 高新区企业 R&D 人员所占比重	79.17	
2.2 研发投入	58.93	4
2.2.1R&D 内部经费占 GDP 的比重	46.27	
2.2.2 一般公共预算科学技术支出占 GDP 的比重	88.91	
2.2.3 高新区企业 R&D 经费内部支出占营业收入比重	41.61	
2.3 创新机构	7.55	60
2.3.1 文化机构	14.41	
2.3.2 国家重点实验室	0.00	
2.3.3 国家创新中心	8.25	
3.1 知识创造	26.15	35
3.1.1 每十万人发明专利授权数	27.99	
3.1.2 每十万人 WoS 论文数	6.59	
3.1.3 每亿元 R&D 内部经费支出所取得的发明专利授权数	28.52	
3.1.4 国际科研合作	41.50	
3.2 知识扩散	14.31	27
3.2.1 输出技术成交额占地区生产总值的比重	20.54	
3.2.2 吸纳技术成交额占地区生产总值的比重	20.54	
3.2.3 国家技术转移机构数	1.85	
4.1 创新经济效益	59.19	28
4.1.1 人均地区生产总值	52.21	

芜湖	得分	排名
4.1.2 贸易顺差（逆差）	76.62	
4.1.3 人均工业增加值	48.74	
4.2 数字创新活力	11.77	48
4.2.1 数字产业活力	9.24	
4.2.2 数字消费活力	8.39	
4.2.3 数字政务活力	3.07	
4.2.4 数字文化活力	26.39	
4.3 创新包容性	74.86	25
4.3.1 城镇登记失业率	62.22	
4.3.2 城乡居民人均可支配收入比	78.82	
4.3.3 平均房价与人均可支配收入比	83.54	
4.4 创新可持续性	62.92	54
4.4.1 单位 GDP 能耗	90.05	
4.4.2 废水废物处理能力	66.32	
4.4.3 空气质量指数	64.26	
4.4.4 园林绿化覆盖率	37.83	
4.4.5 货运碳排放量	56.12	
福州	得分	排名
城市创新指数	30.05	26
1 基础设施	24.46	28
2 创新资源	25.31	28
3 创新过程	17.69	36
4 创新产出	51.94	25
1.1 数字基础	31.94	28
1.1.1 固网宽带应用渗透率	48.91	
1.1.2 移动网络应用渗透率	59.34	

续表

福州	得分	排名
1.1.3 车联网车辆接入数量	7.00	
1.1.4 工业互联网示范项目数量	12.50	
1.2 交通基础	11.79	65
1.2.1 公路单位里程运输量	3.94	
1.2.2 人均快递业务量	4.13	
1.2.3 城市物流仓储用地面积占城市建设用地总面积比重	14.55	
1.2.4 公共汽(电)车运输人次占总人口比重	24.54	
1.3 金融基础	37.88	19
1.3.1 年末金融机构人民币各项存款余额	8.90	
1.3.2 年末金融机构人民币各项贷款余额	22.81	
1.3.3 数字金融	81.92	
1.4 政策基础	15.84	20
1.4.1 政府社会资本合作环境	22.22	
1.4.2 政府文件	9.47	
2.1 人力资源	35.05	25
2.1.1 普通高等学校教育数量与质量	35.66	
2.1.2 中等职业学校教育数量与质量	29.95	
2.1.3 一般公共预算教育支出占 GDP 比重	5.13	
2.1.4 人才吸引力指数	36.90	
2.1.5 高新区企业 R&D 人员所占比重	67.64	
2.2 研发投入	31.70	29
2.2.1 R&D 内部经费占 GDP 的比重	31.49	
2.2.2 一般公共预算科学技术支出占 GDP 的比重	23.86	
2.2.3 高新区企业 R&D 经费内部支出占营业收入比重	39.76	
2.3 创新机构	10.63	35
2.3.1 文化机构	24.60	

福州	得分	排名
2.3.2 国家重点实验室	1.11	
2.3.3 国家创新中心	6.19	
3.1 知识创造	28.81	26
3.1.1 每十万人发明专利授权数	13.42	
3.1.2 每十万人 WoS 论文数	18.23	
3.1.3 每亿元 R&D 内部经费支出所取得的发明专利授权数	16.64	
3.1.4 国际科研合作	66.94	
3.2 知识扩散	6.78	68
3.2.1 输出技术成交额占地区生产总值的比重	2.76	
3.2.2 吸纳技术成交额占地区生产总值的比重	2.76	
3.2.3 国家技术转移机构数	14.81	
4.1 创新经济效益	61.53	26
4.1.1 人均地区生产总值	65.93	
4.1.2 贸易顺差(逆差)	81.89	
4.1.3 人均工业增加值	36.79	
4.2 数字创新活力	16.24	30
4.2.1 数字产业活力	10.49	
4.2.2 数字消费活力	12.13	
4.2.3 数字政务活力	7.25	
4.2.4 数字文化活力	35.09	
4.3 创新包容性	50.69	88
4.3.1 城镇登记失业率	47.62	
4.3.2 城乡居民人均可支配收入比	51.04	
4.3.3 平均房价与人均可支配收入比	53.40	
4.4 创新可持续性	78.84	5
4.4.1 单位 GDP 能耗	96.46	

续表

福州	得分	排名
4.4.2 废水废物处理能力	67.25	
4.4.3 空气质量指数	92.02	
4.4.4 园林绿化覆盖率	58.91	
4.4.5 货运碳排放量	79.59	
长春	得分	排名
城市创新指数	29.75	27
1 基础设施	20.21	39
2 创新资源	14.24	90
3 创新过程	40.50	5
4 创新产出	43.92	76
1.1 数字基础	38.67	16
1.1.1 固网宽带应用渗透率	82.21	
1.1.2 移动网络应用渗透率	60.45	
1.1.3 车联网车辆接入数量	12.00	
1.1.4 工业互联网示范项目数量	0.00	
1.2 交通基础	19.63	23
1.2.1 公路单位里程运输量	1.11	
1.2.2 人均快递业务量	1.87	
1.2.3 城市物流仓储用地面积占城市建设用地总面积比重	38.57	
1.2.4 公共汽(电)车运输人次占总人口比重	36.98	
1.3 金融基础	19.64	56
1.3.1 年末金融机构人民币各项存款余额	7.11	
1.3.2 年末金融机构人民币各项贷款余额	16.83	
1.3.3 数字金融	34.97	
1.4 政策基础	1.18	96
1.4.1 政府社会资本合作环境	0.00	

长春	得分	排名
1.4.2 政府文件	2.37	
2.1 人力资源	23.02	81
2.1.1 普通高等学校教育数量与质量	39.81	
2.1.2 中等职业学校教育数量与质量	33.45	
2.1.3 一般公共预算教育支出占 GDP 比重	11.95	
2.1.4 人才吸引力指数	12.25	
2.1.5 高新区企业 R&D 人员所占比重	17.62	
2.2 研发投入	10.19	95
2.2.1 R&D 内部经费占 GDP 的比重	8.51	
2.2.2 一般公共预算科学技术支出占 GDP 的比重	14.12	
2.2.3 高新区企业 R&D 经费内部支出占营业收入比重	7.94	
2.3 创新机构	10.97	33
2.3.1 文化机构	16.05	
2.3.2 国家重点实验室	12.22	
2.3.3 国家创新中心	4.64	
3.1 知识创造	46.40	6
3.1.1 每十万人发明专利授权数	12.58	
3.1.2 每十万人 WoS 论文数	25.42	
3.1.3 每亿元 R&D 内部经费支出所取得的发明专利授权数	100.00	
3.1.4 国际科研合作	47.59	
3.2 知识扩散	34.70	6
3.2.1 输出技术成交额占地区生产总值的比重	42.79	
3.2.2 吸纳技术成交额占地区生产总值的比重	42.79	
3.2.3 国家技术转移机构数	18.52	
4.1 创新经济效益	44.92	67
4.1.1 人均地区生产总值	32.96	

续表

长春	得分	排名
4.1.2 贸易顺差（逆差）	71.99	
4.1.3 人均工业增加值	29.83	
4.2 数字创新活力	13.13	44
4.2.1 数字产业活力	7.57	
4.2.2 数字消费活力	6.49	
4.2.3 数字政务活力	3.07	
4.2.4 数字文化活力	35.39	
4.3 创新包容性	52.77	79
4.3.1 城镇登记失业率	37.14	
4.3.2 城乡居民人均可支配收入比	34.49	
4.3.3 平均房价与人均可支配收入比	86.68	
4.4 创新可持续性	64.95	44
4.4.1 单位 GDP 能耗	89.99	
4.4.2 废水废物处理能力	61.12	
4.4.3 空气质量指数	55.44	
4.4.4 园林绿化覆盖率	41.67	
4.4.5 货运碳排放量	76.53	
郑州	得分	排名
城市创新指数	29.55	28
1 基础设施	27.76	20
2 创新资源	24.00	37
3 创新过程	14.30	50
4 创新产出	51.15	31
1.1 数字基础	28.78	39
1.1.1 固网宽带应用渗透率	0.00	
1.1.2 移动网络应用渗透率	70.13	

郑州	得分	排名
1.1.3 车联网车辆接入数量	20.00	
1.1.4 工业互联网示范项目数量	25.00	
1.2 交通基础	21.23	20
1.2.1 公路单位里程运输量	3.08	
1.2.2 人均快递业务量	6.64	
1.2.3 城市物流仓储用地面积占城市建设用地总面积比重	44.19	
1.2.4 公共汽(电)车运输人次占总人口比重	31.00	
1.3 金融基础	39.12	15
1.3.1 年末金融机构人民币各项存款余额	13.14	
1.3.2 年末金融机构人民币各项贷款余额	34.23	
1.3.3 数字金融	70.00	
1.4 政策基础	21.85	13
1.4.1 政府社会资本合作环境	40.74	
1.4.2 政府文件	2.96	
2.1 人力资源	39.26	17
2.1.1 普通高等学校教育数量与质量	53.77	
2.1.2 中等职业学校教育数量与质量	53.97	
2.1.3 一般公共预算教育支出占 GDP 比重	7.53	
2.1.4 人才吸引力指数	49.00	
2.1.5 高新区企业 R&D 人员所占比重	32.05	
2.2 研发投入	25.95	46
2.2.1 R&D 内部经费占 GDP 的比重	31.69	
2.2.2 一般公共预算科学技术支出占 GDP 的比重	33.00	
2.2.3 高新区企业 R&D 经费内部支出占营业收入比重	13.17	
2.3 创新机构	9.19	49
2.3.1 文化机构	15.71	

续表

郑州	得分	排名
2.3.2 国家重点实验室	0.00	
2.3.3 国家创新中心	11.86	
3.1 知识创造	23.12	44
3.1.1 每十万人发明专利授权数	10.84	
3.1.2 每十万人 WoS 论文数	17.02	
3.1.3 每亿元 R&D 内部经费支出所取得的发明专利授权数	17.26	
3.1.4 国际科研合作	47.34	
3.2 知识扩散	5.65	78
3.2.1 输出技术成交额占地区生产总值的比重	3.85	
3.2.2 吸纳技术成交额占地区生产总值的比重	3.85	
3.2.3 国家技术转移机构数	9.26	
4.1 创新经济效益	52.37	44
4.1.1 人均地区生产总值	47.02	
4.1.2 贸易顺差(逆差)	81.34	
4.1.3 人均工业增加值	28.75	
4.2 数字创新活力	23.29	15
4.2.1 数字产业活力	4.44	
4.2.2 数字消费活力	28.14	
4.2.3 数字政务活力	8.44	
4.2.4 数字文化活力	52.15	
4.3 创新包容性	79.54	13
4.3.1 城镇登记失业率	81.59	
4.3.2 城乡居民人均可支配收入比	83.04	
4.3.3 平均房价与人均可支配收入比	74.00	
4.4 创新可持续性	51.50	97
4.4.1 单位 GDP 能耗	93.15	

郑州	得分	排名
4.4.2 废水废物处理能力	75.64	
4.4.3 空气质量指数	10.76	
4.4.4 园林绿化覆盖率	40.18	
4.4.5 货运碳排放量	37.76	
太原	**得分**	**排名**
城市创新指数	29.43	29
1 基础设施	29.03	19
2 创新资源	22.98	39
3 创新过程	15.98	45
4 创新产出	48.80	45
1.1 数字基础	45.76	9
1.1.1 固网宽带应用渗透率	50.82	
1.1.2 移动网络应用渗透率	94.23	
1.1.3 车联网车辆接入数量	13.00	
1.1.4 工业互联网示范项目数量	25.00	
1.2 交通基础	24.90	14
1.2.1 公路单位里程运输量	0.00	
1.2.2 人均快递业务量	3.13	
1.2.3 城市物流仓储用地面积占城市建设用地总面积比重	68.59	
1.2.4 公共汽(电)车运输人次占总人口比重	27.87	
1.3 金融基础	30.64	33
1.3.1 年末金融机构人民币各项存款余额	7.14	
1.3.2 年末金融机构人民币各项贷款余额	17.20	
1.3.3 数字金融	67.58	
1.4 政策基础	13.40	27
1.4.1 政府社会资本合作环境	18.52	

续表

太原	得分	排名
1.4.2 政府文件	8.28	
2.1 人力资源	31.98	33
2.1.1 普通高等学校教育数量与质量	53.54	
2.1.2 中等职业学校教育数量与质量	41.71	
2.1.3 一般公共预算教育支出占 GDP 比重	10.58	
2.1.4 人才吸引力指数	30.10	
2.1.5 高新区企业 R&D 人员所占比重	23.97	
2.2 研发投入	28.64	36
2.2.1R&D 内部经费占 GDP 的比重	30.12	
2.2.2 一般公共预算科学技术支出占 GDP 的比重	49.79	
2.2.3 高新区企业 R&D 经费内部支出占营业收入比重	6.01	
2.3 创新机构	9.67	45
2.3.1 文化机构	18.03	
2.3.2 国家重点实验室	2.22	
2.3.3 国家创新中心	8.76	
3.1 知识创造	28.2	29
3.1.1 每十万人发明专利授权数	13.9	
3.1.2 每十万人 WoS 论文数	21.98	
3.1.3 每亿元 R&D 内部经费支出所取得的发明专利授权数	29.37	
3.1.4 国际科研合作	47.57	
3.2 知识扩散	3.98	83
3.2.1 输出技术成交额占地区生产总值的比重	1.34	
3.2.2 吸纳技术成交额占地区生产总值的比重	1.34	
3.2.3 国家技术转移机构数	9.26	
4.1 创新经济效益	44.33	68
4.1.1 人均地区生产总值	33.79	

续表

太原	得分	排名
4.1.2 贸易顺差(逆差)	77.43	
4.1.3 人均工业增加值	21.77	
4.2 数字创新活力	20.91	20
4.2.1 数字产业活力	18.48	
4.2.2 数字消费活力	9.53	
4.2.3 数字政务活力	4.26	
4.2.4 数字文化活力	51.37	
4.3 创新包容性	65.04	45
4.3.1 城镇登记失业率	42.22	
4.3.2 城乡居民人均可支配收入比	69.40	
4.3.3 平均房价与人均可支配收入比	83.49	
4.4 创新可持续性	65.42	38
4.4.1 单位 GDP 能耗	84.11	
4.4.2 废水废物处理能力	100.00	
4.4.3 空气质量指数	10.01	
4.4.4 园林绿化覆盖率	64.62	
4.4.5 货运碳排放量	68.37	
重庆	得分	排名
城市创新指数	29.24	30
1 基础设施	38.49	5
2 创新资源	23.06	38
3 创新过程	13.88	53
4 创新产出	40.49	90
1.1 数字基础	34.00	23
1.1.1 固网宽带应用渗透率	33.64	
1.1.2 移动网络应用渗透率	56.37	

续表

重庆	得分	排名
1.1.3 车联网车辆接入数量	21.00	
1.1.4 工业互联网示范项目数量	25.00	
1.2 交通基础	13.44	51
1.2.1 公路单位里程运输量	1.42	
1.2.2 人均快递业务量	1.58	
1.2.3 城市物流仓储用地面积占城市建设用地总面积比重	24.11	
1.2.4 公共汽(电)车运输人次占总人口比重	26.66	
1.3 金融基础	39.18	14
1.3.1 年末金融机构人民币各项存款余额	22.19	
1.3.2 年末金融机构人民币各项贷款余额	49.89	
1.3.3 数字金融	45.46	
1.4 政策基础	69.13	1
1.4.1 政府社会资本合作环境	66.67	
1.4.2 政府文件	71.60	
2.1 人力资源	34.66	26
2.1.1 普通高等学校教育数量与质量	24.80	
2.1.2 中等职业学校教育数量与质量	28.13	
2.1.3 一般公共预算教育支出占 GDP 比重	23.05	
2.1.4 人才吸引力指数	52.60	
2.1.5 高新区企业 R&D 人员所占比重	44.70	
2.2 研发投入	22.99	57
2.2.1 R&D 内部经费占 GDP 的比重	28.89	
2.2.2 一般公共预算科学技术支出占 GDP 的比重	17.44	
2.2.3 高新区企业 R&D 经费内部支出占营业收入比重	22.64	
2.3 创新机构	13.39	28
2.3.1 文化机构	13.32	

续表

重庆	得分	排名
2.3.2 国家重点实验室	7.78	
2.3.3 国家创新中心	19.07	
3.1 知识创造	21.13	50
3.1.1 每十万人发明专利授权数	7.39	
3.1.2 每十万人 WoS 论文数	8.71	
3.1.3 每亿元 R&D 内部经费支出所取得的发明专利授权数	16.14	
3.1.4 国际科研合作	52.29	
3.2 知识扩散	6.75	69
3.2.1 输出技术成交额占地区生产总值的比重	2.72	
3.2.2 吸纳技术成交额占地区生产总值的比重	2.72	
3.2.3 国家技术转移机构数	14.81	
4.1 创新经济效益	47.95	56
4.1.1 人均地区生产总值	33.37	
4.1.2 贸易顺差（逆差）	86.32	
4.1.3 人均工业增加值	24.17	
4.2 数字创新活力	19.82	22
4.2.1 数字产业活力	12.50	
4.2.2 数字消费活力	6.05	
4.2.3 数字政务活力	35.58	
4.2.4 数字文化活力	25.15	
4.3 创新包容性	36.32	101
4.3.1 城镇登记失业率	0.00	
4.3.2 城乡居民人均可支配收入比	31.56	
4.3.3 平均房价与人均可支配收入比	77.40	
4.4 创新可持续性	57.39	82
4.4.1 单位 GDP 能耗	87.95	

续表

重庆	得分	排名
4.4.2 废水废物处理能力	23.89	
4.4.3 空气质量指数	68.29	
4.4.4 园林绿化覆盖率	47.62	
4.4.5 货运碳排放量	59.18	

常州	得分	排名
城市创新指数	29.15	31
1 基础设施	21.75	35
2 创新资源	20.53	49
3 创新过程	14.09	51
4 创新产出	59.09	6
1.1 数字基础	35.72	21
1.1.1 固网宽带应用渗透率	59.61	
1.1.2 移动网络应用渗透率	63.76	
1.1.3 车联网车辆接入数量	7.00	
1.1.4 工业互联网示范项目数量	12.50	
1.2 交通基础	12.43	57
1.2.1 公路单位里程运输量	3.07	
1.2.2 人均快递业务量	4.60	
1.2.3 城市物流仓储用地面积占城市建设用地总面积比重	26.89	
1.2.4 公共汽(电)车运输人次占总人口比重	15.17	
1.3 金融基础	33.69	27
1.3.1 年末金融机构人民币各项存款余额	6.03	
1.3.2 年末金融机构人民币各项贷款余额	11.44	
1.3.3 数字金融	83.60	
1.4 政策基础	4.00	71
1.4.1 政府社会资本合作环境	7.41	

续表

常州	得分	排名
1.4.2 政府文件	0.59	
2.1 人力资源	26.31	63
2.1.1 普通高等学校教育数量与质量	21.52	
2.1.2 中等职业学校教育数量与质量	39.18	
2.1.3 一般公共预算教育支出占 GDP 比重	1.86	
2.1.4 人才吸引力指数	39.40	
2.1.5 高新区企业 R&D 人员所占比重	29.59	
2.2 研发投入	26.20	45
2.2.1 R&D 内部经费占 GDP 的比重	45.46	
2.2.2 一般公共预算科学技术支出占 GDP 的比重	14.17	
2.2.3 高新区企业 R&D 经费内部支出占营业收入比重	18.98	
2.3 创新机构	9.93	44
2.3.1 文化机构	23.60	
2.3.2 国家重点实验室	0.00	
2.3.3 国家创新中心	6.19	
3.1 知识创造	18.25	56
3.1.1 每十万人发明专利授权数	17.97	
3.1.2 每十万人 WoS 论文数	8.38	
3.1.3 每亿元 R&D 内部经费支出所取得的发明专利授权数	11.84	
3.1.4 国际科研合作	34.83	
3.2 知识扩散	10.01	40
3.2.1 输出技术成交额占地区生产总值的比重	11.31	
3.2.2 吸纳技术成交额占地区生产总值的比重	11.31	
3.2.3 国家技术转移机构数	7.41	
4.1 创新经济效益	83.54	5
4.1.1 人均地区生产总值	86.39	

续表

常州	得分	排名
4.1.2 贸易顺差(逆差)	82.57	
4.1.3 人均工业增加值	81.67	
4.2 数字创新活力	18.91	24
4.2.1 数字产业活力	3.96	
4.2.2 数字消费活力	18.26	
4.2.3 数字政务活力	3.37	
4.2.4 数字文化活力	50.05	
4.3 创新包容性	80.37	11
4.3.1 城镇登记失业率	87.30	
4.3.2 城乡居民人均可支配收入比	72.98	
4.3.3 平均房价与人均可支配收入比	80.82	
4.4 创新可持续性	56.26	88
4.4.1 单位 GDP 能耗	88.23	
4.4.2 废水废物处理能力	73.33	
4.4.3 空气质量指数	47.65	
4.4.4 园林绿化覆盖率	48.63	
4.4.5 货运碳排放量	23.47	
嘉兴	**得分**	**排名**
城市创新指数	29.07	32
1 基础设施	20.63	36
2 创新资源	24.85	31
3 创新过程	15.05	46
4 创新产出	54.87	19
1.1 数字基础	25.57	57
1.1.1 固网宽带应用渗透率	28.72	
1.1.2 移动网络应用渗透率	66.57	

续表

嘉兴	得分	排名
1.1.3 车联网车辆接入数量	7.00	
1.1.4 工业互联网示范项目数量	0.00	
1.2 交通基础	15.13	46
1.2.1 公路单位里程运输量	2.99	
1.2.2 人均快递业务量	13.74	
1.2.3 城市物流仓储用地面积占城市建设用地总面积比重	38.90	
1.2.4 公共汽(电)车运输人次占总人口比重	4.89	
1.3 金融基础	38.76	17
1.3.1 年末金融机构人民币各项存款余额	5.07	
1.3.2 年末金融机构人民币各项贷款余额	11.21	
1.3.3 数字金融	100.00	
1.4 政策基础	2.37	86
1.4.1 政府社会资本合作环境	0.00	
1.4.2 政府文件	4.73	
2.1 人力资源	28.62	49
2.1.1 普通高等学校教育数量与质量	18.22	
2.1.2 中等职业学校教育数量与质量	34.39	
2.1.3 一般公共预算教育支出占 GDP 比重	15.81	
2.1.4 人才吸引力指数	42.50	
2.1.5 高新区企业 R&D 人员所占比重	32.18	
2.2 研发投入	33.85	27
2.2.1 R&D 内部经费占 GDP 的比重	45.91	
2.2.2 一般公共预算科学技术支出占 GDP 的比重	35.67	
2.2.3 高新区企业 R&D 经费内部支出占营业收入比重	19.96	
2.3 创新机构	12.56	30
2.3.1 文化机构	34.07	

续表

嘉兴	得分	排名
2.3.2 国家重点实验室	0.00	
2.3.3 国家创新中心	3.61	
3.1 知识创造	23.72	42
3.1.1 每十万人发明专利授权数	29.63	
3.1.2 每十万人 WoS 论文数	2.60	
3.1.3 每亿元 R&D 内部经费支出所取得的发明专利授权数	30.84	
3.1.4 国际科研合作	31.82	
3.2 知识扩散	6.53	72
3.2.1 输出技术成交额占地区生产总值的比重	8.87	
3.2.2 吸纳技术成交额占地区生产总值的比重	8.87	
3.2.3 国家技术转移机构数	1.85	
4.1 创新经济效益	65.87	17
4.1.1 人均地区生产总值	51.89	
4.1.2 贸易顺差(逆差)	84.31	
4.1.3 人均工业增加值	61.41	
4.2 数字创新活力	13.01	45
4.2.1 数字产业活力	12.80	
4.2.2 数字消费活力	1.28	
4.2.3 数字政务活力	2.12	
4.2.4 数字文化活力	35.84	
4.3 创新包容性	86.21	2
4.3.1 城镇登记失业率	87.62	
4.3.2 城乡居民人均可支配收入比	91.65	
4.3.3 平均房价与人均可支配收入比	79.38	
4.4 创新可持续性	57.09	85
4.4.1 单位 GDP 能耗	93.65	

嘉兴	得分	排名
4.4.2 废水废物处理能力	75.18	
4.4.3 空气质量指数	63.35	
4.4.4 园林绿化覆盖率	29.81	
4.4.5 货运碳排放量	23.47	

南昌	得分	排名
城市创新指数	28.67	33
1 基础设施	22.56	31
2 创新资源	28.15	21
3 创新过程	13.32	57
4 创新产出	49.87	40
1.1 数字基础	31.48	29
1.1.1 固网宽带应用渗透率	47.26	
1.1.2 移动网络应用渗透率	58.17	
1.1.3 车联网车辆接入数量	8.00	
1.1.4 工业互联网示范项目数量	12.50	
1.2 交通基础	11.35	67
1.2.1 公路单位里程运输量	2.20	
1.2.2 人均快递业务量	4.64	
1.2.3 城市物流仓储用地面积占城市建设用地总面积比重	14.61	
1.2.4 公共汽(电)车运输人次占总人口比重	23.93	
1.3 金融基础	30.17	35
1.3.1 年末金融机构人民币各项存款余额	6.76	
1.3.2 年末金融机构人民币各项贷款余额	18.44	
1.3.3 数字金融	65.30	
1.4 政策基础	16.81	18
1.4.1 政府社会资本合作环境	25.93	

续表

南昌	得分	排名
1.4.2 政府文件	7.69	
2.1 人力资源	42.41	13
2.1.1 普通高等学校教育数量与质量	62.84	
2.1.2 中等职业学校教育数量与质量	28.71	
2.1.3 一般公共预算教育支出占 GDP 比重	12.83	
2.1.4 人才吸引力指数	34.30	
2.1.5 高新区企业 R&D 人员所占比重	73.38	
2.2 研发投入	29.28	33
2.2.1 R&D 内部经费占 GDP 的比重	26.61	
2.2.2 一般公共预算科学技术支出占 GDP 的比重	37.62	
2.2.3 高新区企业 R&D 经费内部支出占营业收入比重	23.62	
2.3 创新机构	15.03	24
2.3.1 文化机构	13.82	
2.3.2 国家重点实验室	1.11	
2.3.3 国家创新中心	30.15	
3.1 知识创造	21.61	48
3.1.1 每十万人发明专利授权数	8.42	
3.1.2 每十万人 WoS 论文数	21.73	
3.1.3 每亿元 R&D 内部经费支出所取得的发明专利授权数	16.77	
3.1.4 国际科研合作	39.53	
3.2 知识扩散	5.18	80
3.2.1 输出技术成交额占地区生产总值的比重	5.00	
3.2.2 吸纳技术成交额占地区生产总值的比重	5.00	
3.2.3 国家技术转移机构数	5.56	
4.1 创新经济效益	52.76	40
4.1.1 人均地区生产总值	44.40	

续表

南昌	得分	排名
4.1.2 贸易顺差（逆差）	77.64	
4.1.3 人均工业增加值	36.24	
4.2 数字创新活力	20.41	21
4.2.1 数字产业活力	10.36	
4.2.2 数字消费活力	13.26	
4.2.3 数字政务活力	5.16	
4.2.4 数字文化活力	52.85	
4.3 创新包容性	59.37	59
4.3.1 城镇登记失业率	50.79	
4.3.2 城乡居民人均可支配收入比	46.57	
4.3.3 平均房价与人均可支配收入比	80.75	
4.4 创新可持续性	67.24	32
4.4.1 单位 GDP 能耗	93.92	
4.4.2 废水废物处理能力	77.34	
4.4.3 空气质量指数	71.64	
4.4.4 园林绿化覆盖率	39.22	
4.4.5 货运碳排放量	54.08	
镇江	得分	排名
城市创新指数	28.66	34
1 基础设施	17.20	52
2 创新资源	19.89	54
3 创新过程	19.69	28
4 创新产出	57.03	11
1.1 数字基础	27.90	43
1.1.1 固网宽带应用渗透率	53.09	
1.1.2 移动网络应用渗透率	57.53	

续表

镇江	得分	排名
1.1.3 车联网车辆接入数量	1.00	
1.1.4 工业互联网示范项目数量	0.00	
1.2 交通基础	12.63	54
1.2.1 公路单位里程运输量	2.45	
1.2.2 人均快递业务量	4.49	
1.2.3 城市物流仓储用地面积占城市建设用地总面积比重	27.43	
1.2.4 公共汽(电)车运输人次占总人口比重	16.14	
1.3 金融基础	26.94	40
1.3.1 年末金融机构人民币各项存款余额	2.73	
1.3.2 年末金融机构人民币各项贷款余额	6.30	
1.3.3 数字金融	71.79	
1.4 政策基础	0.30	99
1.4.1 政府社会资本合作环境	0.00	
1.4.2 政府文件	0.59	
2.1 人力资源	28.81	47
2.1.1 普通高等学校教育数量与质量	34.05	
2.1.2 中等职业学校教育数量与质量	36.47	
2.1.3 一般公共预算教育支出占 GDP 比重	4.77	
2.1.4 人才吸引力指数	33.30	
2.1.5 高新区企业 R&D 人员所占比重	35.45	
2.2 研发投入	23.02	56
2.2.1 R&D 内部经费占 GDP 的比重	31.62	
2.2.2 一般公共预算科学技术支出占 GDP 的比重	21.28	
2.2.3 高新区企业 R&D 经费内部支出占营业收入比重	16.18	
2.3 创新机构	9.23	48
2.3.1 文化机构	24.59	

镇江	得分	排名
2.3.2 国家重点实验室	0.00	
2.3.3 国家创新中心	3.09	
3.1 知识创造	38.45	11
3.1.1 每十万人发明专利授权数	23.73	
3.1.2 每十万人 WoS 论文数	27.07	
3.1.3 每亿元 R&D 内部经费支出所取得的发明专利授权数	27.52	
3.1.4 国际科研合作	75.50	
3.2 知识扩散	1.25	98
3.2.1 输出技术成交额占地区生产总值的比重	0.03	
3.2.2 吸纳技术成交额占地区生产总值的比重	0.03	
3.2.3 国家技术转移机构数	3.70	
4.1 创新经济效益	74.85	10
4.1.1 人均地区生产总值	73.95	
4.1.2 贸易顺差(逆差)	77.78	
4.1.3 人均工业增加值	72.82	
4.2 数字创新活力	13.91	41
4.2.1 数字产业活力	5.39	
4.2.2 数字消费活力	12.25	
4.2.3 数字政务活力	1.16	
4.2.4 数字文化活力	36.82	
4.3 创新包容性	83.70	6
4.3.1 城镇登记失业率	88.89	
4.3.2 城乡居民人均可支配收入比	69.29	
4.3.3 平均房价与人均可支配收入比	92.93	
4.4 创新可持续性	58.35	79
4.4.1 单位 GDP 能耗	91.57	

续表

镇江	得分	排名
4.4.2 废水废物处理能力	69.41	
4.4.3 空气质量指数	51.99	
4.4.4 园林绿化覆盖率	49.21	
4.4.5 货运碳排放量	29.59	
绍兴	**得分**	**排名**
城市创新指数	28.24	35
1 基础设施	18.45	49
2 创新资源	24.32	36
3 创新过程	13.81	54
4 创新产出	55.50	17
1.1 数字基础	27.47	50
1.1.1 固网宽带应用渗透率	43.58	
1.1.2 移动网络应用渗透率	64.31	
1.1.3 车联网车辆接入数量	2.00	
1.1.4 工业互联网示范项目数量	0.00	
1.2 交通基础	10.61	73
1.2.1 公路单位里程运输量	2.07	
1.2.2 人均快递业务量	9.75	
1.2.3 城市物流仓储用地面积占城市建设用地总面积比重	16.39	
1.2.4 公共汽(电)车运输人次占总人口比重	14.23	
1.3 金融基础	32.45	30
1.3.1 年末金融机构人民币各项存款余额	5.20	
1.3.2 年末金融机构人民币各项贷款余额	11.29	
1.3.3 数字金融	80.86	
1.4 政策基础	2.44	84
1.4.1 政府社会资本合作环境	3.70	

续表

绍兴	得分	排名
1.4.2 政府文件	1.18	
2.1 人力资源	28.50	51
2.1.1 普通高等学校教育数量与质量	19.68	
2.1.2 中等职业学校教育数量与质量	35.31	
2.1.3 一般公共预算教育支出占 GDP 比重	11.69	
2.1.4 人才吸引力指数	40.60	
2.1.5 高新区企业 R&D 人员所占比重	35.23	
2.2 研发投入	30.24	31
2.2.1R&D 内部经费占 GDP 的比重	35.59	
2.2.2 一般公共预算科学技术支出占 GDP 的比重	28.95	
2.2.3 高新区企业 R&D 经费内部支出占营业收入比重	26.17	
2.3 创新机构	14.80	26
2.3.1 文化机构	37.19	
2.3.2 国家重点实验室	0.00	
2.3.3 国家创新中心	7.22	
3.1 知识创造	21.89	46
3.1.1 每十万人发明专利授权数	22.73	
3.1.2 每十万人 WoS 论文数	2.27	
3.1.3 每亿元 R&D 内部经费支出所取得的发明专利授权数	27.24	
3.1.4 国际科研合作	35.31	
3.2 知识扩散	5.87	77
3.2.1 输出技术成交额占地区生产总值的比重	7.89	
3.2.2 吸纳技术成交额占地区生产总值的比重	7.89	
3.2.3 国家技术转移机构数	1.85	
4.1 创新经济效益	67.61	15
4.1.1 人均地区生产总值	60.40	

续表

绍兴	得分	排名
4.1.2 贸易顺差（逆差）	88.14	
4.1.3 人均工业增加值	54.29	
4.2 数字创新活力	10.38	51
4.2.1 数字产业活力	4.68	
4.2.2 数字消费活力	1.67	
4.2.3 数字政务活力	2.71	
4.2.4 数字文化活力	32.44	
4.3 创新包容性	84.27	3
4.3.1 城镇登记失业率	88.25	
4.3.2 城乡居民人均可支配收入比	83.55	
4.3.3 平均房价与人均可支配收入比	81.01	
4.4 创新可持续性	62.16	59
4.4.1 单位 GDP 能耗	81.93	
4.4.2 废水废物处理能力	71.01	
4.4.3 空气质量指数	71.43	
4.4.4 园林绿化覆盖率	52.76	
4.4.5 货运碳排放量	33.67	
金华	**得分**	**排名**
城市创新指数	27.78	36
1 基础设施	24.61	27
2 创新资源	15.12	80
3 创新过程	19.22	29
4 创新产出	51.21	30
1.1 数字基础	29.17	36
1.1.1 固网宽带应用渗透率	44.40	
1.1.2 移动网络应用渗透率	67.29	

金华	得分	排名
1.1.3 车联网车辆接入数量	5.00	
1.1.4 工业互联网示范项目数量	0.00	
1.2 交通基础	28.83	9
1.2.1 公路单位里程运输量	3.27	
1.2.2 人均快递业务量	100.00	
1.2.3 城市物流仓储用地面积占城市建设用地总面积比重	7.70	
1.2.4 公共汽(电)车运输人次占总人口比重	4.36	
1.3 金融基础	34.04	25
1.3.1 年末金融机构人民币各项存款余额	5.35	
1.3.2 年末金融机构人民币各项贷款余额	11.11	
1.3.3 数字金融	85.66	
1.4 政策基础	5.48	56
1.4.1 政府社会资本合作环境	7.41	
1.4.2 政府文件	3.55	
2.1 人力资源	23.72	77
2.1.1 普通高等学校教育数量与质量	18.82	
2.1.2 中等职业学校教育数量与质量	40.14	
2.1.3 一般公共预算教育支出占 GDP 比重	21.72	
2.1.4 人才吸引力指数	37.90	
2.1.5 高新区企业 R&D 人员所占比重	0.00	
2.2 研发投入	17.18	80
2.2.1 R&D 内部经费占 GDP 的比重	27.51	
2.2.2 一般公共预算科学技术支出占 GDP 的比重	24.02	
2.2.3 高新区企业 R&D 经费内部支出占营业收入比重	0.00	
2.3 创新机构	5.82	73
2.3.1 文化机构	15.92	

续表

金华	得分	排名
2.3.2 国家重点实验室	0.00	
2.3.3 国家创新中心	1.55	
3.1 知识创造	33.44	17
3.1.1 每十万人发明专利授权数	18.83	
3.1.2 每十万人 WoS 论文数	2.68	
3.1.3 每亿元 R&D 内部经费支出所取得的发明专利授权数	51.83	
3.1.4 国际科研合作	60.42	
3.2 知识扩散	5.24	79
3.2.1 输出技术成交额占地区生产总值的比重	6.02	
3.2.2 吸纳技术成交额占地区生产总值的比重	6.02	
3.2.3 国家技术转移机构数	3.70	
4.1 创新经济效益	49.88	49
4.1.1 人均地区生产总值	25.13	
4.1.2 贸易顺差(逆差)	100.00	
4.1.3 人均工业增加值	24.52	
4.2 数字创新活力	14.36	37
4.2.1 数字产业活力	8.09	
4.2.2 数字消费活力	6.81	
4.2.3 数字政务活力	3.07	
4.2.4 数字文化活力	39.46	
4.3 创新包容性	76.52	18
4.3.1 城镇登记失业率	91.11	
4.3.2 城乡居民人均可支配收入比	61.70	
4.3.3 平均房价与人均可支配收入比	76.75	
4.4 创新可持续性	65.44	37
4.4.1 单位 GDP 能耗	96.82	

续表

金华	得分	排名
4.4.2 废水废物处理能力	69.41	
4.4.3 空气质量指数	72.63	
4.4.4 园林绿化覆盖率	40.37	
4.4.5 货运碳排放量	47.96	

扬州	得分	排名
城市创新指数	27.70	37
1 基础设施	16.13	57
2 创新资源	20.33	53
3 创新过程	16.72	42
4 创新产出	56.76	13
1.1 数字基础	27.08	52
1.1.1 固网宽带应用渗透率	50.04	
1.1.2 移动网络应用渗透率	57.28	
1.1.3 车联网车辆接入数量	1.00	
1.1.4 工业互联网示范项目数量	0.00	
1.2 交通基础	8.72	93
1.2.1 公路单位里程运输量	1.64	
1.2.2 人均快递业务量	3.46	
1.2.3 城市物流仓储用地面积占城市建设用地总面积比重	11.93	
1.2.4 公共汽(电)车运输人次占总人口比重	17.84	
1.3 金融基础	24.22	46
1.3.1 年末金融机构人民币各项存款余额	3.45	
1.3.2 年末金融机构人民币各项贷款余额	6.52	
1.3.3 数字金融	62.67	
1.4 政策基础	3.63	79
1.4.1 政府社会资本合作环境	3.70	

续表

扬州	得分	排名
1.4.2 政府文件	3.55	
2.1 人力资源	31.77	34
2.1.1 普通高等学校教育数量与质量	26.29	
2.1.2 中等职业学校教育数量与质量	37.18	
2.1.3 一般公共预算教育支出占 GDP 比重	3.78	
2.1.4 人才吸引力指数	33.90	
2.1.5 高新区企业 R&D 人员所占比重	57.71	
2.2 研发投入	24.48	51
2.2.1R&D 内部经费占 GDP 的比重	29.29	
2.2.2 一般公共预算科学技术支出占 GDP 的比重	9.45	
2.2.3 高新区企业 R&D 经费内部支出占营业收入比重	34.70	
2.3 创新机构	6.50	68
2.3.1 文化机构	17.95	
2.3.2 国家重点实验室	0.00	
2.3.3 国家创新中心	1.55	
3.1 知识创造	24.18	40
3.1.1 每十万人发明专利授权数	10.49	
3.1.2 每十万人 WoS 论文数	11.19	
3.1.3 每亿元 R&D 内部经费支出所取得的发明专利授权数	12.33	
3.1.4 国际科研合作	62.72	
3.2 知识扩散	9.39	50
3.2.1 输出技术成交额占地区生产总值的比重	11.31	
3.2.2 吸纳技术成交额占地区生产总值的比重	11.31	
3.2.3 国家技术转移机构数	5.56	
4.1 创新经济效益	72.44	13
4.1.1 人均地区生产总值	74.87	

续表

扬州	得分	排名
4.1.2 贸易顺差(逆差)	78.27	
4.1.3 人均工业增加值	64.17	
4.2 数字创新活力	14.33	39
4.2.1 数字产业活力	5.62	
4.2.2 数字消费活力	11.54	
4.2.3 数字政务活力	4.26	
4.2.4 数字文化活力	35.91	
4.3 创新包容性	80.00	12
4.3.1 城镇登记失业率	86.67	
4.3.2 城乡居民人均可支配收入比	73.53	
4.3.3 平均房价与人均可支配收入比	79.78	
4.4 创新可持续性	62.48	56
4.4.1 单位 GDP 能耗	97.20	
4.4.2 废水废物处理能力	60.66	
4.4.3 空气质量指数	49.14	
4.4.4 园林绿化覆盖率	55.40	
4.4.5 货运碳排放量	50.00	
烟台	得分	排名
城市创新指数	27.60	38
1 基础设施	22.26	32
2 创新资源	24.80	32
3 创新过程	11.78	67
4 创新产出	50.62	33
1.1 数字基础	28.93	37
1.1.1 固网宽带应用渗透率	31.82	
1.1.2 移动网络应用渗透率	59.40	

续表

烟台	得分	排名
1.1.3 车联网车辆接入数量	12.00	
1.1.4 工业互联网示范项目数量	12.50	
1.2 交通基础	13.00	53
1.2.1 公路单位里程运输量	1.37	
1.2.2 人均快递业务量	2.12	
1.2.3 城市物流仓储用地面积占城市建设用地总面积比重	29.92	
1.2.4 公共汽（电）车运输人次占总人口比重	18.61	
1.3 金融基础	22.78	48
1.3.1 年末金融机构人民币各项存款余额	4.51	
1.3.2 年末金融机构人民币各项贷款余额	6.60	
1.3.3 数字金融	57.22	
1.4 政策基础	24.21	12
1.4.1 政府社会资本合作环境	25.93	
1.4.2 政府文件	22.49	
2.1 人力资源	26.53	61
2.1.1 普通高等学校教育数量与质量	25.87	
2.1.2 中等职业学校教育数量与质量	35.15	
2.1.3 一般公共预算教育支出占 GDP 比重	3.26	
2.1.4 人才吸引力指数	35.00	
2.1.5 高新区企业 R&D 人员所占比重	33.36	
2.2 研发投入	28.28	40
2.2.1 R&D 内部经费占 GDP 的比重	25.07	
2.2.2 一般公共预算科学技术支出占 GDP 的比重	20.69	
2.2.3 高新区企业 R&D 经费内部支出占营业收入比重	39.07	
2.3 创新机构	19.83	16
2.3.1 文化机构	22.12	

续表

烟台	得分	排名
2.3.2 国家重点实验室	0.00	
2.3.3 国家创新中心	37.37	
3.1 知识创造	13.89	70
3.1.1 每十万人发明专利授权数	7.71	
3.1.2 每十万人 WoS 论文数	6.68	
3.1.3 每亿元 R&D 内部经费支出所取得的发明专利授权数	13.23	
3.1.4 国际科研合作	27.92	
3.2 知识扩散	9.72	41
3.2.1 输出技术成交额占地区生产总值的比重	14.58	
3.2.2 吸纳技术成交额占地区生产总值的比重	14.58	
3.2.3 国家技术转移机构数	0.00	
4.1 创新经济效益	62.02	25
4.1.1 人均地区生产总值	57.60	
4.1.2 贸易顺差(逆差)	80.03	
4.1.3 人均工业增加值	48.42	
4.2 数字创新活力	8.63	60
4.2.1 数字产业活力	12.16	
4.2.2 数字消费活力	0.87	
4.2.3 数字政务活力	6.05	
4.2.4 数字文化活力	15.44	
4.3 创新包容性	66.12	44
4.3.1 城镇登记失业率	63.49	
4.3.2 城乡居民人均可支配收入比	48.05	
4.3.3 平均房价与人均可支配收入比	86.82	
4.4 创新可持续性	66.89	33
4.4.1 单位 GDP 能耗	95.00	

续表

烟台	得分	排名
4.4.2 废水废物处理能力	73.27	
4.4.3 空气质量指数	58.96	
4.4.4 园林绿化覆盖率	30.68	
4.4.5 货运碳排放量	76.53	
兰州	得分	排名
城市创新指数	27.34	39
1 基础设施	29.07	18
2 创新资源	14.74	83
3 创新过程	28.02	12
4 创新产出	37.04	100
1.1 数字基础	37.02	18
1.1.1 固网宽带应用渗透率	58.64	
1.1.2 移动网络应用渗透率	73.42	
1.1.3 车联网车辆接入数量	16.00	
1.1.4 工业互联网示范项目数量	0.00	
1.2 交通基础	42.48	3
1.2.1 公路单位里程运输量	3.07	
1.2.2 人均快递业务量	0.94	
1.2.3 城市物流仓储用地面积占城市建设用地总面积比重	65.89	
1.2.4 公共汽(电)车运输人次占总人口比重	100.00	
1.3 金融基础	26.18	42
1.3.1 年末金融机构人民币各项存款余额	4.26	
1.3.2 年末金融机构人民币各项贷款余额	14.87	
1.3.3 数字金融	59.42	
1.4 政策基础	9.18	41
1.4.1 政府社会资本合作环境	14.81	

续表

兰州	得分	排名
1.4.2 政府文件	3.55	
2.1 人力资源	24.58	75
2.1.1 普通高等学校教育数量与质量	51.38	
2.1.2 中等职业学校教育数量与质量	30.23	
2.1.3 一般公共预算教育支出占 GDP 比重	20.54	
2.1.4 人才吸引力指数	12.25	
2.1.5 高新区企业 R&D 人员所占比重	8.52	
2.2 研发投入	8.62	97
2.2.1 R&D 内部经费占 GDP 的比重	8.22	
2.2.2 一般公共预算科学技术支出占 GDP 的比重	13.11	
2.2.3 高新区企业 R&D 经费内部支出占营业收入比重	4.54	
2.3 创新机构	12.67	29
2.3.1 文化机构	23.61	
2.3.2 国家重点实验室	6.67	
2.3.3 国家创新中心	7.73	
3.1 知识创造	41.71	8
3.1.1 每十万人发明专利授权数	8.39	
3.1.2 每十万人 WoS 论文数	35.97	
3.1.3 每亿元 R&D 内部经费支出所取得的发明专利授权数	78.29	
3.1.4 国际科研合作	44.21	
3.2 知识扩散	14.57	23
3.2.1 输出技术成交额占地区生产总值的比重	14.44	
3.2.2 吸纳技术成交额占地区生产总值的比重	14.44	
3.2.3 国家技术转移机构数	14.81	
4.1 创新经济效益	39.08	84
4.1.1 人均地区生产总值	24.63	

续表

兰州	得分	排名
4.1.2 贸易顺差(逆差)	75.93	
4.1.3 人均工业增加值	16.68	
4.2 数字创新活力	13.16	43
4.2.1 数字产业活力	3.54	
4.2.2 数字消费活力	0.10	
4.2.3 数字政务活力	3.97	
4.2.4 数字文化活力	45.05	
4.3 创新包容性	44.69	97
4.3.1 城镇登记失业率	45.71	
4.3.2 城乡居民人均可支配收入比	10.29	
4.3.3 平均房价与人均可支配收入比	78.08	
4.4 创新可持续性	51.44	98
4.4.1 单位 GDP 能耗	67.88	
4.4.2 废水废物处理能力	64.52	
4.4.3 空气质量指数	52.35	
4.4.4 园林绿化覆盖率	0.00	
4.4.5 货运碳排放量	72.45	
威海	**得分**	**排名**
城市创新指数	27.22	40
1 基础设施	18.34	50
2 创新资源	20.44	51
3 创新过程	14.02	52
4 创新产出	55.13	18
1.1 数字基础	32.88	24
1.1.1 固网宽带应用渗透率	46.82	
1.1.2 移动网络应用渗透率	67.22	

续表

威海	得分	排名
1.1.3 车联网车辆接入数量	5.00	
1.1.4 工业互联网示范项目数量	12.50	
1.2 交通基础	10.87	72
1.2.1 公路单位里程运输量	1.16	
1.2.2 人均快递业务量	4.42	
1.2.3 城市物流仓储用地面积占城市建设用地总面积比重	13.33	
1.2.4 公共汽(电)车运输人次占总人口比重	24.57	
1.3 金融基础	20.07	54
1.3.1 年末金融机构人民币各项存款余额	1.80	
1.3.2 年末金融机构人民币各项贷款余额	2.89	
1.3.3 数字金融	55.53	
1.4 政策基础	8.51	45
1.4.1 政府社会资本合作环境	11.11	
1.4.2 政府文件	5.92	
2.1 人力资源	33.29	28
2.1.1 普通高等学校教育数量与质量	25.25	
2.1.2 中等职业学校教育数量与质量	48.58	
2.1.3 一般公共预算教育支出占 GDP 比重	20.16	
2.1.4 人才吸引力指数	32.40	
2.1.5 高新区企业 R&D 人员所占比重	40.08	
2.2 研发投入	22.07	65
2.2.1 R&D 内部经费占 GDP 的比重	32.51	
2.2.2 一般公共预算科学技术支出占 GDP 的比重	11.63	
2.2.3 高新区企业 R&D 经费内部支出占营业收入比重	22.09	
2.3 创新机构	7.97	56
2.3.1 文化机构	16.69	

续表

威海	得分	排名
2.3.2 国家重点实验室	0.00	
2.3.3 国家创新中心	7.22	
3.1 知识创造	18.4	55
3.1.1 每十万人发明专利授权数	7.51	
3.1.2 每十万人 WoS 论文数	7.70	
3.1.3 每亿元 R&D 内部经费支出所取得的发明专利授权数	10.17	
3.1.4 国际科研合作	48.23	
3.2 知识扩散	9.72	41
3.2.1 输出技术成交额占地区生产总值的比重	14.58	
3.2.2 吸纳技术成交额占地区生产总值的比重	14.58	
3.2.3 国家技术转移机构数	0.00	
4.1 创新经济效益	58.37	31
4.1.1 人均地区生产总值	52.86	
4.1.2 贸易顺差（逆差）	80.06	
4.1.3 人均工业增加值	42.20	
4.2 数字创新活力	13.91	41
4.2.1 数字产业活力	28.47	
4.2.2 数字消费活力	8.61	
4.2.3 数字政务活力	1.16	
4.2.4 数字文化活力	17.39	
4.3 创新包容性	70.32	35
4.3.1 城镇登记失业率	66.98	
4.3.2 城乡居民人均可支配收入比	52.15	
4.3.3 平均房价与人均可支配收入比	91.83	
4.4 创新可持续性	78.48	6
4.4.1 单位 GDP 能耗	94.36	

续表

威海	得分	排名
4.4.2 废水废物处理能力	73.58	
4.4.3 空气质量指数	71.77	
4.4.4 园林绿化覆盖率	60.83	
4.4.5 货运碳排放量	91.84	
贵阳	**得分**	**排名**
城市创新指数	26.58	41
1 基础设施	25.18	26
2 创新资源	20.40	52
3 创新过程	14.66	48
4 创新产出	45.22	65
1.1 数字基础	28.27	41
1.1.1 固网宽带应用渗透率	21.67	
1.1.2 移动网络应用渗透率	70.92	
1.1.3 车联网车辆接入数量	8.00	
1.1.4 工业互联网示范项目数量	12.50	
1.2 交通基础	35.06	5
1.2.1 公路单位里程运输量	57.50	
1.2.2 人均快递业务量	1.55	
1.2.3 城市物流仓储用地面积占城市建设用地总面积比重	31.26	
1.2.4 公共汽(电)车运输人次占总人口比重	49.92	
1.3 金融基础	27.38	39
1.3.1 年末金融机构人民币各项存款余额	6.18	
1.3.2 年末金融机构人民币各项贷款余额	18.42	
1.3.3 数字金融	57.53	
1.4 政策基础	9.11	42
1.4.1 政府社会资本合作环境	11.11	

续表

贵阳	得分	排名
1.4.2 政府文件	7.10	
2.1 人力资源	32.93	29
2.1.1 普通高等学校教育数量与质量	43.49	
2.1.2 中等职业学校教育数量与质量	41.98	
2.1.3 一般公共预算教育支出占 GDP 比重	23.77	
2.1.4 人才吸引力指数	32.00	
2.1.5 高新区企业 R&D 人员所占比重	23.39	
2.2 研发投入	24.38	53
2.2.1 R&D 内部经费占 GDP 的比重	23.40	
2.2.2 一般公共预算科学技术支出占 GDP 的比重	34.36	
2.2.3 高新区企业 R&D 经费内部支出占营业收入比重	15.37	
2.3 创新机构	5.85	71
2.3.1 文化机构	6.57	
2.3.2 国家重点实验室	2.22	
2.3.3 国家创新中心	8.76	
3.1 知识创造	20.60	52
3.1.1 每十万人发明专利授权数	6.57	
3.1.2 每十万人 WoS 论文数	11.91	
3.1.3 每亿元 R&D 内部经费支出所取得的发明专利授权数	19.82	
3.1.4 国际科研合作	44.09	
3.2 知识扩散	8.83	56
3.2.1 输出技术成交额占地区生产总值的比重	11.39	
3.2.2 吸纳技术成交额占地区生产总值的比重	11.39	
3.2.3 国家技术转移机构数	3.70	
4.1 创新经济效益	40.13	81
4.1.1 人均地区生产总值	28.86	

贵阳	得分	排名
4.1.2 贸易顺差(逆差)	77.62	
4.1.3 人均工业增加值	13.92	
4.2 数字创新活力	14.30	40
4.2.1 数字产业活力	5.59	
4.2.2 数字消费活力	7.24	
4.2.3 数字政务活力	1.67	
4.2.4 数字文化活力	42.70	
4.3 创新包容性	51.44	85
4.3.1 城镇登记失业率	14.60	
4.3.2 城乡居民人均可支配收入比	52.22	
4.3.3 平均房价与人均可支配收入比	87.49	
4.4 创新可持续性	74.38	14
4.4.1 单位 GDP 能耗	88.11	
4.4.2 废水废物处理能力	73.48	
4.4.3 空气质量指数	96.48	
4.4.4 园林绿化覆盖率	36.29	
4.4.5 货运碳排放量	77.55	
南通	得分	排名
城市创新指数	26.43	42
1 基础设施	19.45	44
2 创新资源	17.39	66
3 创新过程	12.08	66
4 创新产出	55.71	16
1.1 数字基础	29.24	35
1.1.1 固网宽带应用渗透率	46.81	
1.1.2 移动网络应用渗透率	53.64	

续表

南通	得分	排名
1.1.3 车联网车辆接入数量	4.00	
1.1.4 工业互联网示范项目数量	12.50	
1.2 交通基础	12.49	55
1.2.1 公路单位里程运输量	2.03	
1.2.2 人均快递业务量	7.37	
1.2.3 城市物流仓储用地面积占城市建设用地总面积比重	32.23	
1.2.4 公共汽(电)车运输人次占总人口比重	8.34	
1.3 金融基础	30.13	36
1.3.1 年末金融机构人民币各项存款余额	7.74	
1.3.2 年末金融机构人民币各项贷款余额	13.82	
1.3.3 数字金融	68.82	
1.4 政策基础	5.11	60
1.4.1 政府社会资本合作环境	3.70	
1.4.2 政府文件	6.51	
2.1 人力资源	22.97	82
2.1.1 普通高等学校教育数量与质量	14.21	
2.1.2 中等职业学校教育数量与质量	34.68	
2.1.3 一般公共预算教育支出占 GDP 比重	6.08	
2.1.4 人才吸引力指数	35.60	
2.1.5 高新区企业 R&D 人员所占比重	24.27	
2.2 研发投入	22.49	61
2.2.1 R&D 内部经费占 GDP 的比重	35.22	
2.2.2 一般公共预算科学技术支出占 GDP 的比重	22.38	
2.2.3 高新区企业 R&D 经费内部支出占营业收入比重	9.86	
2.3 创新机构	7.53	61
2.3.1 文化机构	16.91	

南通	得分	排名
2.3.2 国家重点实验室	0.00	
2.3.3 国家创新中心	5.67	
3.1 知识创造	15.45	65
3.1.1 每十万人发明专利授权数	10.09	
3.1.2 每十万人 WoS 论文数	3.92	
3.1.3 每亿元 R&D 内部经费支出所取得的发明专利授权数	9.72	
3.1.4 国际科研合作	38.07	
3.2 知识扩散	8.77	58
3.2.1 输出技术成交额占地区生产总值的比重	11.31	
3.2.2 吸纳技术成交额占地区生产总值的比重	11.31	
3.2.3 国家技术转移机构数	3.70	
4.1 创新经济效益	73.70	11
4.1.1 人均地区生产总值	72.68	
4.1.2 贸易顺差(逆差)	81.38	
4.1.3 人均工业增加值	67.05	
4.2 数字创新活力	12.25	46
4.2.1 数字产业活力	2.20	
4.2.2 数字消费活力	14.26	
4.2.3 数字政务活力	3.67	
4.2.4 数字文化活力	28.86	
4.3 创新包容性	75.68	23
4.3.1 城镇登记失业率	87.30	
4.3.2 城乡居民人均可支配收入比	63.07	
4.3.3 平均房价与人均可支配收入比	76.65	
4.4 创新可持续性	63.23	53
4.4.1 单位 GDP 能耗	95.91	

续表

南通	得分	排名
4.4.2 废水废物处理能力	57.52	
4.4.3 空气质量指数	65.97	
4.4.4 园林绿化覆盖率	48.78	
4.4.5 货运碳排放量	47.96	
台州	得分	排名
城市创新指数	26.25	43
1 基础设施	16.79	55
2 创新资源	20.95	45
3 创新过程	12.63	61
4 创新产出	53.72	20
1.1 数字基础	27.70	47
1.1.1 固网宽带应用渗透率	36.31	
1.1.2 移动网络应用渗透率	70.51	
1.1.3 车联网车辆接入数量	4.00	
1.1.4 工业互联网示范项目数量	0.00	
1.2 交通基础	5.87	101
1.2.1 公路单位里程运输量	3.41	
1.2.2 人均快递业务量	9.77	
1.2.3 城市物流仓储用地面积占城市建设用地总面积比重	6.31	
1.2.4 公共汽(电)车运输人次占总人口比重	4.00	
1.3 金融基础	32.40	31
1.3.1 年末金融机构人民币各项存款余额	5.05	
1.3.2 年末金融机构人民币各项贷款余额	10.96	
1.3.3 数字金融	81.18	
1.4 政策基础	0.30	99
1.4.1 政府社会资本合作环境	0.00	

续表

台州	得分	排名
1.4.2 政府文件	0.59	
2.1 人力资源	22.32	86
2.1.1 普通高等学校教育数量与质量	13.80	
2.1.2 中等职业学校教育数量与质量	40.10	
2.1.3 一般公共预算教育支出占 GDP 比重	20.21	
2.1.4 人才吸引力指数	37.50	
2.1.5 高新区企业 R&D 人员所占比重	0.00	
2.2 研发投入	25.87	47
2.2.1R&D 内部经费占 GDP 的比重	31.07	
2.2.2 一般公共预算科学技术支出占 GDP 的比重	17.55	
2.2.3 高新区企业 R&D 经费内部支出占营业收入比重	28.98	
2.3 创新机构	14.82	25
2.3.1 文化机构	35.17	
2.3.2 国家重点实验室	0.00	
2.3.3 国家创新中心	9.28	
3.1 知识创造	21.72	47
3.1.1 每十万人发明专利授权数	22.26	
3.1.2 每十万人 WoS 论文数	0.52	
3.1.3 每亿元 R&D 内部经费支出所取得的发明专利授权数	45.06	
3.1.4 国际科研合作	19.04	
3.2 知识扩散	3.71	85
3.2.1 输出技术成交额占地区生产总值的比重	4.64	
3.2.2 吸纳技术成交额占地区生产总值的比重	4.64	
3.2.3 国家技术转移机构数	1.85	
4.1 创新经济效益	51.3	45
4.1.1 人均地区生产总值	34.67	

续表

台州	得分	排名
4.1.2 贸易顺差(逆差)	85.02	
4.1.3 人均工业增加值	34.22	
4.2 数字创新活力	9.12	58
4.2.1 数字产业活力	6.41	
4.2.2 数字消费活力	1.58	
4.2.3 数字政务活力	1.79	
4.2.4 数字文化活力	26.69	
4.3 创新包容性	84.12	5
4.3.1 城镇登记失业率	100.00	
4.3.2 城乡居民人均可支配收入比	67.61	
4.3.3 平均房价与人均可支配收入比	84.77	
4.4 创新可持续性	71.93	19
4.4.1 单位 GDP 能耗	91.03	
4.4.2 废水废物处理能力	66.68	
4.4.3 空气质量指数	79.87	
4.4.4 园林绿化覆盖率	51.66	
4.4.5 货运碳排放量	70.41	
马鞍山	得分	排名
城市创新指数	26.19	44
1 基础设施	13.01	87
2 创新资源	21.83	42
3 创新过程	18.32	34
4 创新产出	51.02	32
1.1 数字基础	23.25	66
1.1.1 固网宽带应用渗透率	33.81	
1.1.2 移动网络应用渗透率	56.19	

续表

马鞍山	得分	排名
1.1.3 车联网车辆接入数量	3.00	
1.1.4 工业互联网示范项目数量	0.00	
1.2 交通基础	9.24	85
1.2.1 公路单位里程运输量	2.11	
1.2.2 人均快递业务量	1.02	
1.2.3 城市物流仓储用地面积占城市建设用地总面积比重	23.50	
1.2.4 公共汽(电)车运输人次占总人口比重	10.35	
1.3 金融基础	14.14	74
1.3.1 年末金融机构人民币各项存款余额	0.77	
1.3.2 年末金融机构人民币各项贷款余额	1.47	
1.3.3 数字金融	40.17	
1.4 政策基础	4.59	65
1.4.1 政府社会资本合作环境	7.41	
1.4.2 政府文件	1.78	
2.1 人力资源	29.48	44
2.1.1 普通高等学校教育数量与质量	25.54	
2.1.2 中等职业学校教育数量与质量	30.53	
2.1.3 一般公共预算教育支出占 GDP 比重	3.75	
2.1.4 人才吸引力指数	30.10	
2.1.5 高新区企业 R&D 人员所占比重	57.47	
2.2 研发投入	28.44	38
2.2.1 R&D 内部经费占 GDP 的比重	33.49	
2.2.2 一般公共预算科学技术支出占 GDP 的比重	31.38	
2.2.3 高新区企业 R&D 经费内部支出占营业收入比重	20.43	
2.3 创新机构	8.71	52
2.3.1 文化机构	22.53	

续表

马鞍山	得分	排名
2.3.2 国家重点实验室	0.00	
2.3.3 国家创新中心	3.61	
3.1 知识创造	25.92	36
3.1.1 每十万人发明专利授权数	25.70	
3.1.2 每十万人 WoS 论文数	6.12	
3.1.3 每亿元 R&D 内部经费支出所取得的发明专利授权数	37.30	
3.1.4 国际科研合作	34.56	
3.2 知识扩散	10.86	38
3.2.1 输出技术成交额占地区生产总值的比重	16.29	
3.2.2 吸纳技术成交额占地区生产总值的比重	16.29	
3.2.3 国家技术转移机构数	0.00	
4.1 创新经济效益	58.75	30
4.1.1 人均地区生产总值	50.72	
4.1.2 贸易顺差（逆差）	75.82	
4.1.3 人均工业增加值	49.72	
4.2 数字创新活力	8.56	62
4.2.1 数字产业活力	5.21	
4.2.2 数字消费活力	3.74	
4.2.3 数字政务活力	0.98	
4.2.4 数字文化活力	24.29	
4.3 创新包容性	69.15	37
4.3.1 城镇登记失业率	53.97	
4.3.2 城乡居民人均可支配收入比	60.90	
4.3.3 平均房价与人均可支配收入比	92.59	
4.4 创新可持续性	68.75	25
4.4.1 单位 GDP 能耗	93.23	

马鞍山	得分	排名
4.4.2 废水废物处理能力	73.74	
4.4.3 空气质量指数	62.62	
4.4.4 园林绿化覆盖率	63.13	
4.4.5 货运碳排放量	51.02	
宜昌	**得分**	**排名**
城市创新指数	26.02	45
1 基础设施	17.49	51
2 创新资源	20.78	46
3 创新过程	16.05	44
4 创新产出	49.04	42
1.1 数字基础	22.86	68
1.1.1 固网宽带应用渗透率	36.46	
1.1.2 移动网络应用渗透率	52.99	
1.1.3 车联网车辆接入数量	2.00	
1.1.4 工业互联网示范项目数量	0.00	
1.2 交通基础	17.43	35
1.2.1 公路单位里程运输量	0.59	
1.2.2 人均快递业务量	3.24	
1.2.3 城市物流仓储用地面积占城市建设用地总面积比重	52.71	
1.2.4 公共汽(电)车运输人次占总人口比重	13.20	
1.3 金融基础	19.82	55
1.3.1 年末金融机构人民币各项存款余额	1.66	
1.3.2 年末金融机构人民币各项贷款余额	3.65	
1.3.3 数字金融	54.15	
1.4 政策基础	9.26	38
1.4.1 政府社会资本合作环境	18.52	

续表

宜昌	得分	排名
1.4.2 政府文件	0.00	
2.1 人力资源	25.15	69
2.1.1 普通高等学校教育数量与质量	17.80	
2.1.2 中等职业学校教育数量与质量	35.59	
2.1.3 一般公共预算教育支出占 GDP 比重	4.34	
2.1.4 人才吸引力指数	25.60	
2.1.5 高新区企业 R&D 人员所占比重	42.45	
2.2 研发投入	30.02	32
2.2.1R&D 内部经费占 GDP 的比重	36.15	
2.2.2 一般公共预算科学技术支出占 GDP 的比重	18.92	
2.2.3 高新区企业 R&D 经费内部支出占营业收入比重	34.99	
2.3 创新机构	7.74	57
2.3.1 文化机构	19.62	
2.3.2 国家重点实验室	0.00	
2.3.3 国家创新中心	3.61	
3.1 知识创造	16.45	59
3.1.1 每十万人发明专利授权数	5.86	
3.1.2 每十万人 WoS 论文数	4.00	
3.1.3 每亿元 R&D 内部经费支出所取得的发明专利授权数	6.42	
3.1.4 国际科研合作	49.52	
3.2 知识扩散	15.66	20
3.2.1 输出技术成交额占地区生产总值的比重	21.64	
3.2.2 吸纳技术成交额占地区生产总值的比重	21.64	
3.2.3 国家技术转移机构数	3.70	
4.1 创新经济效益	63.29	24
4.1.1 人均地区生产总值	53.61	

宜昌	得分	排名
4.1.2 贸易顺差（逆差）	77.02	
4.1.3 人均工业增加值	59.23	
4.2 数字创新活力	4.97	88
4.2.1 数字产业活力	4.06	
4.2.2 数字消费活力	0.97	
4.2.3 数字政务活力	1.82	
4.2.4 数字文化活力	13.01	
4.3 创新包容性	61.15	55
4.3.1 城镇登记失业率	32.70	
4.3.2 城乡居民人均可支配收入比	62.84	
4.3.3 平均房价与人均可支配收入比	87.90	
4.4 创新可持续性	67.74	29
4.4.1 单位 GDP 能耗	97.08	
4.4.2 废水废物处理能力	68.74	
4.4.3 空气质量指数	57.92	
4.4.4 园林绿化覆盖率	38.41	
4.4.5 货运碳排放量	76.53	
惠州	得分	排名
城市创新指数	25.99	46
1 基础设施	15.56	63
2 创新资源	21.22	44
3 创新过程	13.33	56
4 创新产出	53.00	23
1.1 数字基础	23.30	65
1.1.1 固网宽带应用渗透率	35.03	
1.1.2 移动网络应用渗透率	56.16	

续表

惠州	得分	排名
1.1.3 车联网车辆接入数量	2.00	
1.1.4 工业互联网示范项目数量	0.00	
1.2 交通基础	10.16	77
1.2.1 公路单位里程运输量	0.84	
1.2.2 人均快递业务量	4.81	
1.2.3 城市物流仓储用地面积占城市建设用地总面积比重	25.49	
1.2.4 公共汽(电)车运输人次占总人口比重	9.51	
1.3 金融基础	25.03	45
1.3.1 年末金融机构人民币各项存款余额	3.02	
1.3.2 年末金融机构人民币各项贷款余额	7.21	
1.3.3 数字金融	64.85	
1.4 政策基础	3.04	82
1.4.1 政府社会资本合作环境	3.70	
1.4.2 政府文件	2.37	
2.1 人力资源	26.46	62
2.1.1 普通高等学校教育数量与质量	8.24	
2.1.2 中等职业学校教育数量与质量	30.68	
2.1.3 一般公共预算教育支出占 GDP 比重	23.65	
2.1.4 人才吸引力指数	31.90	
2.1.5 高新区企业 R&D 人员所占比重	37.80	
2.2 研发投入	35.00	25
2.2.1 R&D 内部经费占 GDP 的比重	41.46	
2.2.2 一般公共预算科学技术支出占 GDP 的比重	33.41	
2.2.3 高新区企业 R&D 经费内部支出占营业收入比重	30.11	
2.3 创新机构	2.85	102
2.3.1 文化机构	7.01	

惠州	得分	排名
2.3.2 国家重点实验室	0.00	
2.3.3 国家创新中心	1.55	
3.1 知识创造	15.78	61
3.1.1 每十万人发明专利授权数	8.91	
3.1.2 每十万人 WoS 论文数	0.44	
3.1.3 每亿元 R&D 内部经费支出所取得的发明专利授权数	14.83	
3.1.4 国际科研合作	38.96	
3.2 知识扩散	10.93	35
3.2.1 输出技术成交额占地区生产总值的比重	16.39	
3.2.2 吸纳技术成交额占地区生产总值的比重	16.39	
3.2.3 国家技术转移机构数	0.00	
4.1 创新经济效益	49.06	51
4.1.1 人均地区生产总值	27.30	
4.1.2 贸易顺差(逆差)	80.99	
4.1.3 人均工业增加值	38.89	
4.2 数字创新活力	18.91	24
4.2.1 数字产业活力	30.10	
4.2.2 数字消费活力	11.73	
4.2.3 数字政务活力	4.26	
4.2.4 数字文化活力	29.54	
4.3 创新包容性	76.42	19
4.3.1 城镇登记失业率	68.57	
4.3.2 城乡居民人均可支配收入比	76.27	
4.3.3 平均房价与人均可支配收入比	84.42	
4.4 创新可持续性	68.68	26
4.4.1 单位 GDP 能耗	86.17	

续表

惠州	得分	排名
4.4.2 废水废物处理能力	76.98	
4.4.3 空气质量指数	90.78	
4.4.4 园林绿化覆盖率	43.54	
4.4.5 货运碳排放量	45.92	
昆明	**得分**	**排名**
城市创新指数	25.43	47
1 基础设施	26.20	25
2 创新资源	17.25	67
3 创新过程	14.88	47
4 创新产出	42.52	83
1.1 数字基础	28.73	40
1.1.1 固网宽带应用渗透率	26.43	
1.1.2 移动网络应用渗透率	71.00	
1.1.3 车联网车辆接入数量	5.00	
1.1.4 工业互联网示范项目数量	12.50	
1.2 交通基础	18.05	33
1.2.1 公路单位里程运输量	2.76	
1.2.2 人均快递业务量	3.70	
1.2.3 城市物流仓储用地面积占城市建设用地总面积比重	29.23	
1.2.4 公共汽(电)车运输人次占总人口比重	36.50	
1.3 金融基础	31.58	32
1.3.1 年末金融机构人民币各项存款余额	8.31	
1.3.2 年末金融机构人民币各项贷款余额	23.35	
1.3.3 数字金融	63.06	
1.4 政策基础	26.52	11
1.4.1 政府社会资本合作环境	51.85	

昆明	得分	排名
1.4.2 政府文件	1.18	
2.1 人力资源	30.50	40
2.1.1 普通高等学校教育数量与质量	46.53	
2.1.2 中等职业学校教育数量与质量	38.30	
2.1.3 一般公共预算教育支出占 GDP 比重	9.43	
2.1.4 人才吸引力指数	36.90	
2.1.5 高新区企业 R&D 人员所占比重	21.32	
2.2 研发投入	14.31	87
2.2.1R&D 内部经费占 GDP 的比重	24.49	
2.2.2 一般公共预算科学技术支出占 GDP 的比重	12.28	
2.2.3 高新区企业 R&D 经费内部支出占营业收入比重	6.16	
2.3 创新机构	9.11	50
2.3.1 文化机构	16.86	
2.3.2 国家重点实验室	2.22	
2.3.3 国家创新中心	8.25	
3.1 知识创造	25.54	37
3.1.1 每十万人发明专利授权数	7.26	
3.1.2 每十万人 WoS 论文数	15.23	
3.1.3 每亿元 R&D 内部经费支出所取得的发明专利授权数	18.59	
3.1.4 国际科研合作	61.06	
3.2 知识扩散	4.41	82
3.2.1 输出技术成交额占地区生产总值的比重	1.06	
3.2.2 吸纳技术成交额占地区生产总值的比重	1.06	
3.2.3 国家技术转移机构数	11.11	
4.1 创新经济效益	42.11	74
4.1.1 人均地区生产总值	35.20	

续表

昆明	得分	排名
4.1.2 贸易顺差（逆差）	75.89	
4.1.3 人均工业增加值	15.24	
4.2 数字创新活力	14.83	35
4.2.1 数字产业活力	3.62	
4.2.2 数字消费活力	8.49	
4.2.3 数字政务活力	3.37	
4.2.4 数字文化活力	43.85	
4.3 创新包容性	33.96	103
4.3.1 城镇登记失业率	8.89	
4.3.2 城乡居民人均可支配收入比	12.48	
4.3.3 平均房价与人均可支配收入比	80.53	
4.4 创新可持续性	77.51	10
4.4.1 单位 GDP 能耗	89.90	
4.4.2 废水废物处理能力	77.60	
4.4.3 空气质量指数	94.11	
4.4.4 园林绿化覆盖率	43.30	
4.4.5 货运碳排放量	82.65	
乌鲁木齐	**得分**	**排名**
城市创新指数	25.39	48
1 基础设施	27.67	21
2 创新资源	10.70	102
3 创新过程	16.97	40
4 创新产出	45.18	66
1.1 数字基础	41.01	15
1.1.1 固网宽带应用渗透率	68.31	
1.1.2 移动网络应用渗透率	91.74	

乌鲁木齐	得分	排名
1.1.3 车联网车辆接入数量	4.00	
1.1.4 工业互联网示范项目数量	0.00	
1.2 交通基础	40.46	4
1.2.1 公路单位里程运输量	3.80	
1.2.2 人均快递业务量	0.33	
1.2.3 城市物流仓储用地面积占城市建设用地总面积比重	78.73	
1.2.4 公共汽(电)车运输人次占总人口比重	78.97	
1.3 金融基础	25.44	43
1.3.1 年末金融机构人民币各项存款余额	4.58	
1.3.2 年末金融机构人民币各项贷款余额	9.51	
1.3.3 数字金融	62.25	
1.4 政策基础	1.85	92
1.4.1 政府社会资本合作环境	3.70	
1.4.2 政府文件	0.00	
2.1 人力资源	22.85	84
2.1.1 普通高等学校教育数量与质量	37.04	
2.1.2 中等职业学校教育数量与质量	29.61	
2.1.3 一般公共预算教育支出占 GDP 比重	15.80	
2.1.4 人才吸引力指数	31.80	
2.1.5 高新区企业 R&D 人员所占比重	0.00	
2.2 研发投入	6.11	104
2.2.1 R&D 内部经费占 GDP 的比重	3.44	
2.2.2 一般公共预算科学技术支出占 GDP 的比重	14.91	
2.2.3 高新区企业 R&D 经费内部支出占营业收入比重	0.00	
2.3 创新机构	5.13	77
2.3.1 文化机构	8.69	

续表

乌鲁木齐	得分	排名
2.3.2 国家重点实验室	0.00	
2.3.3 国家创新中心	6.70	
3.1 知识创造	29.02	25
3.1.1 每十万人发明专利授权数	3.02	
3.1.2 每十万人 WoS 论文数	13.49	
3.1.3 每亿元 R&D 内部经费支出所取得的发明专利授权数	55.51	
3.1.4 国际科研合作	44.08	
3.2 知识扩散	5.13	81
3.2.1 输出技术成交额占地区生产总值的比重	0.29	
3.2.2 吸纳技术成交额占地区生产总值的比重	0.29	
3.2.3 国家技术转移机构数	14.81	
4.1 创新经济效益	43.67	70
4.1.1 人均地区生产总值	36.51	
4.1.2 贸易顺差(逆差)	76.79	
4.1.3 人均工业增加值	17.72	
4.2 数字创新活力	6.75	73
4.2.1 数字产业活力	7.38	
4.2.2 数字消费活力	0.81	
4.2.3 数字政务活力	0.30	
4.2.4 数字文化活力	18.50	
4.3 创新包容性	76.14	20
4.3.1 城镇登记失业率	61.90	
4.3.2 城乡居民人均可支配收入比	74.09	
4.3.3 平均房价与人均可支配收入比	92.43	
4.4 创新可持续性	56.04	89
4.4.1 单位 GDP 能耗	49.15	

乌鲁木齐	得分	排名
4.4.2 废水废物处理能力	79.20	
4.4.3 空气质量指数	33.60	
4.4.4 园林绿化覆盖率	35.57	
4.4.5 货运碳排放量	82.65	

湘潭	得分	排名
城市创新指数	25.36	49
1 基础设施	14.12	77
2 创新资源	22.43	41
3 创新过程	12.21	65
4 创新产出	51.90	26
1.1 数字基础	27.82	45
1.1.1 固网宽带应用渗透率	43.73	
1.1.2 移动网络应用渗透率	55.04	
1.1.3 车联网车辆接入数量	0.00	
1.1.4 工业互联网示范项目数量	12.50	
1.2 交通基础	9.03	87
1.2.1 公路单位里程运输量	1.05	
1.2.2 人均快递业务量	0.00	
1.2.3 城市物流仓储用地面积占城市建设用地总面积比重	19.17	
1.2.4 公共汽(电)车运输人次占总人口比重	15.88	
1.3 金融基础	13.81	76
1.3.1 年末金融机构人民币各项存款余额	0.54	
1.3.2 年末金融机构人民币各项贷款余额	1.68	
1.3.3 数字金融	39.22	
1.4 政策基础	4.81	62
1.4.1 政府社会资本合作环境	3.70	

续表

湘潭	得分	排名
1.4.2 政府文件	5.92	
2.1 人力资源	27.2	56
2.1.1 普通高等学校教育数量与质量	37.43	
2.1.2 中等职业学校教育数量与质量	27.59	
2.1.3 一般公共预算教育支出占 GDP 比重	2.07	
2.1.4 人才吸引力指数	25.90	
2.1.5 高新区企业 R&D 人员所占比重	43.01	
2.2 研发投入	36.69	21
2.2.1 R&D 内部经费占 GDP 的比重	34.80	
2.2.2 一般公共预算科学技术支出占 GDP 的比重	43.48	
2.2.3 高新区企业 R&D 经费内部支出占营业收入比重	31.80	
2.3 创新机构	3.94	90
2.3.1 文化机构	8.22	
2.3.2 国家重点实验室	0.00	
2.3.3 国家创新中心	3.61	
3.1 知识创造	17.31	57
3.1.1 每十万人发明专利授权数	6.85	
3.1.2 每十万人 WoS 论文数	13.19	
3.1.3 每亿元 R&D 内部经费支出所取得的发明专利授权数	10.71	
3.1.4 国际科研合作	38.51	
3.2 知识扩散	7.19	65
3.2.1 输出技术成交额占地区生产总值的比重	9.86	
3.2.2 吸纳技术成交额占地区生产总值的比重	9.86	
3.2.3 国家技术转移机构数	1.85	
4.1 创新经济效益	53.45	37
4.1.1 人均地区生产总值	39.25	

湘潭	得分	排名
4.1.2 贸易顺差（逆差）	76.59	
4.1.3 人均工业增加值	44.52	
4.2 数字创新活力	6.18	78
4.2.1 数字产业活力	2.43	
4.2.2 数字消费活力	2.38	
4.2.3 数字政务活力	2.33	
4.2.4 数字文化活力	17.59	
4.3 创新包容性	84.2	4
4.3.1 城镇登记失业率	79.68	
4.3.2 城乡居民人均可支配收入比	74.67	
4.3.3 平均房价与人均可支配收入比	98.24	
4.4 创新可持续性	65.77	34
4.4.1 单位 GDP 能耗	93.26	
4.4.2 废水废物处理能力	67.87	
4.4.3 空气质量指数	63.32	
4.4.4 园林绿化覆盖率	42.15	
4.4.5 货运碳排放量	62.24	
泉州	得分	排名
城市创新指数	25.36	50
1 基础设施	19.10	45
2 创新资源	14.28	88
3 创新过程	9.97	76
4 创新产出	56.83	12
1.1 数字基础	32.46	27
1.1.1 固网宽带应用渗透率	53.04	
1.1.2 移动网络应用渗透率	59.28	

续表

泉州	得分	排名
1.1.3 车联网车辆接入数量	5.00	
1.1.4 工业互联网示范项目数量	12.50	
1.2 交通基础	11.77	66
1.2.1 公路单位里程运输量	1.15	
1.2.2 人均快递业务量	15.14	
1.2.3 城市物流仓储用地面积占城市建设用地总面积比重	28.12	
1.2.4 公共汽(电)车运输人次占总人口比重	2.68	
1.3 金融基础	26.81	41
1.3.1 年末金融机构人民币各项存款余额	4.08	
1.3.2 年末金融机构人民币各项贷款余额	8.70	
1.3.3 数字金融	67.64	
1.4 政策基础	4.30	68
1.4.1 政府社会资本合作环境	7.41	
1.4.2 政府文件	1.18	
2.1 人力资源	21.48	89
2.1.1 普通高等学校教育数量与质量	18.08	
2.1.2 中等职业学校教育数量与质量	22.82	
2.1.3 一般公共预算教育支出占 GDP 比重	1.32	
2.1.4 人才吸引力指数	30.90	
2.1.5 高新区企业 R&D 人员所占比重	34.27	
2.2 研发投入	16.62	83
2.2.1 R&D 内部经费占 GDP 的比重	19.09	
2.2.2 一般公共预算科学技术支出占 GDP 的比重	7.57	
2.2.3 高新区企业 R&D 经费内部支出占营业收入比重	23.22	
2.3 创新机构	5.85	71
2.3.1 文化机构	12.40	

续表

泉州	得分	排名
2.3.2 国家重点实验室	0.00	
2.3.3 国家创新中心	5.15	
3.1 知识创造	20.03	54
3.1.1 每十万人发明专利授权数	7.93	
3.1.2 每十万人 WoS 论文数	1.32	
3.1.3 每亿元 R&D 内部经费支出所取得的发明专利授权数	17.47	
3.1.4 国际科研合作	53.42	
3.2 知识扩散	0.09	103
3.2.1 输出技术成交额占地区生产总值的比重	0.14	
3.2.2 吸纳技术成交额占地区生产总值的比重	0.14	
3.2.3 国家技术转移机构数	0.00	
4.1 创新经济效益	73.70	11
4.1.1 人均地区生产总值	61.94	
4.1.2 贸易顺差(逆差)	81.80	
4.1.3 人均工业增加值	77.36	
4.2 数字创新活力	11.31	49
4.2.1 数字产业活力	2.57	
4.2.2 数字消费活力	21.98	
4.2.3 数字政务活力	1.34	
4.2.4 数字文化活力	19.35	
4.3 创新包容性	66.98	43
4.3.1 城镇登记失业率	77.14	
4.3.2 城乡居民人均可支配收入比	51.19	
4.3.3 平均房价与人均可支配收入比	72.60	
4.4 创新可持续性	76.25	12
4.4.1 单位 GDP 能耗	97.31	

续表

泉州	得分	排名
4.4.2 废水废物处理能力	70.44	
4.4.3 空气质量指数	86.59	
4.4.4 园林绿化覆盖率	49.35	
4.4.5 货运碳排放量	77.55	
株洲	**得分**	**排名**
城市创新指数	25.26	51
1 基础设施	9.93	97
2 创新资源	31.50	15
3 创新过程	10.10	74
4 创新产出	49.02	43
1.1 数字基础	17.01	93
1.1.1 固网宽带应用渗透率	13.97	
1.1.2 移动网络应用渗透率	53.06	
1.1.3 车联网车辆接入数量	1.00	
1.1.4 工业互联网示范项目数量	0.00	
1.2 交通基础	4.91	103
1.2.1 公路单位里程运输量	1.02	
1.2.2 人均快递业务量	2.00	
1.2.3 城市物流仓储用地面积占城市建设用地总面积比重	0.00	
1.2.4 公共汽(电)车运输人次占总人口比重	16.61	
1.3 金融基础	12.22	80
1.3.1 年末金融机构人民币各项存款余额	1.21	
1.3.2 年末金融机构人民币各项贷款余额	1.83	
1.3.3 数字金融	33.62	
1.4 政策基础	5.11	60
1.4.1 政府社会资本合作环境	3.70	

续表

株洲	得分	排名
1.4.2 政府文件	6.51	
2.1 人力资源	28.62	49
2.1.1 普通高等学校教育数量与质量	18.06	
2.1.2 中等职业学校教育数量与质量	28.26	
2.1.3 一般公共预算教育支出占 GDP 比重	8.77	
2.1.4 人才吸引力指数	30.10	
2.1.5 高新区企业 R&D 人员所占比重	57.89	
2.2 研发投入	50.66	7
2.2.1 R&D 内部经费占 GDP 的比重	45.30	
2.2.2 一般公共预算科学技术支出占 GDP 的比重	71.04	
2.2.3 高新区企业 R&D 经费内部支出占营业收入比重	35.63	
2.3 创新机构	14.5	27
2.3.1 文化机构	10.77	
2.3.2 国家重点实验室	0.00	
2.3.3 国家创新中心	32.73	
3.1 知识创造	13.06	74
3.1.1 每十万人发明专利授权数	10.92	
3.1.2 每十万人 WoS 论文数	2.60	
3.1.3 每亿元 R&D 内部经费支出所取得的发明专利授权数	14.25	
3.1.4 国际科研合作	24.46	
3.2 知识扩散	7.19	65
3.2.1 输出技术成交额占地区生产总值的比重	9.86	
3.2.2 吸纳技术成交额占地区生产总值的比重	9.86	
3.2.3 国家技术转移机构数	1.85	
4.1 创新经济效益	48.33	54
4.1.1 人均地区生产总值	34.44	

续表

株洲	得分	排名
4.1.2 贸易顺差（逆差）	76.57	
4.1.3 人均工业增加值	33.98	
4.2 数字创新活力	6.41	77
4.2.1 数字产业活力	3.14	
4.2.2 数字消费活力	4.24	
4.2.3 数字政务活力	1.01	
4.2.4 数字文化活力	17.24	
4.3 创新包容性	74.51	29
4.3.1 城镇登记失业率	63.49	
4.3.2 城乡居民人均可支配收入比	60.58	
4.3.3 平均房价与人均可支配收入比	99.44	
4.4 创新可持续性	68.09	28
4.4.1 单位 GDP 能耗	94.99	
4.4.2 废水废物处理能力	73.22	
4.4.3 空气质量指数	64.53	
4.4.4 园林绿化覆盖率	45.46	
4.4.5 货运碳排放量	62.24	
绵阳	得分	排名
城市创新指数	25.20	52
1 基础设施	14.90	71
2 创新资源	27.22	23
3 创新过程	12.23	64
4 创新产出	45.88	59
1.1 数字基础	26.89	55
1.1.1 固网宽带应用渗透率	37.03	
1.1.2 移动网络应用渗透率	68.53	

绵阳	得分	排名
1.1.3 车联网车辆接入数量	2.00	
1.1.4 工业互联网示范项目数量	0.00	
1.2 交通基础	10.51	74
1.2.1 公路单位里程运输量	0.60	
1.2.2 人均快递业务量	1.94	
1.2.3 城市物流仓储用地面积占城市建设用地总面积比重	23.80	
1.2.4 公共汽(电)车运输人次占总人口比重	15.72	
1.3 金融基础	15.86	68
1.3.1 年末金融机构人民币各项存款余额	2.06	
1.3.2 年末金融机构人民币各项贷款余额	2.18	
1.3.3 数字金融	43.35	
1.4 政策基础	5.40	58
1.4.1 政府社会资本合作环境	3.70	
1.4.2 政府文件	7.10	
2.1 人力资源	26.95	58
2.1.1 普通高等学校教育数量与质量	25.51	
2.1.2 中等职业学校教育数量与质量	23.21	
2.1.3 一般公共预算教育支出占GDP比重	14.57	
2.1.4 人才吸引力指数	25.40	
2.1.5 高新区企业R&D人员所占比重	46.07	
2.2 研发投入	48.56	8
2.2.1 R&D内部经费占GDP的比重	100.00	
2.2.2 一般公共预算科学技术支出占GDP的比重	13.39	
2.2.3 高新区企业R&D经费内部支出占营业收入比重	32.31	
2.3 创新机构	5.80	74
2.3.1 文化机构	11.64	

续表

绵阳	得分	排名
2.3.2 国家重点实验室	1.11	
2.3.3 国家创新中心	4.64	
3.1 知识创造	13.09	73
3.1.1 每十万人发明专利授权数	9.60	
3.1.2 每十万人 WoS 论文数	9.60	
3.1.3 每亿元 R&D 内部经费支出所取得的发明专利授权数	6.27	
3.1.4 国际科研合作	26.89	
3.2 知识扩散	11.39	32
3.2.1 输出技术成交额占地区生产总值的比重	14.31	
3.2.2 吸纳技术成交额占地区生产总值的比重	14.31	
3.2.3 国家技术转移机构数	5.56	
4.1 创新经济效益	38.55	87
4.1.1 人均地区生产总值	21.03	
4.1.2 贸易顺差（逆差）	75.80	
4.1.3 人均工业增加值	18.83	
4.2 数字创新活力	9.72	54
4.2.1 数字产业活力	12.47	
4.2.2 数字消费活力	0.82	
4.2.3 数字政务活力	2.00	
4.2.4 数字文化活力	23.60	
4.3 创新包容性	68.38	39
4.3.1 城镇登记失业率	57.14	
4.3.2 城乡居民人均可支配收入比	59.62	
4.3.3 平均房价与人均可支配收入比	88.38	
4.4 创新可持续性	67.54	30
4.4.1 单位 GDP 能耗	88.95	

续表

绵阳	得分	排名
4.4.2 废水废物处理能力	65.50	
4.4.3 空气质量指数	67.44	
4.4.4 园林绿化覆盖率	40.28	
4.4.5 货运碳排放量	75.51	
汕头	得分	排名
城市创新指数	25.04	53
1 基础设施	15.67	62
2 创新资源	16.02	76
3 创新过程	20.36	25
4 创新产出	47.51	54
1.1 数字基础	19.13	86
1.1.1 固网宽带应用渗透率	10.04	
1.1.2 移动网络应用渗透率	55.47	
1.1.3 车联网车辆接入数量	11.00	
1.1.4 工业互联网示范项目数量	0.00	
1.2 交通基础	13.50	50
1.2.1 公路单位里程运输量	3.35	
1.2.2 人均快递业务量	20.08	
1.2.3 城市物流仓储用地面积占城市建设用地总面积比重	19.46	
1.2.4 公共汽(电)车运输人次占总人口比重	11.11	
1.3 金融基础	21.73	51
1.3.1 年末金融机构人民币各项存款余额	1.50	
1.3.2 年末金融机构人民币各项贷款余额	1.43	
1.3.3 数字金融	62.27	
1.4 政策基础	7.92	47
1.4.1 政府社会资本合作环境	11.11	

续表

汕头	得分	排名
1.4.2 政府文件	4.73	
2.1 人力资源	28.41	52
2.1.1 普通高等学校教育数量与质量	17.25	
2.1.2 中等职业学校教育数量与质量	24.96	
2.1.3 一般公共预算教育支出占 GDP 比重	29.89	
2.1.4 人才吸引力指数	12.25	
2.1.5 高新区企业 R&D 人员所占比重	57.71	
2.2 研发投入	18.41	73
2.2.1 R&D 内部经费占 GDP 的比重	13.83	
2.2.2 一般公共预算科学技术支出占 GDP 的比重	9.12	
2.2.3 高新区企业 R&D 经费内部支出占营业收入比重	32.28	
2.3 创新机构	3.18	98
2.3.1 文化机构	8.51	
2.3.2 国家重点实验室	0.00	
2.3.3 国家创新中心	1.03	
3.1 知识创造	29.97	24
3.1.1 每十万人发明专利授权数	1.39	
3.1.2 每十万人 WoS 论文数	4.48	
3.1.3 每亿元 R&D 内部经费支出所取得的发明专利授权数	14.02	
3.1.4 国际科研合作	100.00	
3.2 知识扩散	10.93	35
3.2.1 输出技术成交额占地区生产总值的比重	16.39	
3.2.2 吸纳技术成交额占地区生产总值的比重	16.39	
3.2.3 国家技术转移机构数	0.00	
4.1 创新经济效益	37.13	90
4.1.1 人均地区生产总值	11.70	

汕头	得分	排名
4.1.2 贸易顺差(逆差)	78.34	
4.1.3 人均工业增加值	21.35	
4.2 数字创新活力	9.32	57
4.2.1 数字产业活力	3.41	
4.2.2 数字消费活力	17.98	
4.2.3 数字政务活力	1.97	
4.2.4 数字文化活力	13.92	
4.3 创新包容性	73.87	30
4.3.1 城镇登记失业率	63.49	
4.3.2 城乡居民人均可支配收入比	82.63	
4.3.3 平均房价与人均可支配收入比	75.48	
4.4 创新可持续性	70.51	22
4.4.1 单位 GDP 能耗	48.88	
4.4.2 废水废物处理能力	73.43	
4.4.3 空气质量指数	90.38	
4.4.4 园林绿化覆盖率	58.23	
4.4.5 货运碳排放量	81.63	
哈尔滨	得分	排名
城市创新指数	24.79	54
1 基础设施	16.11	58
2 创新资源	17.73	61
3 创新过程	25.20	15
4 创新产出	39.83	95
1.1 数字基础	21.71	72
1.1.1 固网宽带应用渗透率	6.49	
1.1.2 移动网络应用渗透率	63.33	

续表

哈尔滨	得分	排名
1.1.3 车联网车辆接入数量	17.00	
1.1.4 工业互联网示范项目数量	0.00	
1.2 交通基础	16.61	41
1.2.1 公路单位里程运输量	0.52	
1.2.2 人均快递业务量	2.29	
1.2.3 城市物流仓储用地面积占城市建设用地总面积比重	29.28	
1.2.4 公共汽(电)车运输人次占总人口比重	34.33	
1.3 金融基础	25.31	44
1.3.1 年末金融机构人民币各项存款余额	6.88	
1.3.2 年末金融机构人民币各项贷款余额	14.37	
1.3.3 数字金融	54.68	
1.4 政策基础	0.00	103
1.4.1 政府社会资本合作环境	0.00	
1.4.2 政府文件	0.00	
2.1 人力资源	26.14	64
2.1.1 普通高等学校教育数量与质量	41.10	
2.1.2 中等职业学校教育数量与质量	33.73	
2.1.3 一般公共预算教育支出占 GDP 比重	11.52	
2.1.4 人才吸引力指数	12.25	
2.1.5 高新区企业 R&D 人员所占比重	32.12	
2.2 研发投入	18.29	74
2.2.1 R&D 内部经费占 GDP 的比重	31.47	
2.2.2 一般公共预算科学技术支出占 GDP 的比重	11.92	
2.2.3 高新区企业 R&D 经费内部支出占营业收入比重	11.48	
2.3 创新机构	10.09	42
2.3.1 文化机构	19.05	

续表

哈尔滨	得分	排名
2.3.2 国家重点实验室	5.56	
2.3.3 国家创新中心	5.67	
3.1 知识创造	31.07	23
3.1.1 每十万人发明专利授权数	12.15	
3.1.2 每十万人 WoS 论文数	26.02	
3.1.3 每亿元 R&D 内部经费支出所取得的发明专利授权数	38.09	
3.1.4 国际科研合作	48.01	
3.2 知识扩散	19.43	16
3.2.1 输出技术成交额占地区生产总值的比重	22.67	
3.2.2 吸纳技术成交额占地区生产总值的比重	22.67	
3.2.3 国家技术转移机构数	12.96	
4.1 创新经济效益	32.25	100
4.1.1 人均地区生产总值	15.43	
4.1.2 贸易顺差(逆差)	76.23	
4.1.3 人均工业增加值	5.08	
4.2 数字创新活力	10.94	50
4.2.1 数字产业活力	3.30	
4.2.2 数字消费活力	9.46	
4.2.3 数字政务活力	3.37	
4.2.4 数字文化活力	27.62	
4.3 创新包容性	59.29	60
4.3.1 城镇登记失业率	31.75	
4.3.2 城乡居民人均可支配收入比	61.69	
4.3.3 平均房价与人均可支配收入比	84.45	
4.4 创新可持续性	57.42	81
4.4.1 单位 GDP 能耗	90.61	

续表

哈尔滨	得分	排名
4.4.2 废水废物处理能力	58.75	
4.4.3 空气质量指数	51.89	
4.4.4 园林绿化覆盖率	5.23	
4.4.5 货运碳排放量	80.61	
海口	**得分**	**排名**
城市创新指数	24.77	55
1 基础设施	19.48	43
2 创新资源	14.22	91
3 创新过程	16.83	41
4 创新产出	47.73	52
1.1 数字基础	30.72	31
1.1.1 固网宽带应用渗透率	37.26	
1.1.2 移动网络应用渗透率	71.11	
1.1.3 车联网车辆接入数量	2.00	
1.1.4 工业互联网示范项目数量	12.50	
1.2 交通基础	8.96	89
1.2.1 公路单位里程运输量	1.60	
1.2.2 人均快递业务量	1.59	
1.2.3 城市物流仓储用地面积占城市建设用地总面积比重	2.71	
1.2.4 公共汽(电)车运输人次占总人口比重	29.92	
1.3 金融基础	29.60	37
1.3.1 年末金融机构人民币各项存款余额	2.02	
1.3.2 年末金融机构人民币各项贷款余额	5.88	
1.3.3 数字金融	80.90	
1.4 政策基础	7.85	48
1.4.1 政府社会资本合作环境	7.41	

续表

海口	得分	排名
1.4.2 政府文件	8.28	
2.1 人力资源	30.06	41
2.1.1 普通高等学校教育数量与质量	36.58	
2.1.2 中等职业学校教育数量与质量	50.55	
2.1.3 一般公共预算教育支出占 GDP 比重	13.44	
2.1.4 人才吸引力指数	29.70	
2.1.5 高新区企业 R&D 人员所占比重	20.03	
2.2 研发投入	6.57	103
2.2.1 R&D 内部经费占 GDP 的比重	8.49	
2.2.2 一般公共预算科学技术支出占 GDP 的比重	5.36	
2.2.3 高新区企业 R&D 经费内部支出占营业收入比重	5.86	
2.3 创新机构	8.66	53
2.3.1 文化机构	23.84	
2.3.2 国家重点实验室	1.11	
2.3.3 国家创新中心	1.03	
3.1 知识创造	32.63	18
3.1.1 每十万人发明专利授权数	5.32	
3.1.2 每十万人 WoS 论文数	15.19	
3.1.3 每亿元 R&D 内部经费支出所取得的发明专利授权数	53.56	
3.1.4 国际科研合作	56.45	
3.2 知识扩散	1.30	97
3.2.1 输出技术成交额占地区生产总值的比重	1.96	
3.2.2 吸纳技术成交额占地区生产总值的比重	1.96	
3.2.3 国家技术转移机构数	0.00	
4.1 创新经济效益	32.46	99
4.1.1 人均地区生产总值	22.07	

续表

海口	得分	排名
4.1.2 贸易顺差(逆差)	75.31	
4.1.3 人均工业增加值	0.00	
4.2 数字创新活力	21.57	18
4.2.1 数字产业活力	5.70	
4.2.2 数字消费活力	8.53	
4.2.3 数字政务活力	1.91	
4.2.4 数字文化活力	70.13	
4.3 创新包容性	57.96	68
4.3.1 城镇登记失业率	64.76	
4.3.2 城乡居民人均可支配收入比	41.94	
4.3.3 平均房价与人均可支配收入比	67.16	
4.4 创新可持续性	78.15	8
4.4.1 单位 GDP 能耗	82.64	
4.4.2 废水废物处理能力	83.32	
4.4.3 空气质量指数	98.08	
4.4.4 园林绿化覆盖率	32.84	
4.4.5 货运碳排放量	93.88	
徐州	**得分**	**排名**
城市创新指数	24.35	56
1 基础设施	15.03	68
2 创新资源	17.59	62
3 创新过程	17.27	38
4 创新产出	46.89	55
1.1 数字基础	27.07	53
1.1.1 固网宽带应用渗透率	32.65	
1.1.2 移动网络应用渗透率	51.62	

续表

徐州	得分	排名
1.1.3 车联网车辆接入数量	24.00	
1.1.4 工业互联网示范项目数量	0.00	
1.2 交通基础	9.62	82
1.2.1 公路单位里程运输量	4.22	
1.2.2 人均快递业务量	3.24	
1.2.3 城市物流仓储用地面积占城市建设用地总面积比重	17.26	
1.2.4 公共汽(电)车运输人次占总人口比重	13.75	
1.3 金融基础	19.13	57
1.3.1 年末金融机构人民币各项存款余额	4.32	
1.3.2 年末金融机构人民币各项贷款余额	7.36	
1.3.3 数字金融	45.71	
1.4 政策基础	3.33	81
1.4.1 政府社会资本合作环境	3.70	
1.4.2 政府文件	2.96	
2.1 人力资源	30.63	39
2.1.1 普通高等学校教育数量与质量	24.04	
2.1.2 中等职业学校教育数量与质量	27.22	
2.1.3 一般公共预算教育支出占 GDP 比重	17.42	
2.1.4 人才吸引力指数	26.80	
2.1.5 高新区企业 R&D 人员所占比重	57.64	
2.2 研发投入	19.94	68
2.2.1 R&D 内部经费占 GDP 的比重	24.36	
2.2.2 一般公共预算科学技术支出占 GDP 的比重	14.97	
2.2.3 高新区企业 R&D 经费内部支出占营业收入比重	20.48	
2.3 创新机构	4.26	85
2.3.1 文化机构	7.99	

续表

徐州	得分	排名
2.3.2 国家重点实验室	2.22	
2.3.3 国家创新中心	2.58	
3.1 知识创造	25.29	38
3.1.1 每十万人发明专利授权数	11.42	
3.1.2 每十万人 WoS 论文数	8.97	
3.1.3 每亿元 R&D 内部经费支出所取得的发明专利授权数	29.06	
3.1.4 国际科研合作	51.69	
3.2 知识扩散	9.39	50
3.2.1 输出技术成交额占地区生产总值的比重	11.31	
3.2.2 吸纳技术成交额占地区生产总值的比重	11.31	
3.2.3 国家技术转移机构数	5.56	
4.1 创新经济效益	48.37	53
4.1.1 人均地区生产总值	35.27	
4.1.2 贸易顺差（逆差）	79.76	
4.1.3 人均工业增加值	30.08	
4.2 数字创新活力	7.20	70
4.2.1 数字产业活力	2.60	
4.2.2 数字消费活力	6.02	
4.2.3 数字政务活力	1.85	
4.2.4 数字文化活力	18.35	
4.3 创新包容性	81.62	10
4.3.1 城镇登记失业率	86.98	
4.3.2 城乡居民人均可支配收入比	83.53	
4.3.3 平均房价与人均可支配收入比	74.35	
4.4 创新可持续性	52.78	95
4.4.1 单位 GDP 能耗	94.38	

续表

徐州	得分	排名
4.4.2 废水废物处理能力	57.31	
4.4.3 空气质量指数	29.62	
4.4.4 园林绿化覆盖率	47.86	
4.4.5 货运碳排放量	34.69	

连云港	得分	排名
城市创新指数	24.05	57
1 基础设施	15.53	65
2 创新资源	26.13	26
3 创新过程	7.85	89
4 创新产出	45.97	58
1.1 数字基础	20.71	78
1.1.1 固网宽带应用渗透率	32.13	
1.1.2 移动网络应用渗透率	48.70	
1.1.3 车联网车辆接入数量	2.00	
1.1.4 工业互联网示范项目数量	0.00	
1.2 交通基础	21.17	21
1.2.1 公路单位里程运输量	2.31	
1.2.2 人均快递业务量	4.20	
1.2.3 城市物流仓储用地面积占城市建设用地总面积比重	64.43	
1.2.4 公共汽(电)车运输人次占总人口比重	13.75	
1.3 金融基础	15.45	71
1.3.1 年末金融机构人民币各项存款余额	1.58	
1.3.2 年末金融机构人民币各项贷款余额	3.94	
1.3.3 数字金融	40.83	
1.4 政策基础	4.00	71
1.4.1 政府社会资本合作环境	7.41	

续表

连云港	得分	排名
1.4.2 政府文件	0.59	
2.1 人力资源	25.76	65
2.1.1 普通高等学校教育数量与质量	12.63	
2.1.2 中等职业学校教育数量与质量	35.34	
2.1.3 一般公共预算教育支出占 GDP 比重	20.50	
2.1.4 人才吸引力指数	12.25	
2.1.5 高新区企业 R&D 人员所占比重	48.06	
2.2 研发投入	47.76	10
2.2.1 R&D 内部经费占 GDP 的比重	30.75	
2.2.2 一般公共预算科学技术支出占 GDP 的比重	12.52	
2.2.3 高新区企业 R&D 经费内部支出占营业收入比重	100.00	
2.3 创新机构	4.52	84
2.3.1 文化机构	10.45	
2.3.2 国家重点实验室	0.00	
2.3.3 国家创新中心	3.09	
3.1 知识创造	8.16	95
3.1.1 每十万人发明专利授权数	3.37	
3.1.2 每十万人 WoS 论文数	2.12	
3.1.3 每亿元 R&D 内部经费支出所取得的发明专利授权数	7.40	
3.1.4 国际科研合作	19.76	
3.2 知识扩散	7.54	62
3.2.1 输出技术成交额占地区生产总值的比重	11.31	
3.2.2 吸纳技术成交额占地区生产总值的比重	11.31	
3.2.3 国家技术转移机构数	0.00	
4.1 创新经济效益	43.71	69
4.1.1 人均地区生产总值	28.15	

连云港	得分	排名
4.1.2 贸易顺差（逆差）	75.48	
4.1.3 人均工业增加值	27.52	
4.2 数字创新活力	6.17	79
4.2.1 数字产业活力	1.67	
4.2.2 数字消费活力	7.28	
4.2.3 数字政务活力	1.37	
4.2.4 数字文化活力	14.34	
4.3 创新包容性	77.35	17
4.3.1 城镇登记失业率	85.08	
4.3.2 城乡居民人均可支配收入比	70.19	
4.3.3 平均房价与人均可支配收入比	76.78	
4.4 创新可持续性	58.46	78
4.4.1 单位 GDP 能耗	89.00	
4.4.2 废水废物处理能力	60.76	
4.4.3 空气质量指数	51.63	
4.4.4 园林绿化覆盖率	43.98	
4.4.5 货运碳排放量	46.94	
南宁	得分	排名
城市创新指数	23.77	58
1 基础设施	22.04	33
2 创新资源	15.48	78
3 创新过程	13.65	55
4 创新产出	43.08	79
1.1 数字基础	27.02	54
1.1.1 固网宽带应用渗透率	33.95	
1.1.2 移动网络应用渗透率	66.13	

续表

南宁	得分	排名
1.1.3 车联网车辆接入数量	8.00	
1.1.4 工业互联网示范项目数量	0.00	
1.2 交通基础	11.84	63
1.2.1 公路单位里程运输量	4.15	
1.2.2 人均快递业务量	1.29	
1.2.3 城市物流仓储用地面积占城市建设用地总面积比重	27.17	
1.2.4 公共汽(电)车运输人次占总人口比重	14.74	
1.3 金融基础	28.60	38
1.3.1 年末金融机构人民币各项存款余额	5.63	
1.3.2 年末金融机构人民币各项贷款余额	18.51	
1.3.3 数字金融	61.66	
1.4 政策基础	20.59	16
1.4.1 政府社会资本合作环境	37.04	
1.4.2 政府文件	4.14	
2.1 人力资源	31.61	36
2.1.1 普通高等学校教育数量与质量	35.63	
2.1.2 中等职业学校教育数量与质量	41.75	
2.1.3 一般公共预算教育支出占 GDP 比重	25.07	
2.1.4 人才吸引力指数	29.60	
2.1.5 高新区企业 R&D 人员所占比重	26.01	
2.2 研发投入	13.70	88
2.2.1 R&D 内部经费占 GDP 的比重	14.12	
2.2.2 一般公共预算科学技术支出占 GDP 的比重	14.14	
2.2.3 高新区企业 R&D 经费内部支出占营业收入比重	12.85	
2.3 创新机构	3.71	92
2.3.1 文化机构	8.55	

南宁	得分	排名
2.3.2 国家重点实验室	0.00	
2.3.3 国家创新中心	2.58	
3.1 知识创造	24.14	41
3.1.1 每十万人发明专利授权数	4.74	
3.1.2 每十万人 WoS 论文数	9.16	
3.1.3 每亿元 R&D 内部经费支出所取得的发明专利授权数	33.94	
3.1.4 国际科研合作	48.72	
3.2 知识扩散	3.35	86
3.2.1 输出技术成交额占地区生产总值的比重	2.25	
3.2.2 吸纳技术成交额占地区生产总值的比重	2.25	
3.2.3 国家技术转移机构数	5.56	
4.1 创新经济效益	31.17	102
4.1.1 人均地区生产总值	15.50	
4.1.2 贸易顺差（逆差）	75.89	
4.1.3 人均工业增加值	2.13	
4.2 数字创新活力	14.34	38
4.2.1 数字产业活力	5.69	
4.2.2 数字消费活力	10.07	
4.2.3 数字政务活力	6.65	
4.2.4 数字文化活力	34.95	
4.3 创新包容性	51.85	83
4.3.1 城镇登记失业率	43.81	
4.3.2 城乡居民人均可支配收入比	35.57	
4.3.3 平均房价与人均可支配收入比	76.16	
4.4 创新可持续性	74.17	16
4.4.1 单位 GDP 能耗	82.78	

续表

南宁	得分	排名
4.4.2 废水废物处理能力	83.32	
4.4.3 空气质量指数	90.78	
4.4.4 园林绿化覆盖率	38.45	
4.4.5 货运碳排放量	75.51	
淮安	**得分**	**排名**
城市创新指数	23.74	59
1 基础设施	15.28	66
2 创新资源	18.24	59
3 创新过程	12.25	63
4 创新产出	48.39	47
1.1 数字基础	22.71	69
1.1.1 固网宽带应用渗透率	33.05	
1.1.2 移动网络应用渗透率	49.79	
1.1.3 车联网车辆接入数量	8.00	
1.1.4 工业互联网示范项目数量	0.00	
1.2 交通基础	18.44	29
1.2.1 公路单位里程运输量	1.97	
1.2.2 人均快递业务量	3.46	
1.2.3 城市物流仓储用地面积占城市建设用地总面积比重	24.75	
1.2.4 公共汽(电)车运输人次占总人口比重	43.57	
1.3 金融基础	16.90	65
1.3.1 年末金融机构人民币各项存款余额	1.93	
1.3.2 年末金融机构人民币各项贷款余额	4.46	
1.3.3 数字金融	44.32	
1.4 政策基础	2.15	87
1.4.1 政府社会资本合作环境	3.70	

淮安	得分	排名
1.4.2 政府文件	0.59	
2.1 人力资源	29.06	45
2.1.1 普通高等学校教育数量与质量	35.94	
2.1.2 中等职业学校教育数量与质量	34.47	
2.1.3 一般公共预算教育支出占 GDP 比重	9.88	
2.1.4 人才吸引力指数	25.80	
2.1.5 高新区企业 R&D 人员所占比重	39.23	
2.2 研发投入	22.55	60
2.2.1 R&D 内部经费占 GDP 的比重	23.66	
2.2.2 一般公共预算科学技术支出占 GDP 的比重	9.56	
2.2.3 高新区企业 R&D 经费内部支出占营业收入比重	34.44	
2.3 创新机构	4.76	81
2.3.1 文化机构	13.24	
2.3.2 国家重点实验室	0.00	
2.3.3 国家创新中心	1.03	
3.1 知识创造	17.04	58
3.1.1 每十万人发明专利授权数	4.43	
3.1.2 每十万人 WoS 论文数	4.83	
3.1.3 每亿元 R&D 内部经费支出所取得的发明专利授权数	10.36	
3.1.4 国际科研合作	48.54	
3.2 知识扩散	7.54	62
3.2.1 输出技术成交额占地区生产总值的比重	11.31	
3.2.2 吸纳技术成交额占地区生产总值的比重	11.31	
3.2.3 国家技术转移机构数	0.00	
4.1 创新经济效益	50.29	48
4.1.1 人均地区生产总值	40.46	

续表

淮安	得分	排名
4.1.2 贸易顺差（逆差）	76.85	
4.1.3 人均工业增加值	33.55	
4.2 数字创新活力	10.36	52
4.2.1 数字产业活力	4.42	
4.2.2 数字消费活力	8.63	
4.2.3 数字政务活力	2.36	
4.2.4 数字文化活力	26.02	
4.3 创新包容性	75.87	22
4.3.1 城镇登记失业率	86.98	
4.3.2 城乡居民人均可支配收入比	60.50	
4.3.3 平均房价与人均可支配收入比	80.14	
4.4 创新可持续性	58.84	76
4.4.1 单位 GDP 能耗	93.96	
4.4.2 废水废物处理能力	61.48	
4.4.3 空气质量指数	49.39	
4.4.4 园林绿化覆盖率	45.46	
4.4.5 货运碳排放量	43.88	
淄博	得分	排名
城市创新指数	23.72	60
1 基础设施	13.07	85
2 创新资源	26.01	27
3 创新过程	11.25	70
4 创新产出	44.02	74
1.1 数字基础	19.95	83
1.1.1 固网宽带应用渗透率	21.17	
1.1.2 移动网络应用渗透率	54.64	

淄博	得分	排名
1.1.3 车联网车辆接入数量	4.00	
1.1.4 工业互联网示范项目数量	0.00	
1.2 交通基础	9.91	79
1.2.1 公路单位里程运输量	1.58	
1.2.2 人均快递业务量	1.76	
1.2.3 城市物流仓储用地面积占城市建设用地总面积比重	27.92	
1.2.4 公共汽(电)车运输人次占总人口比重	8.38	
1.3 金融基础	17.01	64
1.3.1 年末金融机构人民币各项存款余额	2.32	
1.3.2 年末金融机构人民币各项贷款余额	3.50	
1.3.3 数字金融	45.22	
1.4 政策基础	4.81	62
1.4.1 政府社会资本合作环境	3.70	
1.4.2 政府文件	5.92	
2.1 人力资源	31.68	35
2.1.1 普通高等学校教育数量与质量	21.53	
2.1.2 中等职业学校教育数量与质量	33.93	
2.1.3 一般公共预算教育支出占 GDP 比重	20.14	
2.1.4 人才吸引力指数	29.60	
2.1.5 高新区企业 R&D 人员所占比重	53.21	
2.2 研发投入	27.17	42
2.2.1 R&D 内部经费占 GDP 的比重	38.60	
2.2.2 一般公共预算科学技术支出占 GDP 的比重	14.57	
2.2.3 高新区企业 R&D 经费内部支出占营业收入比重	28.33	
2.3 创新机构	20.06	15
2.3.1 文化机构	52.46	

续表

淄博	得分	排名
2.3.2 国家重点实验室	0.00	
2.3.3 国家创新中心	7.73	
3.1 知识创造	12.80	75
3.1.1 每十万人发明专利授权数	6.98	
3.1.2 每十万人 WoS 论文数	4.30	
3.1.3 每亿元 R&D 内部经费支出所取得的发明专利授权数	10.85	
3.1.4 国际科研合作	29.08	
3.2 知识扩散	9.72	41
3.2.1 输出技术成交额占地区生产总值的比重	14.58	
3.2.2 吸纳技术成交额占地区生产总值的比重	14.58	
3.2.3 国家技术转移机构数	0.00	
4.1 创新经济效益	49.63	50
4.1.1 人均地区生产总值	33.30	
4.1.2 贸易顺差(逆差)	76.60	
4.1.3 人均工业增加值	38.99	
4.2 数字创新活力	7.80	68
4.2.1 数字产业活力	5.37	
4.2.2 数字消费活力	4.85	
4.2.3 数字政务活力	2.71	
4.2.4 数字文化活力	18.26	
4.3 创新包容性	69.90	36
4.3.1 城镇登记失业率	69.84	
4.3.2 城乡居民人均可支配收入比	47.65	
4.3.3 平均房价与人均可支配收入比	92.21	
4.4 创新可持续性	50.67	101
4.4.1 单位 GDP 能耗	74.60	

续表

淄博	得分	排名
4.4.2 废水废物处理能力	75.28	
4.4.3 空气质量指数	7.05	
4.4.4 园林绿化覆盖率	55.59	
4.4.5 货运碳排放量	40.82	

泰州	得分	排名
城市创新指数	23.52	61
1 基础设施	16.87	53
2 创新资源	13.95	93
3 创新过程	8.42	85
4 创新产出	53.71	21
1.1 数字基础	23.84	63
1.1.1 固网宽带应用渗透率	43.23	
1.1.2 移动网络应用渗透率	51.14	
1.1.3 车联网车辆接入数量	1.00	
1.1.4 工业互联网示范项目数量	0.00	
1.2 交通基础	15.68	44
1.2.1 公路单位里程运输量	2.83	
1.2.2 人均快递业务量	2.79	
1.2.3 城市物流仓储用地面积占城市建设用地总面积比重	33.10	
1.2.4 公共汽(电)车运输人次占总人口比重	23.98	
1.3 金融基础	22.59	50
1.3.1 年末金融机构人民币各项存款余额	3.62	
1.3.2 年末金融机构人民币各项贷款余额	6.65	
1.3.3 数字金融	57.51	
1.4 政策基础	4.59	65
1.4.1 政府社会资本合作环境	7.41	

续表

泰州	得分	排名
1.4.2 政府文件	1.78	
2.1 人力资源	17.68	102
2.1.1 普通高等学校教育数量与质量	16.06	
2.1.2 中等职业学校教育数量与质量	30.19	
2.1.3 一般公共预算教育支出占 GDP 比重	0.00	
2.1.4 人才吸引力指数	30.60	
2.1.5 高新区企业 R&D 人员所占比重	11.55	
2.2 研发投入	17.74	75
2.2.1 R&D 内部经费占 GDP 的比重	35.95	
2.2.2 一般公共预算科学技术支出占 GDP 的比重	10.15	
2.2.3 高新区企业 R&D 经费内部支出占营业收入比重	7.13	
2.3 创新机构	6.97	65
2.3.1 文化机构	16.78	
2.3.2 国家重点实验室	0.00	
2.3.3 国家创新中心	4.12	
3.1 知识创造	8.68	94
3.1.1 每十万人发明专利授权数	10.03	
3.1.2 每十万人 WoS 论文数	0.74	
3.1.3 每亿元 R&D 内部经费支出所取得的发明专利授权数	10.66	
3.1.4 国际科研合作	13.29	
3.2 知识扩散	8.16	60
3.2.1 输出技术成交额占地区生产总值的比重	11.31	
3.2.2 吸纳技术成交额占地区生产总值的比重	11.31	
3.2.3 国家技术转移机构数	1.85	
4.1 创新经济效益	65.74	18
4.1.1 人均地区生产总值	63.29	

泰州	得分	排名
4.1.2 贸易顺差(逆差)	77.86	
4.1.3 人均工业增加值	56.06	
4.2 数字创新活力	9.53	56
4.2.1 数字产业活力	2.87	
4.2.2 数字消费活力	8.91	
4.2.3 数字政务活力	1.55	
4.2.4 数字文化活力	24.78	
4.3 创新包容性	78.11	15
4.3.1 城镇登记失业率	86.98	
4.3.2 城乡居民人均可支配收入比	64.00	
4.3.3 平均房价与人均可支配收入比	83.34	
4.4 创新可持续性	63.47	51
4.4.1 单位 GDP 能耗	94.99	
4.4.2 废水废物处理能力	64.73	
4.4.3 空气质量指数	56.20	
4.4.4 园林绿化覆盖率	45.32	
4.4.5 货运碳排放量	56.12	
蚌埠	**得分**	**排名**
城市创新指数	23.47	62
1 基础设施	14.93	70
2 创新资源	19.27	55
3 创新过程	14.61	49
4 创新产出	44.44	69
1.1 数字基础	17.74	92
1.1.1 固网宽带应用渗透率	18.51	
1.1.2 移动网络应用渗透率	44.46	

续表

蚌埠	得分	排名
1.1.3 车联网车辆接入数量	8.00	
1.1.4 工业互联网示范项目数量	0.00	
1.2 交通基础	24.25	16
1.2.1 公路单位里程运输量	2.62	
1.2.2 人均快递业务量	0.33	
1.2.3 城市物流仓储用地面积占城市建设用地总面积比重	77.30	
1.2.4 公共汽(电)车运输人次占总人口比重	16.74	
1.3 金融基础	12.72	79
1.3.1 年末金融机构人民币各项存款余额	0.60	
1.3.2 年末金融机构人民币各项贷款余额	1.60	
1.3.3 数字金融	35.94	
1.4 政策基础	4.30	68
1.4.1 政府社会资本合作环境	7.41	
1.4.2 政府文件	1.18	
2.1 人力资源	23.61	79
2.1.1 普通高等学校教育数量与质量	19.06	
2.1.2 中等职业学校教育数量与质量	33.48	
2.1.3 一般公共预算教育支出占 GDP 比重	20.30	
2.1.4 人才吸引力指数	12.25	
2.1.5 高新区企业 R&D 人员所占比重	32.94	
2.2 研发投入	32.31	28
2.2.1 R&D 内部经费占 GDP 的比重	34.67	
2.2.2 一般公共预算科学技术支出占 GDP 的比重	50.23	
2.2.3 高新区企业 R&D 经费内部支出占营业收入比重	12.02	
2.3 创新机构	2.39	104
2.3.1 文化机构	6.15	

续表

蚌埠	得分	排名
2.3.2 国家重点实验室	0.00	
2.3.3 国家创新中心	1.03	
3.1 知识创造	12.24	78
3.1.1 每十万人发明专利授权数	4.92	
3.1.2 每十万人 WoS 论文数	3.55	
3.1.3 每亿元 R&D 内部经费支出所取得的发明专利授权数	11.04	
3.1.4 国际科研合作	29.45	
3.2 知识扩散	16.95	18
3.2.1 输出技术成交额占地区生产总值的比重	23.57	
3.2.2 吸纳技术成交额占地区生产总值的比重	23.57	
3.2.3 国家技术转移机构数	3.70	
4.1 创新经济效益	40.10	82
4.1.1 人均地区生产总值	21.99	
4.1.2 贸易顺差(逆差)	76.08	
4.1.3 人均工业增加值	22.21	
4.2 数字创新活力	8.06	65
4.2.1 数字产业活力	6.81	
4.2.2 数字消费活力	4.36	
4.2.3 数字政务活力	2.12	
4.2.4 数字文化活力	18.95	
4.3 创新包容性	67.00	42
4.3.1 城镇登记失业率	60.32	
4.3.2 城乡居民人均可支配收入比	51.30	
4.3.3 平均房价与人均可支配收入比	89.40	
4.4 创新可持续性	63.51	50
4.4.1 单位 GDP 能耗	91.90	

续表

蚌埠	得分	排名
4.4.2 废水废物处理能力	73.07	
4.4.3 空气质量指数	47.75	
4.4.4 园林绿化覆盖率	47.67	
4.4.5 货运碳排放量	57.14	
铜陵	**得分**	**排名**
城市创新指数	23.42	63
1 基础设施	13.77	81
2 创新资源	24.39	35
3 创新过程	8.25	87
4 创新产出	46.56	56
1.1 数字基础	21.74	71
1.1.1 固网宽带应用渗透率	35.75	
1.1.2 移动网络应用渗透率	49.19	
1.1.3 车联网车辆接入数量	2.00	
1.1.4 工业互联网示范项目数量	0.00	
1.2 交通基础	12.38	58
1.2.1 公路单位里程运输量	1.26	
1.2.2 人均快递业务量	1.04	
1.2.3 城市物流仓储用地面积占城市建设用地总面积比重	22.59	
1.2.4 公共汽(电)车运输人次占总人口比重	24.64	
1.3 金融基础	18.02	60
1.3.1 年末金融机构人民币各项存款余额	0.14	
1.3.2 年末金融机构人民币各项贷款余额	0.34	
1.3.3 数字金融	53.58	
1.4 政策基础	2.15	87
1.4.1 政府社会资本合作环境	3.70	

续表

铜陵	得分	排名
1.4.2 政府文件	0.59	
2.1 人力资源	26.56	60
2.1.1 普通高等学校教育数量与质量	18.45	
2.1.2 中等职业学校教育数量与质量	29.87	
2.1.3 一般公共预算教育支出占 GDP 比重	15.44	
2.1.4 人才吸引力指数	25.20	
2.1.5 高新区企业 R&D 人员所占比重	43.83	
2.2 研发投入	39.34	16
2.2.1R&D 内部经费占 GDP 的比重	45.67	
2.2.2 一般公共预算科学技术支出占 GDP 的比重	61.80	
2.2.3 高新区企业 R&D 经费内部支出占营业收入比重	10.53	
2.3 创新机构	7.42	63
2.3.1 文化机构	20.19	
2.3.2 国家重点实验室	0.00	
2.3.3 国家创新中心	2.06	
3.1 知识创造	10.61	83
3.1.1 每十万人发明专利授权数	8.54	
3.1.2 每十万人 WoS 论文数	0.47	
3.1.3 每亿元 R&D 内部经费支出所取得的发明专利授权数	11.29	
3.1.4 国际科研合作	22.13	
3.2 知识扩散	5.93	76
3.2.1 输出技术成交额占地区生产总值的比重	8.89	
3.2.2 吸纳技术成交额占地区生产总值的比重	8.89	
3.2.3 国家技术转移机构数	0.00	
4.1 创新经济效益	46.68	61
4.1.1 人均地区生产总值	31.52	

续表

铜陵	得分	排名
4.1.2 贸易顺差（逆差）	73.97	
4.1.3 人均工业增加值	34.55	
4.2 数字创新活力	9.08	59
4.2.1 数字产业活力	11.32	
4.2.2 数字消费活力	4.66	
4.2.3 数字政务活力	1.52	
4.2.4 数字文化活力	18.83	
4.3 创新包容性	61.47	54
4.3.1 城镇登记失业率	60.00	
4.3.2 城乡居民人均可支配收入比	34.24	
4.3.3 平均房价与人均可支配收入比	90.16	
4.4 创新可持续性	69.45	23
4.4.1 单位 GDP 能耗	86.69	
4.4.2 废水废物处理能力	61.12	
4.4.3 空气质量指数	72.34	
4.4.4 园林绿化覆盖率	59.72	
4.4.5 货运碳排放量	67.35	
拉萨	**得分**	**排名**
城市创新指数	23.40	64
1 基础设施	16.80	54
2 创新资源	19.11	56
3 创新过程	6.39	94
4 创新产出	50.27	37
1.1 数字基础	25.59	56
1.1.1 固网宽带应用渗透率	35.56	
1.1.2 移动网络应用渗透率	66.82	

续表

拉萨	得分	排名
1.1.3 车联网车辆接入数量	0.00	
1.1.4 工业互联网示范项目数量	0.00	
1.2 交通基础	19.03	28
1.2.1 公路单位里程运输量	0.39	
1.2.2 人均快递业务量	0.16	
1.2.3 城市物流仓储用地面积占城市建设用地总面积比重	20.10	
1.2.4 公共汽(电)车运输人次占总人口比重	55.46	
1.3 金融基础	17.89	61
1.3.1 年末金融机构人民币各项存款余额	0.98	
1.3.2 年末金融机构人民币各项贷款余额	2.91	
1.3.3 数字金融	49.80	
1.4 政策基础	3.70	76
1.4.1 政府社会资本合作环境	7.41	
1.4.2 政府文件	0.00	
2.1 人力资源	42.99	12
2.1.1 普通高等学校教育数量与质量	33.68	
2.1.2 中等职业学校教育数量与质量	54.08	
2.1.3 一般公共预算教育支出占 GDP 比重	100.00	
2.1.4 人才吸引力指数	27.20	
2.1.5 高新区企业 R&D 人员所占比重	0.00	
2.2 研发投入	7.02	102
2.2.1 R&D 内部经费占 GDP 的比重	0.00	
2.2.2 一般公共预算科学技术支出占 GDP 的比重	21.07	
2.2.3 高新区企业 R&D 经费内部支出占营业收入比重	0.00	
2.3 创新机构	11.30	32
2.3.1 文化机构	33.37	

续表

拉萨	得分	排名
2.3.2 国家重点实验室	0.00	
2.3.3 国家创新中心	0.52	
3.1 知识创造	12.79	76
3.1.1 每十万人发明专利授权数	0.00	
3.1.2 每十万人 WoS 论文数	5.99	
3.1.3 每亿元 R&D 内部经费支出所取得的发明专利授权数	0.00	
3.1.4 国际科研合作	45.17	
3.2 知识扩散	0.10	102
3.2.1 输出技术成交额占地区生产总值的比重	0.15	
3.2.2 吸纳技术成交额占地区生产总值的比重	0.15	
3.2.3 国家技术转移机构数	0.00	
4.1 创新经济效益	54.70	35
4.1.1 人均地区生产总值	34.29	
4.1.2 贸易顺差(逆差)	76.17	
4.1.3 人均工业增加值	53.64	
4.2 数字创新活力	16.44	29
4.2.1 数字产业活力	0.00	
4.2.2 数字消费活力	2.98	
4.2.3 数字政务活力	1.10	
4.2.4 数字文化活力	61.67	
4.3 创新包容性	55.66	73
4.3.1 城镇登记失业率	47.62	
4.3.2 城乡居民人均可支配收入比	35.61	
4.3.3 平均房价与人均可支配收入比	83.76	
4.4 创新可持续性	74.18	15
4.4.1 单位 GDP 能耗	67.97	

续表

拉萨	得分	排名
4.4.2 废水废物处理能力	71.22	
4.4.3 空气质量指数	93.19	
4.4.4 园林绿化覆盖率	38.50	
4.4.5 货运碳排放量	100.00	
潍坊	**得分**	**排名**
城市创新指数	23.19	65
1 基础设施	15.91	60
2 创新资源	20.77	47
3 创新过程	11.44	69
4 创新产出	43.93	75
1.1 数字基础	20.82	76
1.1.1 固网宽带应用渗透率	16.88	
1.1.2 移动网络应用渗透率	54.39	
1.1.3 车联网车辆接入数量	12.00	
1.1.4 工业互联网示范项目数量	0.00	
1.2 交通基础	11.34	68
1.2.1 公路单位里程运输量	1.23	
1.2.2 人均快递业务量	2.65	
1.2.3 城市物流仓储用地面积占城市建设用地总面积比重	37.65	
1.2.4 公共汽(电)车运输人次占总人口比重	3.84	
1.3 金融基础	16.59	66
1.3.1 年末金融机构人民币各项存款余额	4.78	
1.3.2 年末金融机构人民币各项贷款余额	8.03	
1.3.3 数字金融	36.96	
1.4 政策基础	14.66	25
1.4.1 政府社会资本合作环境	22.22	

续表

潍坊	得分	排名
1.4.2 政府文件	7.10	
2.1 人力资源	29.79	42
2.1.1 普通高等学校教育数量与质量	21.23	
2.1.2 中等职业学校教育数量与质量	33.08	
2.1.3 一般公共预算教育支出占 GDP 比重	25.90	
2.1.4 人才吸引力指数	27.50	
2.1.5 高新区企业 R&D 人员所占比重	41.25	
2.2 研发投入	23.60	54
2.2.1 R&D 内部经费占 GDP 的比重	29.83	
2.2.2 一般公共预算科学技术支出占 GDP 的比重	20.75	
2.2.3 高新区企业 R&D 经费内部支出占营业收入比重	20.22	
2.3 创新机构	10.31	39
2.3.1 文化机构	24.23	
2.3.2 国家重点实验室	0.00	
2.3.3 国家创新中心	6.70	
3.1 知识创造	12.55	77
3.1.1 每十万人发明专利授权数	8.93	
3.1.2 每十万人 WoS 论文数	1.87	
3.1.3 每亿元 R&D 内部经费支出所取得的发明专利授权数	24.20	
3.1.4 国际科研合作	15.21	
3.2 知识扩散	10.34	39
3.2.1 输出技术成交额占地区生产总值的比重	14.58	
3.2.2 吸纳技术成交额占地区生产总值的比重	14.58	
3.2.3 国家技术转移机构数	1.85	
4.1 创新经济效益	40.85	78
4.1.1 人均地区生产总值	21.47	

潍坊	得分	排名
4.1.2 贸易顺差（逆差）	79.02	
4.1.3 人均工业增加值	22.07	
4.2 数字创新活力	6.09	80
4.2.1 数字产业活力	4.20	
4.2.2 数字消费活力	7.18	
4.2.3 数字政务活力	3.97	
4.2.4 数字文化活力	9.01	
4.3 创新包容性	73.72	32
4.3.1 城镇登记失业率	63.49	
4.3.2 城乡居民人均可支配收入比	64.35	
4.3.3 平均房价与人均可支配收入比	93.32	
4.4 创新可持续性	56.74	86
4.4.1 单位 GDP 能耗	94.74	
4.4.2 废水废物处理能力	75.49	
4.4.3 空气质量指数	30.29	
4.4.4 园林绿化覆盖率	45.42	
4.4.5 货运碳排放量	37.76	
盐城	得分	排名
城市创新指数	23.13	66
1 基础设施	14.15	75
2 创新资源	16.28	74
3 创新过程	11.06	71
4 创新产出	50.16	38
1.1 数字基础	24.31	61
1.1.1 固网宽带应用渗透率	38.90	
1.1.2 移动网络应用渗透率	48.34	

续表

盐城	得分	排名
1.1.3 车联网车辆接入数量	10.00	
1.1.4 工业互联网示范项目数量	0.00	
1.2 交通基础	9.21	86
1.2.1 公路单位里程运输量	1.58	
1.2.2 人均快递业务量	2.19	
1.2.3 城市物流仓储用地面积占城市建设用地总面积比重	21.93	
1.2.4 公共汽(电)车运输人次占总人口比重	11.14	
1.3 金融基础	18.54	58
1.3.1 年末金融机构人民币各项存款余额	3.89	
1.3.2 年末金融机构人民币各项贷款余额	7.35	
1.3.3 数字金融	44.37	
1.4 政策基础	3.70	76
1.4.1 政府社会资本合作环境	7.41	
1.4.2 政府文件	0.00	
2.1 人力资源	23.06	80
2.1.1 普通高等学校教育数量与质量	17.42	
2.1.2 中等职业学校教育数量与质量	34.56	
2.1.3 一般公共预算教育支出占 GDP 比重	14.12	
2.1.4 人才吸引力指数	25.70	
2.1.5 高新区企业 R&D 人员所占比重	23.50	
2.2 研发投入	22.18	64
2.2.1 R&D 内部经费占 GDP 的比重	28.47	
2.2.2 一般公共预算科学技术支出占 GDP 的比重	24.96	
2.2.3 高新区企业 R&D 经费内部支出占营业收入比重	13.12	
2.3 创新机构	4.60	83
2.3.1 文化机构	10.71	

盐城	得分	排名
2.3.2 国家重点实验室	0.00	
2.3.3 国家创新中心	3.09	
3.1 知识创造	14.02	69
3.1.1 每十万人发明专利授权数	7.51	
3.1.2 每十万人 WoS 论文数	2.02	
3.1.3 每亿元 R&D 内部经费支出所取得的发明专利授权数	14.35	
3.1.4 国际科研合作	32.20	
3.2 知识扩散	8.16	60
3.2.1 输出技术成交额占地区生产总值的比重	11.31	
3.2.2 吸纳技术成交额占地区生产总值的比重	11.31	
3.2.3 国家技术转移机构数	1.85	
4.1 创新经济效益	51.10	46
4.1.1 人均地区生产总值	41.39	
4.1.2 贸易顺差（逆差）	77.68	
4.1.3 人均工业增加值	34.23	
4.2 数字创新活力	6.82	72
4.2.1 数字产业活力	2.30	
4.2.2 数字消费活力	5.44	
4.2.3 数字政务活力	1.79	
4.2.4 数字文化活力	17.74	
4.3 创新包容性	81.76	8
4.3.1 城镇登记失业率	85.71	
4.3.2 城乡居民人均可支配收入比	84.74	
4.3.3 平均房价与人均可支配收入比	74.83	
4.4 创新可持续性	62.92	54
4.4.1 单位 GDP 能耗	96.75	

续表

盐城	得分	排名
4.4.2 废水废物处理能力	58.81	
4.4.3 空气质量指数	59.78	
4.4.4 园林绿化覆盖率	50.26	
4.4.5 货运碳排放量	48.98	

洛阳	得分	排名
城市创新指数	23.13	67
1 基础设施	14.72	73
2 创新资源	30.96	16
3 创新过程	6.38	96
4 创新产出	39.96	93
1.1 数字基础	16.72	95
1.1.1 固网宽带应用渗透率	10.89	
1.1.2 移动网络应用渗透率	51.00	
1.1.3 车联网车辆接入数量	5.00	
1.1.4 工业互联网示范项目数量	0.00	
1.2 交通基础	11.00	70
1.2.1 公路单位里程运输量	1.80	
1.2.2 人均快递业务量	2.02	
1.2.3 城市物流仓储用地面积占城市建设用地总面积比重	27.75	
1.2.4 公共汽(电)车运输人次占总人口比重	12.43	
1.3 金融基础	16.01	67
1.3.1 年末金融机构人民币各项存款余额	2.82	
1.3.2 年末金融机构人民币各项贷款余额	5.53	
1.3.3 数字金融	39.69	
1.4 政策基础	15.11	22
1.4.1 政府社会资本合作环境	29.63	

续表

洛阳	得分	排名
1.4.2 政府文件	0.59	
2.1 人力资源	28.89	46
2.1.1 普通高等学校教育数量与质量	23.12	
2.1.2 中等职业学校教育数量与质量	27.78	
2.1.3 一般公共预算教育支出占 GDP 比重	12.77	
2.1.4 人才吸引力指数	27.00	
2.1.5 高新区企业 R&D 人员所占比重	53.81	
2.2 研发投入	34.54	26
2.2.1 R&D 内部经费占 GDP 的比重	38.65	
2.2.2 一般公共预算科学技术支出占 GDP 的比重	30.08	
2.2.3 高新区企业 R&D 经费内部支出占营业收入比重	34.90	
2.3 创新机构	29.07	6
2.3.1 文化机构	53.46	
2.3.2 国家重点实验室	0.00	
2.3.3 国家创新中心	33.76	
3.1 知识创造	9.63	87
3.1.1 每十万人发明专利授权数	5.57	
3.1.2 每十万人 WoS 论文数	4.46	
3.1.3 每亿元 R&D 内部经费支出所取得的发明专利授权数	9.26	
3.1.4 国际科研合作	19.22	
3.2 知识扩散	3.18	89
3.2.1 输出技术成交额占地区生产总值的比重	3.85	
3.2.2 吸纳技术成交额占地区生产总值的比重	3.85	
3.2.3 国家技术转移机构数	1.85	
4.1 创新经济效益	45.67	65
4.1.1 人均地区生产总值	29.34	

续表

洛阳	得分	排名
4.1.2 贸易顺差（逆差）	76.96	
4.1.3 人均工业增加值	30.72	
4.2 数字创新活力	5.34	85
4.2.1 数字产业活力	1.84	
4.2.2 数字消费活力	4.28	
4.2.3 数字政务活力	1.34	
4.2.4 数字文化活力	13.92	
4.3 创新包容性	48.19	94
4.3.1 城镇登记失业率	26.35	
4.3.2 城乡居民人均可支配收入比	32.02	
4.3.3 平均房价与人均可支配收入比	86.19	
4.4 创新可持续性	60.89	66
4.4.1 单位 GDP 能耗	95.53	
4.4.2 废水废物处理能力	83.32	
4.4.3 空气质量指数	19.55	
4.4.4 园林绿化覆盖率	44.84	
4.4.5 货运碳排放量	61.22	
东营	**得分**	**排名**
城市创新指数	23.13	68
1 基础设施	15.55	64
2 创新资源	14.28	88
3 创新过程	9.85	77
4 创新产出	51.80	27
1.1 数字基础	27.16	51
1.1.1 固网宽带应用渗透率	41.04	
1.1.2 移动网络应用渗透率	65.59	

东营	得分	排名
1.1.3 车联网车辆接入数量	2.00	
1.1.4 工业互联网示范项目数量	0.00	
1.2 交通基础	10.98	71
1.2.1 公路单位里程运输量	0.62	
1.2.2 人均快递业务量	0.78	
1.2.3 城市物流仓储用地面积占城市建设用地总面积比重	28.60	
1.2.4 公共汽(电)车运输人次占总人口比重	13.91	
1.3 金融基础	17.67	62
1.3.1 年末金融机构人民币各项存款余额	1.49	
1.3.2 年末金融机构人民币各项贷款余额	2.78	
1.3.3 数字金融	48.74	
1.4 政策基础	5.48	56
1.4.1 政府社会资本合作环境	7.41	
1.4.2 政府文件	3.55	
2.1 人力资源	18.46	98
2.1.1 普通高等学校教育数量与质量	19.86	
2.1.2 中等职业学校教育数量与质量	32.92	
2.1.3 一般公共预算教育支出占 GDP 比重	8.02	
2.1.4 人才吸引力指数	31.50	
2.1.5 高新区企业 R&D 人员所占比重	0.00	
2.2 研发投入	14.60	86
2.2.1 R&D 内部经费占 GDP 的比重	35.03	
2.2.2 一般公共预算科学技术支出占 GDP 的比重	8.77	
2.2.3 高新区企业 R&D 经费内部支出占营业收入比重	0.00	
2.3 创新机构	10.44	38
2.3.1 文化机构	28.24	

续表

东营	得分	排名
2.3.2 国家重点实验室	0.00	
2.3.3 国家创新中心	3.09	
3.1 知识创造	9.99	85
3.1.1 每十万人发明专利授权数	11.24	
3.1.2 每十万人 WoS 论文数	3.64	
3.1.3 每亿元 R&D 内部经费支出所取得的发明专利授权数	10.45	
3.1.4 国际科研合作	14.62	
3.2 知识扩散	9.72	41
3.2.1 输出技术成交额占地区生产总值的比重	14.58	
3.2.2 吸纳技术成交额占地区生产总值的比重	14.58	
3.2.3 国家技术转移机构数	0.00	
4.1 创新经济效益	83.57	4
4.1.1 人均地区生产总值	77.25	
4.1.2 贸易顺差（逆差）	73.45	
4.1.3 人均工业增加值	100.00	
4.2 数字创新活力	8.03	66
4.2.1 数字产业活力	5.05	
4.2.2 数字消费活力	3.34	
4.2.3 数字政务活力	4.26	
4.2.4 数字文化活力	19.46	
4.3 创新包容性	57.09	71
4.3.1 城镇登记失业率	57.14	
4.3.2 城乡居民人均可支配收入比	17.97	
4.3.3 平均房价与人均可支配收入比	96.15	
4.4 创新可持续性	60.04	72
4.4.1 单位 GDP 能耗	92.88	

续表

东营	得分	排名
4.4.2 废水废物处理能力	73.27	
4.4.3 空气质量指数	24.25	
4.4.4 园林绿化覆盖率	44.50	
4.4.5 货运碳排放量	65.31	
宝鸡	**得分**	**排名**
城市创新指数	22.71	69
1 基础设施	13.06	86
2 创新资源	16.64	72
3 创新过程	18.61	31
4 创新产出	42.07	87
1.1 数字基础	22.48	70
1.1.1 固网宽带应用渗透率	34.17	
1.1.2 移动网络应用渗透率	53.74	
1.1.3 车联网车辆接入数量	2.00	
1.1.4 工业互联网示范项目数量	0.00	
1.2 交通基础	17.67	34
1.2.1 公路单位里程运输量	1.94	
1.2.2 人均快递业务量	0.78	
1.2.3 城市物流仓储用地面积占城市建设用地总面积比重	30.15	
1.2.4 公共汽(电)车运输人次占总人口比重	37.80	
1.3 金融基础	8.90	88
1.3.1 年末金融机构人民币各项存款余额	1.10	
1.3.2 年末金融机构人民币各项贷款余额	1.21	
1.3.3 数字金融	24.39	
1.4 政策基础	2.15	87
1.4.1 政府社会资本合作环境	3.70	

续表

宝鸡	得分	排名
1.4.2 政府文件	0.59	
2.1 人力资源	23.67	78
2.1.1 普通高等学校教育数量与质量	11.11	
2.1.2 中等职业学校教育数量与质量	30.73	
2.1.3 一般公共预算教育支出占 GDP 比重	21.50	
2.1.4 人才吸引力指数	12.25	
2.1.5 高新区企业 R&D 人员所占比重	42.78	
2.2 研发投入	16.78	82
2.2.1 R&D 内部经费占 GDP 的比重	17.61	
2.2.2 一般公共预算科学技术支出占 GDP 的比重	11.45	
2.2.3 高新区企业 R&D 经费内部支出占营业收入比重	21.28	
2.3 创新机构	10.59	36
2.3.1 文化机构	28.15	
2.3.2 国家重点实验室	0.00	
2.3.3 国家创新中心	3.61	
3.1 知识创造	11.26	80
3.1.1 每十万人发明专利授权数	1.09	
3.1.2 每十万人 WoS 论文数	1.34	
3.1.3 每亿元 R&D 内部经费支出所取得的发明专利授权数	5.74	
3.1.4 国际科研合作	36.85	
3.2 知识扩散	25.84	10
3.2.1 输出技术成交额占地区生产总值的比重	37.83	
3.2.2 吸纳技术成交额占地区生产总值的比重	37.83	
3.2.3 国家技术转移机构数	1.85	
4.1 创新经济效益	46.29	62
4.1.1 人均地区生产总值	25.38	

宝鸡	得分	排名
4.1.2 贸易顺差(逆差)	76.09	
4.1.3 人均工业增加值	37.40	
4.2 数字创新活力	4.54	91
4.2.1 数字产业活力	3.11	
4.2.2 数字消费活力	2.93	
4.2.3 数字政务活力	1.19	
4.2.4 数字文化活力	10.91	
4.3 创新包容性	52.77	79
4.3.1 城镇登记失业率	30.16	
4.3.2 城乡居民人均可支配收入比	29.88	
4.3.3 平均房价与人均可支配收入比	98.29	
4.4 创新可持续性	64.98	43
4.4.1 单位 GDP 能耗	93.26	
4.4.2 废水废物处理能力	71.58	
4.4.3 空气质量指数	40.43	
4.4.4 园林绿化覆盖率	38.02	
4.4.5 货运碳排放量	81.63	
景德镇	得分	排名
城市创新指数	22.7	70
1 基础设施	8.95	101
2 创新资源	26.65	24
3 创新过程	6.39	94
4 创新产出	48.17	50
1.1 数字基础	9.52	105
1.1.1 固网宽带应用渗透率	34.06	
1.1.2 移动网络应用渗透率	0.00	

续表

景德镇	得分	排名
1.1.3 车联网车辆接入数量	4.00	
1.1.4 工业互联网示范项目数量	0.00	
1.2 交通基础	7.27	95
1.2.1 公路单位里程运输量	1.53	
1.2.2 人均快递业务量	0.58	
1.2.3 城市物流仓储用地面积占城市建设用地总面积比重	17.9	
1.2.4 公共汽(电)车运输人次占总人口比重	9.06	
1.3 金融基础	14.97	73
1.3.1 年末金融机构人民币各项存款余额	0.05	
1.3.2 年末金融机构人民币各项贷款余额	0.07	
1.3.3 数字金融	44.79	
1.4 政策基础	3.92	73
1.4.1 政府社会资本合作环境	3.70	
1.4.2 政府文件	4.14	
2.1 人力资源	32.73	31
2.1.1 普通高等学校教育数量与质量	38.03	
2.1.2 中等职业学校教育数量与质量	18.32	
2.1.3 一般公共预算教育支出占 GDP 比重	38.35	
2.1.4 人才吸引力指数	25.20	
2.1.5 高新区企业 R&D 人员所占比重	43.76	
2.2 研发投入	30.87	30
2.2.1 R&D 内部经费占 GDP 的比重	30.14	
2.2.2 一般公共预算科学技术支出占 GDP 的比重	30.60	
2.2.3 高新区企业 R&D 经费内部支出占营业收入比重	31.87	
2.3 创新机构	17.26	19
2.3.1 文化机构	51.28	

续表

景德镇	得分	排名
2.3.2 国家重点实验室	0.00	
2.3.3 国家创新中心	0.52	
3.1 知识创造	8.88	91
3.1.1 每十万人发明专利授权数	3.82	
3.1.2 每十万人 WoS 论文数	1.45	
3.1.3 每亿元 R&D 内部经费支出所取得的发明专利授权数	10.96	
3.1.4 国际科研合作	19.27	
3.2 知识扩散	3.95	84
3.2.1 输出技术成交额占地区生产总值的比重	5.00	
3.2.2 吸纳技术成交额占地区生产总值的比重	5.00	
3.2.3 国家技术转移机构数	1.85	
4.1 创新经济效益	40.29	80
4.1.1 人均地区生产总值	18.90	
4.1.2 贸易顺差（逆差）	76.49	
4.1.3 人均工业增加值	25.49	
4.2 数字创新活力	10.22	53
4.2.1 数字产业活力	4.74	
4.2.2 数字消费活力	11.45	
4.2.3 数字政务活力	0.03	
4.2.4 数字文化活力	24.65	
4.3 创新包容性	63.12	52
4.3.1 城镇登记失业率	43.81	
4.3.2 城乡居民人均可支配收入比	49.86	
4.3.3 平均房价与人均可支配收入比	95.68	
4.4 创新可持续性	78.91	4
4.4.1 单位 GDP 能耗	82.54	

续表

景德镇	得分	排名
4.4.2 废水废物处理能力	50.00	
4.4.3 空气质量指数	94.66	
4.4.4 园林绿化覆盖率	100.00	
4.4.5 货运碳排放量	67.35	
榆林	**得分**	**排名**
城市创新指数	22.70	71
1 基础设施	10.78	93
2 创新资源	10.04	103
3 创新过程	23.28	19
4 创新产出	46.17	57
1.1 数字基础	20.02	81
1.1.1 固网宽带应用渗透率	18.19	
1.1.2 移动网络应用渗透率	56.89	
1.1.3 车联网车辆接入数量	5.00	
1.1.4 工业互联网示范项目数量	0.00	
1.2 交通基础	6.89	96
1.2.1 公路单位里程运输量	0.88	
1.2.2 人均快递业务量	0.16	
1.2.3 城市物流仓储用地面积占城市建设用地总面积比重	14.41	
1.2.4 公共汽(电)车运输人次占总人口比重	12.13	
1.3 金融基础	7.06	95
1.3.1 年末金融机构人民币各项存款余额	1.81	
1.3.2 年末金融机构人民币各项贷款余额	1.57	
1.3.3 数字金融	17.80	
1.4 政策基础	8.59	44
1.4.1 政府社会资本合作环境	14.81	

榆林	得分	排名
1.4.2 政府文件	2.37	
2.1 人力资源	18.42	100
2.1.1 普通高等学校教育数量与质量	16.08	
2.1.2 中等职业学校教育数量与质量	32.40	
2.1.3 一般公共预算教育支出占 GDP 比重	23.35	
2.1.4 人才吸引力指数	12.25	
2.1.5 高新区企业 R&D 人员所占比重	8.02	
2.2 研发投入	2.64	105
2.2.1 R&D 内部经费占 GDP 的比重	2.75	
2.2.2 一般公共预算科学技术支出占 GDP 的比重	2.24	
2.2.3 高新区企业 R&D 经费内部支出占营业收入比重	2.94	
2.3 创新机构	10.51	37
2.3.1 文化机构	31.52	
2.3.2 国家重点实验室	0.00	
2.3.3 国家创新中心	0.00	
3.1 知识创造	21.31	49
3.1.1 每十万人发明专利授权数	2.50	
3.1.2 每十万人 WoS 论文数	1.70	
3.1.3 每亿元 R&D 内部经费支出所取得的发明专利授权数	41.43	
3.1.4 国际科研合作	39.60	
3.2 知识扩散	25.22	11
3.2.1 输出技术成交额占地区生产总值的比重	37.83	
3.2.2 吸纳技术成交额占地区生产总值的比重	37.83	
3.2.3 国家技术转移机构数	0.00	
4.1 创新经济效益	75.25	9
4.1.1 人均地区生产总值	59.81	

续表

榆林	得分	排名
4.1.2 贸易顺差(逆差)	76.16	
4.1.3 人均工业增加值	89.77	
4.2 数字创新活力	5.58	83
4.2.1 数字产业活力	0.32	
4.2.2 数字消费活力	15.92	
4.2.3 数字政务活力	1.70	
4.2.4 数字文化活力	4.38	
4.3 创新包容性	49.21	90
4.3.1 城镇登记失业率	27.30	
4.3.2 城乡居民人均可支配收入比	32.97	
4.3.3 平均房价与人均可支配收入比	87.35	
4.4 创新可持续性	55.86	90
4.4.1 单位 GDP 能耗	73.35	
4.4.2 废水废物处理能力	59.78	
4.4.3 空气质量指数	54.00	
4.4.4 园林绿化覆盖率	22.80	
4.4.5 货运碳排放量	69.39	
龙岩	得分	排名
城市创新指数	22.61	72
1 基础设施	14.8	72
2 创新资源	18.13	60
3 创新过程	7.80	91
4 创新产出	48.77	46
1.1 数字基础	24.78	60
1.1.1 固网宽带应用渗透率	48.30	
1.1.2 移动网络应用渗透率	50.80	

龙岩	得分	排名
1.1.3 车联网车辆接入数量	0.00	
1.1.4 工业互联网示范项目数量	0.00	
1.2 交通基础	9.67	81
1.2.1 公路单位里程运输量	0.85	
1.2.2 人均快递业务量	1.62	
1.2.3 城市物流仓储用地面积占城市建设用地总面积比重	22.26	
1.2.4 公共汽(电)车运输人次占总人口比重	13.95	
1.3 金融基础	18.44	
1.3.1 年末金融机构人民币各项存款余额	0.53	
1.3.2 年末金融机构人民币各项贷款余额	1.69	
1.3.3 数字金融	53.09	
1.4 政策基础	5.56	5
1.4.1 政府社会资本合作环境	11.11	
1.4.2 政府文件	0.00	
2.1 人力资源	24.33	76
2.1.1 普通高等学校教育数量与质量	16.30	
2.1.2 中等职业学校教育数量与质量	29.54	
2.1.3 一般公共预算教育支出占 GDP 比重	15.74	
2.1.4 人才吸引力指数	24.60	
2.1.5 高新区企业 R&D 人员所占比重	35.45	
2.2 研发投入	22.58	58
2.2.1 R&D 内部经费占 GDP 的比重	28.75	
2.2.2 一般公共预算科学技术支出占 GDP 的比重	15.89	
2.2.3 高新区企业 R&D 经费内部支出占营业收入比重	23.11	
2.3 创新机构	8.41	54
2.3.1 文化机构	23.16	

续表

龙岩	得分	排名
2.3.2 国家重点实验室	0.00	
2.3.3 国家创新中心	2.06	
3.1 知识创造	15.70	62
3.1.1 每十万人发明专利授权数	1.80	
3.1.2 每十万人 WoS 论文数	0.73	
3.1.3 每亿元 R&D 内部经费支出所取得的发明专利授权数	2.04	
3.1.4 国际科研合作	58.21	
3.2 知识扩散	0.05	104
3.2.1 输出技术成交额占地区生产总值的比重	0.08	
3.2.2 吸纳技术成交额占地区生产总值的比重	0.08	
3.2.3 国家技术转移机构数	0.00	
4.1 创新经济效益	56.47	32
4.1.1 人均地区生产总值	54.17	
4.1.2 贸易顺差（逆差）	76.80	
4.1.3 人均工业增加值	38.42	
4.2 数字创新活力	4.86	89
4.2.1 数字产业活力	7.13	
4.2.2 数字消费活力	3.44	
4.2.3 数字政务活力	0.84	
4.2.4 数字文化活力	8.03	
4.3 创新包容性	51.06	87
4.3.1 城镇登记失业率	10.16	
4.3.2 城乡居民人均可支配收入比	64.02	
4.3.3 平均房价与人均可支配收入比	79.00	
4.4 创新可持续性	82.25	1
4.4.1 单位 GDP 能耗	97.76	

龙岩	得分	排名
4.4.2 废水废物处理能力	61.43	
4.4.3 空气质量指数	98.00	
4.4.4 园林绿化覆盖率	65.29	
4.4.5 货运碳排放量	88.78	
西宁	**得分**	**排名**
城市创新指数	22.55	73
1 基础设施	23.77	29
2 创新资源	12.46	96
3 创新过程	13.01	59
4 创新产出	40.05	92
1.1 数字基础	32.63	26
1.1.1 固网宽带应用渗透率	63.42	
1.1.2 移动网络应用渗透率	66.09	
1.1.3 车联网车辆接入数量	1.00	
1.1.4 工业互联网示范项目数量	0.00	
1.2 交通基础	45.72	2
1.2.1 公路单位里程运输量	2.67	
1.2.2 人均快递业务量	0.14	
1.2.3 城市物流仓储用地面积占城市建设用地总面积比重	100.00	
1.2.4 公共汽(电)车运输人次占总人口比重	80.09	
1.3 金融基础	13.11	78
1.3.1 年末金融机构人民币各项存款余额	1.66	
1.3.2 年末金融机构人民币各项贷款余额	5.31	
1.3.3 数字金融	32.34	
1.4 政策基础	1.85	92
1.4.1 政府社会资本合作环境	3.70	

续表

西宁	得分	排名
1.4.2 政府文件	0.00	
2.1 人力资源	25.70	66
2.1.1 普通高等学校教育数量与质量	29.96	
2.1.2 中等职业学校教育数量与质量	29.04	
2.1.3 一般公共预算教育支出占 GDP 比重	35.07	
2.1.4 人才吸引力指数	12.25	
2.1.5 高新区企业 R&D 人员所占比重	22.17	
2.2 研发投入	7.71	99
2.2.1 R&D 内部经费占 GDP 的比重	5.51	
2.2.2 一般公共预算科学技术支出占 GDP 的比重	6.95	
2.2.3 高新区企业 R&D 经费内部支出占营业收入比重	10.68	
2.3 创新机构	6.15	70
2.3.1 文化机构	17.43	
2.3.2 国家重点实验室	0.00	
2.3.3 国家创新中心	1.03	
3.1 知识创造	23.09	45
3.1.1 每十万人发明专利授权数	2.30	
3.1.2 每十万人 WoS 论文数	9.75	
3.1.3 每亿元 R&D 内部经费支出所取得的发明专利授权数	44.92	
3.1.4 国际科研合作	35.40	
3.2 知识扩散	3.11	90
3.2.1 输出技术成交额占地区生产总值的比重	1.89	
3.2.2 吸纳技术成交额占地区生产总值的比重	1.89	
3.2.3 国家技术转移机构数	5.56	
4.1 创新经济效益	32.66	98
4.1.1 人均地区生产总值	15.33	

续表

西宁	得分	排名
4.1.2 贸易顺差（逆差）	76.12	
4.1.3 人均工业增加值	6.52	
4.2 数字创新活力	11.87	47
4.2.1 数字产业活力	2.93	
4.2.2 数字消费活力	2.63	
4.2.3 数字政务活力	0.09	
4.2.4 数字文化活力	41.83	
4.3 创新包容性	56.91	72
4.3.1 城镇登记失业率	79.37	
4.3.2 城乡居民人均可支配收入比	10.29	
4.3.3 平均房价与人均可支配收入比	81.09	
4.4 创新可持续性	59.1	75
4.4.1 单位 GDP 能耗	44.4	
4.4.2 废水废物处理能力	55.68	
4.4.3 空气质量指数	69.25	
4.4.4 园林绿化覆盖率	35.33	
4.4.5 货运碳排放量	90.82	
柳州	得分	排名
城市创新指数	22.50	74
1 基础设施	19.06	46
2 创新资源	20.46	50
3 创新过程	3.69	104
4 创新产出	45.76	61
1.1 数字基础	27.71	46
1.1.1 固网宽带应用渗透率	35.79	
1.1.2 移动网络应用渗透率	58.54	

续表

柳州	得分	排名
1.1.3 车联网车辆接入数量	4.00	
1.1.4 工业互联网示范项目数量	12.50	
1.2 交通基础	16.64	40
1.2.1 公路单位里程运输量	2.47	
1.2.2 人均快递业务量	1.90	
1.2.3 城市物流仓储用地面积占城市建设用地总面积比重	46.65	
1.2.4 公共汽(电)车运输人次占总人口比重	15.53	
1.3 金融基础	15.58	70
1.3.1 年末金融机构人民币各项存款余额	1.66	
1.3.2 年末金融机构人民币各项贷款余额	3.32	
1.3.3 数字金融	41.76	
1.4 政策基础	15.70	21
1.4.1 政府社会资本合作环境	29.63	
1.4.2 政府文件	1.78	
2.1 人力资源	27.19	57
2.1.1 普通高等学校教育数量与质量	17.13	
2.1.2 中等职业学校教育数量与质量	32.56	
2.1.3 一般公共预算教育支出占 GDP 比重	17.88	
2.1.4 人才吸引力指数	26.10	
2.1.5 高新区企业 R&D 人员所占比重	42.28	
2.2 研发投入	17.20	79
2.2.1 R&D 内部经费占 GDP 的比重	24.39	
2.2.2 一般公共预算科学技术支出占 GDP 的比重	4.91	
2.2.3 高新区企业 R&D 经费内部支出占营业收入比重	22.31	
2.3 创新机构	18.1	17
2.3.1 文化机构	52.25	

柳州	得分	排名
2.3.2 国家重点实验室	0.00	
2.3.3 国家创新中心	2.06	
3.1 知识创造	5.92	101
3.1.1 每十万人发明专利授权数	2.60	
3.1.2 每十万人 WoS 论文数	1.41	
3.1.3 每亿元 R&D 内部经费支出所取得的发明专利授权数	7.00	
3.1.4 国际科研合作	12.66	
3.2 知识扩散	1.50	95
3.2.1 输出技术成交额占地区生产总值的比重	2.25	
3.2.2 吸纳技术成交额占地区生产总值的比重	2.25	
3.2.3 国家技术转移机构数	0.00	
4.1 创新经济效益	48.59	52
4.1.1 人均地区生产总值	32.59	
4.1.2 贸易顺差（逆差）	75.73	
4.1.3 人均工业增加值	37.44	
4.2 数字创新活力	6.51	74
4.2.1 数字产业活力	0.31	
4.2.2 数字消费活力	3.00	
4.2.3 数字政务活力	2.18	
4.2.4 数字文化活力	20.55	
4.3 创新包容性	49.6	89
4.3.1 城镇登记失业率	28.25	
4.3.2 城乡居民人均可支配收入比	32.79	
4.3.3 平均房价与人均可支配收入比	87.75	
4.4 创新可持续性	77.83	9
4.4.1 单位 GDP 能耗	92.11	

续表

柳州	得分	排名
4.4.2 废水废物处理能力	78.17	
4.4.3 空气质量指数	89.19	
4.4.4 园林绿化覆盖率	52.14	
4.4.5 货运碳排放量	77.55	
吉林	**得分**	**排名**
城市创新指数	21.87	75
1 基础设施	15.03	68
2 创新资源	14.63	85
3 创新过程	17.43	37
4 创新产出	39.85	94
1.1 数字基础	30.57	32
1.1.1 固网宽带应用渗透率	45.86	
1.1.2 移动网络应用渗透率	75.43	
1.1.3 车联网车辆接入数量	1.00	
1.1.4 工业互联网示范项目数量	0.00	
1.2 交通基础	19.31	25
1.2.1 公路单位里程运输量	0.72	
1.2.2 人均快递业务量	9.49	
1.2.3 城市物流仓储用地面积占城市建设用地总面积比重	38.51	
1.2.4 公共汽(电)车运输人次占总人口比重	28.51	
1.3 金融基础	6.95	96
1.3.1 年末金融机构人民币各项存款余额	1.07	
1.3.2 年末金融机构人民币各项贷款余额	1.67	
1.3.3 数字金融	18.1	
1.4 政策基础	1.78	95
1.4.1 政府社会资本合作环境	0.00	

续表

吉林	得分	排名
1.4.2 政府文件	3.55	
2.1 人力资源	32.17	32
2.1.1 普通高等学校教育数量与质量	23.86	
2.1.2 中等职业学校教育数量与质量	58.01	
2.1.3 一般公共预算教育支出占 GDP 比重	37.17	
2.1.4 人才吸引力指数	12.25	
2.1.5 高新区企业 R&D 人员所占比重	29.56	
2.2 研发投入	7.16	100
2.2.1R&D 内部经费占 GDP 的比重	8.51	
2.2.2 一般公共预算科学技术支出占 GDP 的比重	1.74	
2.2.3 高新区企业 R&D 经费内部支出占营业收入比重	11.24	
2.3 创新机构	7.47	62
2.3.1 文化机构	19.82	
2.3.2 国家重点实验室	0.00	
2.3.3 国家创新中心	2.58	
3.1 知识创造	20.94	51
3.1.1 每十万人发明专利授权数	1.90	
3.1.2 每十万人 WoS 论文数	5.57	
3.1.3 每亿元 R&D 内部经费支出所取得的发明专利授权数	36.61	
3.1.4 国际科研合作	39.67	
3.2 知识扩散	13.99	28
3.2.1 输出技术成交额占地区生产总值的比重	20.98	
3.2.2 吸纳技术成交额占地区生产总值的比重	20.98	
3.2.3 国家技术转移机构数	0.00	
4.1 创新经济效益	28.86	104
4.1.1 人均地区生产总值	1.00	

续表

吉林	得分	排名
4.1.2 贸易顺差(逆差)	76.24	
4.1.3 人均工业增加值	9.33	
4.2 数字创新活力	6.42	76
4.2.1 数字产业活力	3.09	
4.2.2 数字消费活力	4.26	
4.2.3 数字政务活力	0.15	
4.2.4 数字文化活力	18.19	
4.3 创新包容性	59.41	58
4.3.1 城镇登记失业率	22.22	
4.3.2 城乡居民人均可支配收入比	68.32	
4.3.3 平均房价与人均可支配收入比	87.69	
4.4 创新可持续性	64.94	45
4.4.1 单位 GDP 能耗	52.78	
4.4.2 废水废物处理能力	77.55	
4.4.3 空气质量指数	54.90	
4.4.4 园林绿化覆盖率	47.62	
4.4.5 货运碳排放量	91.84	
唐山	**得分**	**排名**
城市创新指数	21.85	76
1 基础设施	18.99	47
2 创新资源	16.77	69
3 创新过程	6.37	97
4 创新产出	44.29	72
1.1 数字基础	25.08	58
1.1.1 固网宽带应用渗透率	28.73	
1.1.2 移动网络应用渗透率	61.58	

唐山	得分	排名
1.1.3 车联网车辆接入数量	10.00	
1.1.4 工业互联网示范项目数量	0.00	
1.2 交通基础	11.97	60
1.2.1 公路单位里程运输量	2.38	
1.2.2 人均快递业务量	0.85	
1.2.3 城市物流仓储用地面积占城市建设用地总面积比重	37.49	
1.2.4 公共汽(电)车运输人次占总人口比重	7.18	
1.3 金融基础	20.8	53
1.3.1 年末金融机构人民币各项存款余额	5.45	
1.3.2 年末金融机构人民币各项贷款余额	7.34	
1.3.3 数字金融	49.61	
1.4 政策基础	17.84	17
1.4.1 政府社会资本合作环境	18.52	
1.4.2 政府文件	17.16	
2.1 人力资源	26.80	59
2.1.1 普通高等学校教育数量与质量	19.44	
2.1.2 中等职业学校教育数量与质量	38.16	
2.1.3 一般公共预算教育支出占 GDP 比重	12.02	
2.1.4 人才吸引力指数	29.70	
2.1.5 高新区企业 R&D 人员所占比重	34.68	
2.2 研发投入	19.86	70
2.2.1 R&D 内部经费占 GDP 的比重	30.28	
2.2.2 一般公共预算科学技术支出占 GDP 的比重	7.21	
2.2.3 高新区企业 R&D 经费内部支出占营业收入比重	22.09	
2.3 创新机构	5.22	76
2.3.1 文化机构	11.54	

续表

唐山	得分	排名
2.3.2 国家重点实验室	0.00	
2.3.3 国家创新中心	4.12	
3.1 知识创造	6.41	100
3.1.1 每十万人发明专利授权数	2.63	
3.1.2 每十万人 WoS 论文数	1.89	
3.1.3 每亿元 R&D 内部经费支出所取得的发明专利授权数	3.84	
3.1.4 国际科研合作	17.27	
3.2 知识扩散	6.33	73
3.2.1 输出技术成交额占地区生产总值的比重	8.56	
3.2.2 吸纳技术成交额占地区生产总值的比重	8.56	
3.2.3 国家技术转移机构数	1.85	
4.1 创新经济效益	59.09	29
4.1.1 人均地区生产总值	44.99	
4.1.2 贸易顺差（逆差）	74.38	
4.1.3 人均工业增加值	57.90	
4.2 数字创新活力	4.21	95
4.2.1 数字产业活力	2.32	
4.2.2 数字消费活力	3.87	
4.2.3 数字政务活力	2.33	
4.2.4 数字文化活力	8.32	
4.3 创新包容性	57.24	70
4.3.1 城镇登记失业率	36.51	
4.3.2 城乡居民人均可支配收入比	53.31	
4.3.3 平均房价与人均可支配收入比	81.89	
4.4 创新可持续性	57.81	80
4.4.1 单位 GDP 能耗	92.00	

续表

唐山	得分	排名
4.4.2 废水废物处理能力	78.17	
4.4.3 空气质量指数	23.68	
4.4.4 园林绿化覆盖率	44.17	
4.4.5 货运碳排放量	51.02	

石家庄	得分	排名
城市创新指数	21.78	77
1 基础设施	18.51	48
2 创新资源	21.78	43
3 创新过程	10.96	72
4 创新产出	35.31	104
1.1 数字基础	27.63	48
1.1.1 固网宽带应用渗透率	30.74	
1.1.2 移动网络应用渗透率	61.78	
1.1.3 车联网车辆接入数量	18.00	
1.1.4 工业互联网示范项目数量	0.00	
1.2 交通基础	10.19	76
1.2.1 公路单位里程运输量	2.85	
1.2.2 人均快递业务量	7.45	
1.2.3 城市物流仓储用地面积占城市建设用地总面积比重	20.44	
1.2.4 公共汽(电)车运输人次占总人口比重	10.03	
1.3 金融基础	22.66	49
1.3.1 年末金融机构人民币各项存款余额	8.41	
1.3.2 年末金融机构人民币各项贷款余额	15.02	
1.3.3 数字金融	44.55	
1.4 政策基础	13.03	29
1.4.1 政府社会资本合作环境	14.81	

续表

石家庄	得分	排名
1.4.2 政府文件	11.24	
2.1 人力资源	38.64	19
2.1.1 普通高等学校教育数量与质量	35.89	
2.1.2 中等职业学校教育数量与质量	47.86	
2.1.3 一般公共预算教育支出占 GDP 比重	33.19	
2.1.4 人才吸引力指数	35.00	
2.1.5 高新区企业 R&D 人员所占比重	41.24	
2.2 研发投入	24.6	50
2.2.1 R&D 内部经费占 GDP 的比重	27.07	
2.2.2 一般公共预算科学技术支出占 GDP 的比重	12.72	
2.2.3 高新区企业 R&D 经费内部支出占营业收入比重	34.02	
2.3 创新机构	4.77	80
2.3.1 文化机构	4.34	
2.3.2 国家重点实验室	2.22	
2.3.3 国家创新中心	7.73	
3.1 知识创造	13.17	72
3.1.1 每十万人发明专利授权数	4.37	
3.1.2 每十万人 WoS 论文数	6.13	
3.1.3 每亿元 R&D 内部经费支出所取得的发明专利授权数	16.14	
3.1.4 国际科研合作	26.05	
3.2 知识扩散	8.80	57
3.2.1 输出技术成交额占地区生产总值的比重	8.56	
3.2.2 吸纳技术成交额占地区生产总值的比重	8.56	
3.2.3 国家技术转移机构数	9.26	
4.1 创新经济效益	34.54	94
4.1.1 人均地区生产总值	14.21	

石家庄	得分	排名
4.1.2 贸易顺差(逆差)	77.39	
4.1.3 人均工业增加值	12.03	
4.2 数字创新活力	9.72	54
4.2.1 数字产业活力	3.61	
4.2.2 数字消费活力	13.32	
4.2.3 数字政务活力	3.07	
4.2.4 数字文化活力	18.86	
4.3 创新包容性	44.01	98
4.3.1 城镇登记失业率	22.22	
4.3.2 城乡居民人均可支配收入比	36.63	
4.3.3 平均房价与人均可支配收入比	73.19	
4.4 创新可持续性	53.05	94
4.4.1 单位 GDP 能耗	85.66	
4.4.2 废水废物处理能力	79.71	
4.4.3 空气质量指数	0.17	
4.4.4 园林绿化覆盖率	46.66	
4.4.5 货运碳排放量	53.06	
包头	**得分**	**排名**
城市创新指数	21.72	78
1 基础设施	14.31	74
2 创新资源	25.02	30
3 创新过程	2.15	105
4 创新产出	44.55	68
1.1 数字基础	20.04	80
1.1.1 固网宽带应用渗透率	12.08	
1.1.2 移动网络应用渗透率	67.08	

续表

包头	得分	排名
1.1.3 车联网车辆接入数量	1.00	
1.1.4 工业互联网示范项目数量	0.00	
1.2 交通基础	18.33	31
1.2.1 公路单位里程运输量	1.10	
1.2.2 人均快递业务量	0.49	
1.2.3 城市物流仓储用地面积占城市建设用地总面积比重	44.18	
1.2.4 公共汽(电)车运输人次占总人口比重	27.53	
1.3 金融基础	17.13	63
1.3.1 年末金融机构人民币各项存款余额	1.13	
1.3.2 年末金融机构人民币各项贷款余额	1.80	
1.3.3 数字金融	48.47	
1.4 政策基础	0.89	98
1.4.1 政府社会资本合作环境	0.00	
1.4.2 政府文件	1.78	
2.1 人力资源	29.58	43
2.1.1 普通高等学校教育数量与质量	26.62	
2.1.2 中等职业学校教育数量与质量	29.03	
2.1.3 一般公共预算教育支出占 GDP 比重	6.25	
2.1.4 人才吸引力指数	30.30	
2.1.5 高新区企业 R&D 人员所占比重	55.70	
2.2 研发投入	22.37	62
2.2.1 R&D 内部经费占 GDP 的比重	27.99	
2.2.2 一般公共预算科学技术支出占 GDP 的比重	5.81	
2.2.3 高新区企业 R&D 经费内部支出占营业收入比重	33.29	
2.3 创新机构	23.88	8
2.3.1 文化机构	43.02	

包头	得分	排名
2.3.2 国家重点实验室	0.00	
2.3.3 国家创新中心	28.61	
3.1 知识创造	2.97	104
3.1.1 每十万人发明专利授权数	0.51	
3.1.2 每十万人 WoS 论文数	4.08	
3.1.3 每亿元 R&D 内部经费支出所取得的发明专利授权数	0.00	
3.1.4 国际科研合作	7.31	
3.2 知识扩散	1.34	96
3.2.1 输出技术成交额占地区生产总值的比重	1.09	
3.2.2 吸纳技术成交额占地区生产总值的比重	1.09	
3.2.3 国家技术转移机构数	1.85	
4.1 创新经济效益	55.58	33
4.1.1 人均地区生产总值	52.2	
4.1.2 贸易顺差(逆差)	75.99	
4.1.3 人均工业增加值	38.56	
4.2 数字创新活力	8.60	61
4.2.1 数字产业活力	0.71	
4.2.2 数字消费活力	0.00	
4.2.3 数字政务活力	0.98	
4.2.4 数字文化活力	32.69	
4.3 创新包容性	48.63	92
4.3.1 城镇登记失业率	19.68	
4.3.2 城乡居民人均可支配收入比	30.37	
4.3.3 平均房价与人均可支配收入比	95.84	
4.4 创新可持续性	65.57	36
4.4.1 单位 GDP 能耗	77.70	

续表

包头	得分	排名
4.4.2 废水废物处理能力	65.81	
4.4.3 空气质量指数	42.53	
4.4.4 园林绿化覆盖率	55.06	
4.4.5 货运碳排放量	86.73	
宿迁	**得分**	**排名**
城市创新指数	21.60	79
1 基础设施	10.58	94
2 创新资源	18.42	58
3 创新过程	8.34	86
4 创新产出	48.28	48
1.1 数字基础	18.94	88
1.1.1 固网宽带应用渗透率	24.60	
1.1.2 移动网络应用渗透率	46.14	
1.1.3 车联网车辆接入数量	5.00	
1.1.4 工业互联网示范项目数量	0.00	
1.2 交通基础	11.86	62
1.2.1 公路单位里程运输量	2.25	
1.2.2 人均快递业务量	6.81	
1.2.3 城市物流仓储用地面积占城市建设用地总面积比重	20.41	
1.2.4 公共汽(电)车运输人次占总人口比重	17.98	
1.3 金融基础	10.36	84
1.3.1 年末金融机构人民币各项存款余额	1.25	
1.3.2 年末金融机构人民币各项贷款余额	3.39	
1.3.3 数字金融	26.44	
1.4 政策基础	0.30	99
1.4.1 政府社会资本合作环境	0.00	

续表

宿迁	得分	排名
1.4.2 政府文件	0.59	
2.1 人力资源	24.91	70
2.1.1 普通高等学校教育数量与质量	10.73	
2.1.2 中等职业学校教育数量与质量	33.96	
2.1.3 一般公共预算教育支出占 GDP 比重	22.31	
2.1.4 人才吸引力指数	12.25	
2.1.5 高新区企业 R&D 人员所占比重	45.31	
2.2 研发投入	28.36	39
2.2.1R&D 内部经费占 GDP 的比重	24.93	
2.2.2 一般公共预算科学技术支出占 GDP 的比重	27.23	
2.2.3 高新区企业 R&D 经费内部支出占营业收入比重	32.91	
2.3 创新机构	2.88	100
2.3.1 文化机构	8.11	
2.3.2 国家重点实验室	0.00	
2.3.3 国家创新中心	0.52	
3.1 知识创造	9.16	88
3.1.1 每十万人发明专利授权数	0.92	
3.1.2 每十万人 WoS 论文数	0.08	
3.1.3 每亿元 R&D 内部经费支出所取得的发明专利授权数	3.17	
3.1.4 国际科研合作	32.47	
3.2 知识扩散	7.54	62
3.2.1 输出技术成交额占地区生产总值的比重	11.31	
3.2.2 吸纳技术成交额占地区生产总值的比重	11.31	
3.2.3 国家技术转移机构数	0.00	
4.1 创新经济效益	42.16	73
4.1.1 人均地区生产总值	23.74	

续表

宿迁	得分	排名
4.1.2 贸易顺差(逆差)	77.48	
4.1.3 人均工业增加值	25.26	
4.2 数字创新活力	8.42	63
4.2.1 数字产业活力	2.86	
4.2.2 数字消费活力	8.67	
4.2.3 数字政务活力	3.67	
4.2.4 数字文化活力	18.47	
4.3 创新包容性	83.38	7
4.3.1 城镇登记失业率	87.62	
4.3.2 城乡居民人均可支配收入比	89.23	
4.3.3 平均房价与人均可支配收入比	73.29	
4.4 创新可持续性	61.09	64
4.4.1 单位 GDP 能耗	94.53	
4.4.2 废水废物处理能力	70.44	
4.4.3 空气质量指数	34.57	
4.4.4 园林绿化覆盖率	56.94	
4.4.5 货运碳排放量	48.98	
日照	得分	排名
城市创新指数	21.26	80
1 基础设施	12.54	88
2 创新资源	14.59	86
3 创新过程	12.59	62
4 创新产出	44.60	67
1.1 数字基础	18.62	89
1.1.1 固网宽带应用渗透率	20.09	
1.1.2 移动网络应用渗透率	51.40	

日照	得分	排名
1.1.3 车联网车辆接入数量	3.00	
1.1.4 工业互联网示范项目数量	0.00	
1.2 交通基础	8.91	90
1.2.1 公路单位里程运输量	1.25	
1.2.2 人均快递业务量	3.07	
1.2.3 城市物流仓储用地面积占城市建设用地总面积比重	21.53	
1.2.4 公共汽(电)车运输人次占总人口比重	9.77	
1.3 金融基础	9.16	87
1.3.1 年末金融机构人民币各项存款余额	0.96	
1.3.2 年末金融机构人民币各项贷款余额	2.37	
1.3.3 数字金融	24.15	
1.4 政策基础	13.18	28
1.4.1 政府社会资本合作环境	22.22	
1.4.2 政府文件	4.14	
2.1 人力资源	19.00	96
2.1.1 普通高等学校教育数量与质量	15.12	
2.1.2 中等职业学校教育数量与质量	32.82	
2.1.3 一般公共预算教育支出占 GDP 比重	22.27	
2.1.4 人才吸引力指数	24.80	
2.1.5 高新区企业 R&D 人员所占比重	0.00	
2.2 研发投入	22.56	59
2.2.1 R&D 内部经费占 GDP 的比重	42.79	
2.2.2 一般公共预算科学技术支出占 GDP 的比重	24.89	
2.2.3 高新区企业 R&D 经费内部支出占营业收入比重	0.00	
2.3 创新机构	2.81	103
2.3.1 文化机构	5.84	

续表

日照	得分	排名
2.3.2 国家重点实验室	0.00	
2.3.3 国家创新中心	2.58	
3.1 知识创造	15.51	63
3.1.1 每十万人发明专利授权数	8.26	
3.1.2 每十万人 WoS 论文数	2.62	
3.1.3 每亿元 R&D 内部经费支出所取得的发明专利授权数	13.69	
3.1.4 国际科研合作	37.48	
3.2 知识扩散	9.72	41
3.2.1 输出技术成交额占地区生产总值的比重	14.58	
3.2.2 吸纳技术成交额占地区生产总值的比重	14.58	
3.2.3 国家技术转移机构数	0.00	
4.1 创新经济效益	41.8	75
4.1.1 人均地区生产总值	25.33	
4.1.2 贸易顺差（逆差）	74.29	
4.1.3 人均工业增加值	25.78	
4.2 数字创新活力	4.46	92
4.2.1 数字产业活力	3.30	
4.2.2 数字消费活力	2.96	
4.2.3 数字政务活力	1.97	
4.2.4 数字文化活力	9.61	
4.3 创新包容性	73.83	31
4.3.1 城镇登记失业率	79.37	
4.3.2 城乡居民人均可支配收入比	62.82	
4.3.3 平均房价与人均可支配收入比	79.29	
4.4 创新可持续性	59.89	74
4.4.1 单位 GDP 能耗	88.56	

日照	得分	排名
4.4.2 废水废物处理能力	73.22	
4.4.3 空气质量指数	48.39	
4.4.4 园林绿化覆盖率	46.42	
4.4.5 货运碳排放量	42.86	
银川	**得分**	**排名**
城市创新指数	21.19	81
1 基础设施	20.18	40
2 创新资源	12.57	95
3 创新过程	8.90	82
4 创新产出	42.14	86
1.1 数字基础	36.79	19
1.1.1 固网宽带应用渗透率	45.31	
1.1.2 移动网络应用渗透率	71.85	
1.1.3 车联网车辆接入数量	5.00	
1.1.4 工业互联网示范项目数量	25.00	
1.2 交通基础	18.11	32
1.2.1 公路单位里程运输量	1.86	
1.2.2 人均快递业务量	0.80	
1.2.3 城市物流仓储用地面积占城市建设用地总面积比重	22.19	
1.2.4 公共汽(电)车运输人次占总人口比重	47.58	
1.3 金融基础	23.09	47
1.3.1 年末金融机构人民币各项存款余额	1.73	
1.3.2 年末金融机构人民币各项贷款余额	5.59	
1.3.3 数字金融	61.94	
1.4 政策基础	1.18	96
1.4.1 政府社会资本合作环境	0.00	

续表

银川	得分	排名
1.4.2 政府文件	2.37	
2.1 人力资源	21.20	92
2.1.1 普通高等学校教育数量与质量	36.71	
2.1.2 中等职业学校教育数量与质量	24.47	
2.1.3 一般公共预算教育支出占 GDP 比重	13.70	
2.1.4 人才吸引力指数	26.60	
2.1.5 高新区企业 R&D 人员所占比重	4.53	
2.2 研发投入	14.97	84
2.2.1 R&D 内部经费占 GDP 的比重	21.88	
2.2.2 一般公共预算科学技术支出占 GDP 的比重	17.24	
2.2.3 高新区企业 R&D 经费内部支出占营业收入比重	5.81	
2.3 创新机构	2.88	100
2.3.1 文化机构	4.01	
2.3.2 国家重点实验室	0.00	
2.3.3 国家创新中心	4.64	
3.1 知识创造	16.39	60
3.1.1 每十万人发明专利授权数	4.86	
3.1.2 每十万人 WoS 论文数	9.34	
3.1.3 每亿元 R&D 内部经费支出所取得的发明专利授权数	16.76	
3.1.4 国际科研合作	34.6	
3.2 知识扩散	1.54	94
3.2.1 输出技术成交额占地区生产总值的比重	2.31	
3.2.2 吸纳技术成交额占地区生产总值的比重	2.31	
3.2.3 国家技术转移机构数	0.00	
4.1 创新经济效益	42.75	72
4.1.1 人均地区生产总值	26.12	

银川	得分	排名
4.1.2 贸易顺差（逆差）	76.28	
4.1.3 人均工业增加值	25.84	
4.2 数字创新活力	16.52	28
4.2.1 数字产业活力	6.30	
4.2.2 数字消费活力	7.40	
4.2.3 数字政务活力	1.28	
4.2.4 数字文化活力	51.09	
4.3 创新包容性	48.55	93
4.3.1 城镇登记失业率	20.00	
4.3.2 城乡居民人均可支配收入比	34.86	
4.3.3 平均房价与人均可支配收入比	90.79	
4.4 创新可持续性	60.71	68
4.4.1 单位 GDP 能耗	70.14	
4.4.2 废水废物处理能力	61.23	
4.4.3 空气质量指数	48.11	
4.4.4 园林绿化覆盖率	37.35	
4.4.5 货运碳排放量	86.73	
呼和浩特	**得分**	**排名**
城市创新指数	21.07	82
1 基础设施	16.60	56
2 创新资源	16.17	75
3 创新过程	7.85	89
4 创新产出	42.80	81
1.1 数字基础	20.81	77
1.1.1 固网宽带应用渗透率	17.82	
1.1.2 移动网络应用渗透率	61.42	

续表

呼和浩特	得分	排名
1.1.3 车联网车辆接入数量	4.00	
1.1.4 工业互联网示范项目数量	0.00	
1.2 交通基础	19.21	27
1.2.1 公路单位里程运输量	1.49	
1.2.2 人均快递业务量	1.37	
1.2.3 城市物流仓储用地面积占城市建设用地总面积比重	40.22	
1.2.4 公共汽(电)车运输人次占总人口比重	33.76	
1.3 金融基础	20.96	52
1.3.1 年末金融机构人民币各项存款余额	2.63	
1.3.2 年末金融机构人民币各项贷款余额	9.80	
1.3.3 数字金融	50.45	
1.4 政策基础	4.73	64
1.4.1 政府社会资本合作环境	0.00	
1.4.2 政府文件	9.47	
2.1 人力资源	24.83	72
2.1.1 普通高等学校教育数量与质量	45.15	
2.1.2 中等职业学校教育数量与质量	35.31	
2.1.3 一般公共预算教育支出占 GDP 比重	9.13	
2.1.4 人才吸引力指数	28.10	
2.1.5 高新区企业 R&D 人员所占比重	6.48	
2.2 研发投入	13.07	90
2.2.1 R&D 内部经费占 GDP 的比重	22.74	
2.2.2 一般公共预算科学技术支出占 GDP 的比重	6.61	
2.2.3 高新区企业 R&D 经费内部支出占营业收入比重	9.85	
2.3 创新机构	12.03	31
2.3.1 文化机构	33.51	

呼和浩特	得分	排名
2.3.2 国家重点实验室	0.00	
2.3.3 国家创新中心	2.58	
3.1 知识创造	15.09	66
3.1.1 每十万人发明专利授权数	3.73	
3.1.2 每十万人 WoS 论文数	11.01	
3.1.3 每亿元 R&D 内部经费支出所取得的发明专利授权数	10.13	
3.1.4 国际科研合作	35.50	
3.2 知识扩散	0.73	100
3.2.1 输出技术成交额占地区生产总值的比重	1.09	
3.2.2 吸纳技术成交额占地区生产总值的比重	1.09	
3.2.3 国家技术转移机构数	0.00	
4.1 创新经济效益	43.49	71
4.1.1 人均地区生产总值	36.01	
4.1.2 贸易顺差(逆差)	76.12	
4.1.3 人均工业增加值	18.35	
4.2 数字创新活力	15.74	32
4.2.1 数字产业活力	9.12	
4.2.2 数字消费活力	0.13	
4.2.3 数字政务活力	1.73	
4.2.4 数字文化活力	51.99	
4.3 创新包容性	48.05	95
4.3.1 城镇登记失业率	24.13	
4.3.2 城乡居民人均可支配收入比	32.65	
4.3.3 平均房价与人均可支配收入比	87.38	
4.4 创新可持续性	63.71	49
4.4.1 单位 GDP 能耗	89.16	

续表

呼和浩特	得分	排名
4.4.2 废水废物处理能力	77.86	
4.4.3 空气质量指数	43.52	
4.4.4 园林绿化覆盖率	25.35	
4.4.5 货运碳排放量	82.65	
秦皇岛	**得分**	**排名**
城市创新指数	20.99	83
1 基础设施	15.97	59
2 创新资源	11.62	99
3 创新过程	17.21	39
4 创新产出	38.59	97
1.1 数字基础	27.95	42
1.1.1 固网宽带应用渗透率	42.38	
1.1.2 移动网络应用渗透率	66.41	
1.1.3 车联网车辆接入数量	3.00	
1.1.4 工业互联网示范项目数量	0.00	
1.2 交通基础	13.78	49
1.2.1 公路单位里程运输量	0.83	
1.2.2 人均快递业务量	4.11	
1.2.3 城市物流仓储用地面积占城市建设用地总面积比重	39.68	
1.2.4 公共汽(电)车运输人次占总人口比重	10.50	
1.3 金融基础	13.79	77
1.3.1 年末金融机构人民币各项存款余额	1.49	
1.3.2 年末金融机构人民币各项贷款余额	1.74	
1.3.3 数字金融	38.14	
1.4 政策基础	7.41	49
1.4.1 政府社会资本合作环境	14.81	

秦皇岛	得分	排名
1.4.2 政府文件	0.00	
2.1 人力资源	25.59	67
2.1.1 普通高等学校教育数量与质量	26.87	
2.1.2 中等职业学校教育数量与质量	42.83	
2.1.3 一般公共预算教育支出占 GDP 比重	32.33	
2.1.4 人才吸引力指数	25.9	
2.1.5 高新区企业 R&D 人员所占比重	0.00	
2.2 研发投入	8.11	98
2.2.1R&D 内部经费占 GDP 的比重	19.67	
2.2.2 一般公共预算科学技术支出占 GDP 的比重	4.65	
2.2.3 高新区企业 R&D 经费内部支出占营业收入比重	0.00	
2.3 创新机构	3.44	96
2.3.1 文化机构	8.19	
2.3.2 国家重点实验室	1.11	
2.3.3 国家创新中心	1.03	
3.1 知识创造	28.29	28
3.1.1 每十万人发明专利授权数	11.93	
3.1.2 每十万人 WoS 论文数	10.53	
3.1.3 每亿元 R&D 内部经费支出所取得的发明专利授权数	58.15	
3.1.4 国际科研合作	32.53	
3.2 知识扩散	6.33	73
3.2.1 输出技术成交额占地区生产总值的比重	8.56	
3.2.2 吸纳技术成交额占地区生产总值的比重	8.56	
3.2.3 国家技术转移机构数	1.85	
4.1 创新经济效益	34.99	92
4.1.1 人均地区生产总值	14.86	

续表

秦皇岛	得分	排名
4.1.2 贸易顺差（逆差）	76.43	
4.1.3 人均工业增加值	13.70	
4.2 数字创新活力	5.96	81
4.2.1 数字产业活力	6.89	
4.2.2 数字消费活力	4.20	
4.2.3 数字政务活力	0.54	
4.2.4 数字文化活力	12.22	
4.3 创新包容性	53.33	77
4.3.1 城镇登记失业率	48.25	
4.3.2 城乡居民人均可支配收入比	28.90	
4.3.3 平均房价与人均可支配收入比	82.83	
4.4 创新可持续性	60.37	70
4.4.1 单位 GDP 能耗	78.40	
4.4.2 废水废物处理能力	67.87	
4.4.3 空气质量指数	51.54	
4.4.4 园林绿化覆盖率	38.74	
4.4.5 货运碳排放量	65.31	
襄阳	**得分**	**排名**
城市创新指数	20.88	84
1 基础设施	9.48	100
2 创新资源	17.54	63
3 创新过程	11.59	68
4 创新产出	44.32	70
1.1 数字基础	17.75	91
1.1.1 固网宽带应用渗透率	14.96	
1.1.2 移动网络应用渗透率	50.03	

续表

襄阳	得分	排名
1.1.3 车联网车辆接入数量	6.00	
1.1.4 工业互联网示范项目数量	0.00	
1.2 交通基础	9.54	83
1.2.1 公路单位里程运输量	0.84	
1.2.2 人均快递业务量	0.78	
1.2.3 城市物流仓储用地面积占城市建设用地总面积比重	17.54	
1.2.4 公共汽(电)车运输人次占总人口比重	19.00	
1.3 金融基础	7.45	93
1.3.1 年末金融机构人民币各项存款余额	1.61	
1.3.2 年末金融机构人民币各项贷款余额	2.19	
1.3.3 数字金融	18.55	
1.4 政策基础	2.44	84
1.4.1 政府社会资本合作环境	3.70	
1.4.2 政府文件	1.18	
2.1 人力资源	22.26	87
2.1.1 普通高等学校教育数量与质量	5.35	
2.1.2 中等职业学校教育数量与质量	22.46	
2.1.3 一般公共预算教育支出占 GDP 比重	9.97	
2.1.4 人才吸引力指数	24.50	
2.1.5 高新区企业 R&D 人员所占比重	49.04	
2.2 研发投入	25.85	48
2.2.1 R&D 内部经费占 GDP 的比重	26.10	
2.2.2 一般公共预算科学技术支出占 GDP 的比重	24.71	
2.2.3 高新区企业 R&D 经费内部支出占营业收入比重	26.73	
2.3 创新机构	5.13	77
2.3.1 文化机构	8.69	

续表

襄阳	得分	排名
2.3.2 国家重点实验室	0.00	
2.3.3 国家创新中心	6.70	
3.1 知识创造	8.70	93
3.1.1 每十万人发明专利授权数	2.44	
3.1.2 每十万人 WoS 论文数	1.11	
3.1.3 每亿元 R&D 内部经费支出所取得的发明专利授权数	4.91	
3.1.4 国际科研合作	26.32	
3.2 知识扩散	14.42	24
3.2.1 输出技术成交额占地区生产总值的比重	21.64	
3.2.2 吸纳技术成交额占地区生产总值的比重	21.64	
3.2.3 国家技术转移机构数	0.00	
4.1 创新经济效益	53.37	39
4.1.1 人均地区生产总值	38.38	
4.1.2 贸易顺差(逆差)	77.10	
4.1.3 人均工业增加值	44.62	
4.2 数字创新活力	5.06	87
4.2.1 数字产业活力	4.64	
4.2.2 数字消费活力	1.55	
4.2.3 数字政务活力	1.19	
4.2.4 数字文化活力	12.85	
4.3 创新包容性	58.47	66
4.3.1 城镇登记失业率	28.89	
4.3.2 城乡居民人均可支配收入比	60.25	
4.3.3 平均房价与人均可支配收入比	86.27	
4.4 创新可持续性	61.33	62
4.4.1 单位 GDP 能耗	94.55	

襄阳	得分	排名
4.4.2 废水废物处理能力	62.72	
4.4.3 空气质量指数	34.70	
4.4.4 园林绿化覆盖率	53.48	
4.4.5 货运碳排放量	61.22	

新余	得分	排名
城市创新指数	20.88	85
1 基础设施	10.48	95
2 创新资源	16.51	73
3 创新过程	5.03	100
4 创新产出	50.51	34
1.1 数字基础	23.13	67
1.1.1 固网宽带应用渗透率	37.76	
1.1.2 移动网络应用渗透率	53.77	
1.1.3 车联网车辆接入数量	1.00	
1.1.4 工业互联网示范项目数量	0.00	
1.2 交通基础	5.86	102
1.2.1 公路单位里程运输量	3.32	
1.2.2 人均快递业务量	3.53	
1.2.3 城市物流仓储用地面积占城市建设用地总面积比重	6.77	
1.2.4 公共汽(电)车运输人次占总人口比重	9.81	
1.3 金融基础	2.93	103
1.3.1 年末金融机构人民币各项存款余额	0.00	
1.3.2 年末金融机构人民币各项贷款余额	0.07	
1.3.3 数字金融	8.71	
1.4 政策基础	9.26	38
1.4.1 政府社会资本合作环境	18.52	

续表

新余	得分	排名
1.4.2 政府文件	0.00	
2.1 人力资源	28.63	48
2.1.1 普通高等学校教育数量与质量	28.69	
2.1.2 中等职业学校教育数量与质量	46.45	
2.1.3 一般公共预算教育支出占 GDP 比重	16.14	
2.1.4 人才吸引力指数	25.60	
2.1.5 高新区企业 R&D 人员所占比重	26.28	
2.2 研发投入	17.50	76
2.2.1 R&D 内部经费占 GDP 的比重	22.86	
2.2.2 一般公共预算科学技术支出占 GDP 的比重	16.32	
2.2.3 高新区企业 R&D 经费内部支出占营业收入比重	13.32	
2.3 创新机构	5.33	75
2.3.1 文化机构	14.44	
2.3.2 国家重点实验室	0.00	
2.3.3 国家创新中心	1.55	
3.1 知识创造	6.76	99
3.1.1 每十万人发明专利授权数	1.00	
3.1.2 每十万人 WoS 论文数	0.89	
3.1.3 每亿元 R&D 内部经费支出所取得的发明专利授权数	2.54	
3.1.4 国际科研合作	22.62	
3.2 知识扩散	3.33	87
3.2.1 输出技术成交额占地区生产总值的比重	4.99	
3.2.2 吸纳技术成交额占地区生产总值的比重	4.99	
3.2.3 国家技术转移机构数	0.00	
4.1 创新经济效益	50.73	47
4.1.1 人均地区生产总值	37.48	

新余	得分	排名
4.1.2 贸易顺差(逆差)	76.10	
4.1.3 人均工业增加值	38.62	
4.2 数字创新活力	7.48	69
4.2.1 数字产业活力	6.44	
4.2.2 数字消费活力	4.22	
4.2.3 数字政务活力	1.55	
4.2.4 数字文化活力	17.70	
4.3 创新包容性	63.50	50
4.3.1 城镇登记失业率	31.75	
4.3.2 城乡居民人均可支配收入比	62.13	
4.3.3 平均房价与人均可支配收入比	96.62	
4.4 创新可持续性	80.43	3
4.4.1 单位 GDP 能耗	94.60	
4.4.2 废水废物处理能力	73.07	
4.4.3 空气质量指数	83.80	
4.4.4 园林绿化覆盖率	84.35	
4.4.5 货运碳排放量	66.33	
萍乡	**得分**	**排名**
城市创新指数	20.67	86
1 基础设施	13.57	82
2 创新资源	16.75	70
3 创新过程	5.60	99
4 创新产出	45.86	60
1.1 数字基础	19.25	84
1.1.1 固网宽带应用渗透率	31.67	
1.1.2 移动网络应用渗透率	44.35	

续表

萍乡	得分	排名
1.1.3 车联网车辆接入数量	1.00	
1.1.4 工业互联网示范项目数量	0.00	
1.2 交通基础	12.25	59
1.2.1 公路单位里程运输量	2.60	
1.2.2 人均快递业务量	0.70	
1.2.3 城市物流仓储用地面积占城市建设用地总面积比重	20.28	
1.2.4 公共汽(电)车运输人次占总人口比重	25.40	
1.3 金融基础	9.46	85
1.3.1 年末金融机构人民币各项存款余额	0.03	
1.3.2 年末金融机构人民币各项贷款余额	0.16	
1.3.3 数字金融	28.17	
1.4 政策基础	12.96	30
1.4.1 政府社会资本合作环境	25.93	
1.4.2 政府文件	0.00	
2.1 人力资源	21.28	91
2.1.1 普通高等学校教育数量与质量	16.60	
2.1.2 中等职业学校教育数量与质量	27.50	
2.1.3 一般公共预算教育支出占 GDP 比重	50.05	
2.1.4 人才吸引力指数	12.25	
2.1.5 高新区企业 R&D 人员所占比重	0.00	
2.2 研发投入	23.13	55
2.2.1 R&D 内部经费占 GDP 的比重	20.74	
2.2.2 一般公共预算科学技术支出占 GDP 的比重	48.64	
2.2.3 高新区企业 R&D 经费内部支出占营业收入比重	0.00	
2.3 创新机构	6.47	69
2.3.1 文化机构	19.4	

续表

萍乡	得分	排名
2.3.2 国家重点实验室	0.00	
2.3.3 国家创新中心	0.00	
3.1 知识创造	7.92	96
3.1.1 每十万人发明专利授权数	2.47	
3.1.2 每十万人 WoS 论文数	0.75	
3.1.3 每亿元 R&D 内部经费支出所取得的发明专利授权数	12.86	
3.1.4 国际科研合作	15.60	
3.2 知识扩散	3.33	87
3.2.1 输出技术成交额占地区生产总值的比重	4.99	
3.2.2 吸纳技术成交额占地区生产总值的比重	4.99	
3.2.3 国家技术转移机构数	0.00	
4.1 创新经济效益	37.56	89
4.1.1 人均地区生产总值	14.46	
4.1.2 贸易顺差（逆差）	76.91	
4.1.3 人均工业增加值	21.31	
4.2 数字创新活力	6.50	75
4.2.1 数字产业活力	8.63	
4.2.2 数字消费活力	2.84	
4.2.3 数字政务活力	0.27	
4.2.4 数字文化活力	14.26	
4.3 创新包容性	63.46	51
4.3.1 城镇登记失业率	20.63	
4.3.2 城乡居民人均可支配收入比	70.97	
4.3.3 平均房价与人均可支配收入比	98.78	
4.4 创新可持续性	75.96	13
4.4.1 单位 GDP 能耗	73.62	

续表

萍乡	得分	排名
4.4.2 废水废物处理能力	79.04	
4.4.3 空气质量指数	75.74	
4.4.4 园林绿化覆盖率	70.76	
4.4.5 货运碳排放量	80.61	

滁州	得分	排名
城市创新指数	20.45	87
1 基础设施	7.90	103
2 创新资源	11.78	97
3 创新过程	18.12	35
4 创新产出	43.50	77
1.1 数字基础	19.12	87
1.1.1 固网宽带应用渗透率	21.03	
1.1.2 移动网络应用渗透率	44.45	
1.1.3 车联网车辆接入数量	11.00	
1.1.4 工业互联网示范项目数量	0.00	
1.2 交通基础	4.68	104
1.2.1 公路单位里程运输量	1.17	
1.2.2 人均快递业务量	1.62	
1.2.3 城市物流仓储用地面积占城市建设用地总面积比重	10.73	
1.2.4 公共汽(电)车运输人次占总人口比重	5.22	
1.3 金融基础	6.62	98
1.3.1 年末金融机构人民币各项存款余额	0.97	
1.3.2 年末金融机构人民币各项贷款余额	2.44	
1.3.3 数字金融	16.44	
1.4 政策基础	0.30	99
1.4.1 政府社会资本合作环境	0.00	

续表

滁州	得分	排名
1.4.2 政府文件	0.59	
2.1 人力资源	14.16	104
2.1.1 普通高等学校教育数量与质量	16.50	
2.1.2 中等职业学校教育数量与质量	25.71	
2.1.3 一般公共预算教育支出占 GDP 比重	16.31	
2.1.4 人才吸引力指数	12.25	
2.1.5 高新区企业 R&D 人员所占比重	0.00	
2.2 研发投入	17.40	77
2.2.1 R&D 内部经费占 GDP 的比重	23.92	
2.2.2 一般公共预算科学技术支出占 GDP 的比重	28.28	
2.2.3 高新区企业 R&D 经费内部支出占营业收入比重	0.00	
2.3 创新机构	4.09	88
2.3.1 文化机构	11.24	
2.3.2 国家重点实验室	0.00	
2.3.3 国家创新中心	1.03	
3.1 知识创造	27.50	33
3.1.1 每十万人发明专利授权数	10.38	
3.1.2 每十万人 WoS 论文数	0.42	
3.1.3 每亿元 R&D 内部经费支出所取得的发明专利授权数	28.70	
3.1.4 国际科研合作	70.50	
3.2 知识扩散	8.91	54
3.2.1 输出技术成交额占地区生产总值的比重	13.37	
3.2.2 吸纳技术成交额占地区生产总值的比重	13.37	
3.2.3 国家技术转移机构数	0.00	
4.1 创新经济效益	48.18	55
4.1.1 人均地区生产总值	31.78	

续表

滁州	得分	排名
4.1.2 贸易顺差(逆差)	76.88	
4.1.3 人均工业增加值	35.87	
4.2 数字创新活力	8.00	67
4.2.1 数字产业活力	14.23	
4.2.2 数字消费活力	3.64	
4.2.3 数字政务活力	1.10	
4.2.4 数字文化活力	13.01	
4.3 创新包容性	61.81	53
4.3.1 城镇登记失业率	53.33	
4.3.2 城乡居民人均可支配收入比	42.62	
4.3.3 平均房价与人均可支配收入比	89.46	
4.4 创新可持续性	57.16	83
4.4.1 单位 GDP 能耗	94.41	
4.4.2 废水废物处理能力	68.64	
4.4.3 空气质量指数	50.16	
4.4.4 园林绿化覆盖率	44.02	
4.4.5 货运碳排放量	28.57	
玉溪	**得分**	**排名**
城市创新指数	20.38	88
1 基础设施	15.88	61
2 创新资源	15.07	81
3 创新过程	3.88	103
4 创新产出	45.64	62
1.1 数字基础	14.74	102
1.1.1 固网宽带应用渗透率	11.02	
1.1.2 移动网络应用渗透率	46.96	

玉溪	得分	排名
1.1.3 车联网车辆接入数量	1.00	
1.1.4 工业互联网示范项目数量	0.00	
1.2 交通基础	26.93	11
1.2.1 公路单位里程运输量	1.21	
1.2.2 人均快递业务量	0.29	
1.2.3 城市物流仓储用地面积占城市建设用地总面积比重	99.68	
1.2.4 公共汽(电)车运输人次占总人口比重	6.55	
1.3 金融基础	10.38	83
1.3.1 年末金融机构人民币各项存款余额	0.35	
1.3.2 年末金融机构人民币各项贷款余额	0.56	
1.3.3 数字金融	30.23	
1.4 政策基础	11.11	34
1.4.1 政府社会资本合作环境	22.22	
1.4.2 政府文件	0.00	
2.1 人力资源	24.62	74
2.1.1 普通高等学校教育数量与质量	8.71	
2.1.2 中等职业学校教育数量与质量	43.64	
2.1.3 一般公共预算教育支出占 GDP 比重	13.97	
2.1.4 人才吸引力指数	25.50	
2.1.5 高新区企业 R&D 人员所占比重	31.26	
2.2 研发投入	14.81	85
2.2.1 R&D 内部经费占 GDP 的比重	15.20	
2.2.2 一般公共预算科学技术支出占 GDP 的比重	26.57	
2.2.3 高新区企业 R&D 经费内部支出占营业收入比重	2.66	
2.3 创新机构	7.32	64
2.3.1 文化机构	20.92	

续表

玉溪	得分	排名
2.3.2 国家重点实验室	0.00	
2.3.3 国家创新中心	1.03	
3.1 知识创造	7.10	98
3.1.1 每十万人发明专利授权数	0.58	
3.1.2 每十万人 WoS 论文数	0.33	
3.1.3 每亿元 R&D 内部经费支出所取得的发明专利授权数	2.82	
3.1.4 国际科研合作	24.68	
3.2 知识扩散	0.71	101
3.2.1 输出技术成交额占地区生产总值的比重	1.06	
3.2.2 吸纳技术成交额占地区生产总值的比重	1.06	
3.2.3 国家技术转移机构数	0.00	
4.1 创新经济效益	53.63	36
4.1.1 人均地区生产总值	43.33	
4.1.2 贸易顺差(逆差)	77.38	
4.1.3 人均工业增加值	40.17	
4.2 数字创新活力	1.48	104
4.2.1 数字产业活力	2.30	
4.2.2 数字消费活力	0.80	
4.2.3 数字政务活力	0.00	
4.2.4 数字文化活力	2.80	
4.3 创新包容性	48.88	91
4.3.1 城镇登记失业率	22.22	
4.3.2 城乡居民人均可支配收入比	30.21	
4.3.3 平均房价与人均可支配收入比	94.21	
4.4 创新可持续性	78.21	7
4.4.1 单位 GDP 能耗	97.86	

玉溪	得分	排名
4.4.2 废水废物处理能力	64.93	
4.4.3 空气质量指数	97.22	
4.4.4 园林绿化覆盖率	41.24	
4.4.5 货运碳排放量	89.8	
黄石	得分	排名
城市创新指数	20.29	89
1 基础设施	9.54	99
2 创新资源	15.59	77
3 创新过程	12.69	60
4 创新产出	42.75	82
1.1 数字基础	21.45	74
1.1.1 固网宽带应用渗透率	22.15	
1.1.2 移动网络应用渗透率	50.14	
1.1.3 车联网车辆接入数量	1.00	
1.1.4 工业互联网示范项目数量	12.5	
1.2 交通基础	8.99	88
1.2.1 公路单位里程运输量	1.26	
1.2.2 人均快递业务量	1.75	
1.2.3 城市物流仓储用地面积占城市建设用地总面积比重	9.37	
1.2.4 公共汽(电)车运输人次占总人口比重	23.58	
1.3 金融基础	6.70	97
1.3.1 年末金融机构人民币各项存款余额	0.35	
1.3.2 年末金融机构人民币各项贷款余额	0.63	
1.3.3 数字金融	19.12	
1.4 政策基础	0.00	103
1.4.1 政府社会资本合作环境	0.00	

续表

黄石	得分	排名
1.4.2 政府文件	0.00	
2.1 人力资源	21.55	88
2.1.1 普通高等学校教育数量与质量	21.92	
2.1.2 中等职业学校教育数量与质量	19.88	
2.1.3 一般公共预算教育支出占 GDP 比重	20.04	
2.1.4 人才吸引力指数	12.25	
2.1.5 高新区企业 R&D 人员所占比重	33.66	
2.2 研发投入	19.26	71
2.2.1 R&D 内部经费占 GDP 的比重	22.04	
2.2.2 一般公共预算科学技术支出占 GDP 的比重	19.25	
2.2.3 高新区企业 R&D 经费内部支出占营业收入比重	16.49	
2.3 创新机构	6.86	67
2.3.1 文化机构	16.97	
2.3.2 国家重点实验室	0.00	
2.3.3 国家创新中心	3.61	
3.1 知识创造	10.93	82
3.1.1 每十万人发明专利授权数	1.38	
3.1.2 每十万人 WoS 论文数	2.24	
3.1.3 每亿元 R&D 内部经费支出所取得的发明专利授权数	5.37	
3.1.4 国际科研合作	34.72	
3.2 知识扩散	14.42	24
3.2.1 输出技术成交额占地区生产总值的比重	21.64	
3.2.2 吸纳技术成交额占地区生产总值的比重	21.64	
3.2.3 国家技术转移机构数	0.00	
4.1 创新经济效益	45.32	66
4.1.1 人均地区生产总值	24.45	

续表

黄石	得分	排名
4.1.2 贸易顺差(逆差)	76.14	
4.1.3 人均工业增加值	35.37	
4.2 数字创新活力	8.22	64
4.2.1 数字产业活力	8.86	
4.2.2 数字消费活力	5.13	
4.2.3 数字政务活力	0.09	
4.2.4 数字文化活力	18.78	
4.3 创新包容性	52.41	82
4.3.1 城镇登记失业率	20.63	
4.3.2 城乡居民人均可支配收入比	42.67	
4.3.3 平均房价与人均可支配收入比	93.92	
4.4 创新可持续性	65.23	41
4.4.1 单位 GDP 能耗	82.41	
4.4.2 废水废物处理能力	73.02	
4.4.3 空气质量指数	68.35	
4.4.4 园林绿化覆盖率	35.00	
4.4.5 货运碳排放量	67.35	
衡阳	得分	排名
城市创新指数	20.28	90
1 基础设施	7.81	104
2 创新资源	15.32	79
3 创新过程	13.32	57
4 创新产出	44.10	73
1.1 数字基础	11.89	104
1.1.1 固网宽带应用渗透率	5.97	
1.1.2 移动网络应用渗透率	40.59	

续表

衡阳	得分	排名
1.1.3 车联网车辆接入数量	1.00	
1.1.4 工业互联网示范项目数量	0.00	
1.2 交通基础	8.76	92
1.2.1 公路单位里程运输量	2.57	
1.2.2 人均快递业务量	0.52	
1.2.3 城市物流仓储用地面积占城市建设用地总面积比重	25.15	
1.2.4 公共汽(电)车运输人次占总人口比重	6.78	
1.3 金融基础	4.69	100
1.3.1 年末金融机构人民币各项存款余额	1.60	
1.3.2 年末金融机构人民币各项贷款余额	1.87	
1.3.3 数字金融	10.60	
1.4 政策基础	5.56	54
1.4.1 政府社会资本合作环境	11.11	
1.4.2 政府文件	0.00	
2.1 人力资源	22.75	85
2.1.1 普通高等学校教育数量与质量	20.37	
2.1.2 中等职业学校教育数量与质量	30.86	
2.1.3 一般公共预算教育支出占 GDP 比重	19.82	
2.1.4 人才吸引力指数	12.25	
2.1.5 高新区企业 R&D 人员所占比重	30.47	
2.2 研发投入	20.50	67
2.2.1 R&D 内部经费占 GDP 的比重	24.67	
2.2.2 一般公共预算科学技术支出占 GDP 的比重	17.30	
2.2.3 高新区企业 R&D 经费内部支出占营业收入比重	19.54	
2.3 创新机构	3.83	91
2.3.1 文化机构	9.42	

衡阳	得分	排名
2.3.2 国家重点实验室	0.00	
2.3.3 国家创新中心	2.06	
3.1 知识创造	20.18	53
3.1.1 每十万人发明专利授权数	9.32	
3.1.2 每十万人 WoS 论文数	2.74	
3.1.3 每亿元 R&D 内部经费支出所取得的发明专利授权数	36.97	
3.1.4 国际科研合作	31.71	
3.2 知识扩散	6.58	70
3.2.1 输出技术成交额占地区生产总值的比重	9.86	
3.2.2 吸纳技术成交额占地区生产总值的比重	9.86	
3.2.3 国家技术转移机构数	0.00	
4.1 创新经济效益	33.69	96
4.1.1 人均地区生产总值	13.89	
4.1.2 贸易顺差（逆差）	76.44	
4.1.3 人均工业增加值	10.75	
4.2 数字创新活力	3.20	101
4.2.1 数字产业活力	3.09	
4.2.2 数字消费活力	2.84	
4.2.3 数字政务活力	0.98	
4.2.4 数字文化活力	5.91	
4.3 创新包容性	68.71	38
4.3.1 城镇登记失业率	32.06	
4.3.2 城乡居民人均可支配收入比	77.6	
4.3.3 平均房价与人均可支配收入比	96.46	
4.4 创新可持续性	71.33	20
4.4.1 单位 GDP 能耗	95.25	

续表

衡阳	得分	排名
4.4.2 废水废物处理能力	75.54	
4.4.3 空气质量指数	74.00	
4.4.4 园林绿化覆盖率	45.56	
4.4.5 货运碳排放量	66.33	
岳阳	**得分**	**排名**
城市创新指数	20.25	91
1 基础设施	13.79	80
2 创新资源	9.08	104
3 创新过程	8.13	88
4 创新产出	48.91	44
1.1 数字基础	16.34	97
1.1.1 固网宽带应用渗透率	16.64	
1.1.2 移动网络应用渗透率	47.70	
1.1.3 车联网车辆接入数量	1.00	
1.1.4 工业互联网示范项目数量	0.00	
1.2 交通基础	16.7	39
1.2.1 公路单位里程运输量	2.33	
1.2.2 人均快递业务量	1.99	
1.2.3 城市物流仓储用地面积占城市建设用地总面积比重	46.24	
1.2.4 公共汽(电)车运输人次占总人口比重	16.24	
1.3 金融基础	5.45	99
1.3.1 年末金融机构人民币各项存款余额	0.93	
1.3.2 年末金融机构人民币各项贷款余额	1.74	
1.3.3 数字金融	13.67	
1.4 政策基础	16.51	19
1.4.1 政府社会资本合作环境	25.93	

续表

岳阳	得分	排名
1.4.2 政府文件	7.10	
2.1 人力资源	11.37	105
2.1.1 普通高等学校教育数量与质量	12.71	
2.1.2 中等职业学校教育数量与质量	27.85	
2.1.3 一般公共预算教育支出占 GDP 比重	4.05	
2.1.4 人才吸引力指数	12.25	
2.1.5 高新区企业 R&D 人员所占比重	0.00	
2.2 研发投入	13.26	89
2.2.1 R&D 内部经费占 GDP 的比重	21.24	
2.2.2 一般公共预算科学技术支出占 GDP 的比重	18.55	
2.2.3 高新区企业 R&D 经费内部支出占营业收入比重	0.00	
2.3 创新机构	2.91	99
2.3.1 文化机构	8.74	
2.3.2 国家重点实验室	0.00	
2.3.3 国家创新中心	0.00	
3.1 知识创造	9.71	86
3.1.1 每十万人发明专利授权数	0.76	
3.1.2 每十万人 WoS 论文数	0.31	
3.1.3 每亿元 R&D 内部经费支出所取得的发明专利授权数	2.50	
3.1.4 国际科研合作	35.25	
3.2 知识扩散	6.58	70
3.2.1 输出技术成交额占地区生产总值的比重	9.86	
3.2.2 吸纳技术成交额占地区生产总值的比重	9.86	
3.2.3 国家技术转移机构数	0.00	
4.1 创新经济效益	47.24	58
4.1.1 人均地区生产总值	33.89	

续表

岳阳	得分	排名
4.1.2 贸易顺差(逆差)	75.86	
4.1.3 人均工业增加值	31.95	
4.2 数字创新活力	3.64	97
4.2.1 数字产业活力	2.53	
4.2.2 数字消费活力	2.49	
4.2.3 数字政务活力	1.79	
4.2.4 数字文化活力	7.77	
4.3 创新包容性	79.10	14
4.3.1 城镇登记失业率	82.86	
4.3.2 城乡居民人均可支配收入比	62.14	
4.3.3 平均房价与人均可支配收入比	92.29	
4.4 创新可持续性	67.27	31
4.4.1 单位 GDP 能耗	92.99	
4.4.2 废水废物处理能力	65.04	
4.4.3 空气质量指数	70.24	
4.4.4 园林绿化覆盖率	48.92	
4.4.5 货运碳排放量	59.18	
荆门	得分	排名
城市创新指数	20.12	92
1 基础设施	10.35	96
2 创新资源	14.20	92
3 创新过程	9.72	78
4 创新产出	45.43	63
1.1 数字基础	20.24	79
1.1.1 固网宽带应用渗透率	34.01	
1.1.2 移动网络应用渗透率	44.96	

续表

荆门	得分	排名
1.1.3 车联网车辆接入数量	2.00	
1.1.4 工业互联网示范项目数量	0.00	
1.2 交通基础	11.87	61
1.2.1 公路单位里程运输量	0.26	
1.2.2 人均快递业务量	3.23	
1.2.3 城市物流仓储用地面积占城市建设用地总面积比重	28.15	
1.2.4 公共汽(电)车运输人次占总人口比重	15.85	
1.3 金融基础	4.68	101
1.3.1 年末金融机构人民币各项存款余额	0.59	
1.3.2 年末金融机构人民币各项贷款余额	0.45	
1.3.3 数字金融	13.00	
1.4 政策基础	3.70	76
1.4.1 政府社会资本合作环境	7.41	
1.4.2 政府文件	0.00	
2.1 人力资源	18.1	101
2.1.1 普通高等学校教育数量与质量	8.00	
2.1.2 中等职业学校教育数量与质量	30.59	
2.1.3 一般公共预算教育支出占 GDP 比重	6.55	
2.1.4 人才吸引力指数	12.25	
2.1.5 高新区企业 R&D 人员所占比重	33.12	
2.2 研发投入	21.81	66
2.2.1R&D 内部经费占 GDP 的比重	23.14	
2.2.2 一般公共预算科学技术支出占 GDP 的比重	28.00	
2.2.3 高新区企业 R&D 经费内部支出占营业收入比重	14.28	
2.3 创新机构	3.21	97
2.3.1 文化机构	8.61	

续表

荆门	得分	排名
2.3.2 国家重点实验室	0.00	
2.3.3 国家创新中心	1.03	
3.1 知识创造	4.94	102
3.1.1 每十万人发明专利授权数	2.45	
3.1.2 每十万人 WoS 论文数	0.52	
3.1.3 每亿元 R&D 内部经费支出所取得的发明专利授权数	7.22	
3.1.4 国际科研合作	9.56	
3.2 知识扩散	14.42	24
3.2.1 输出技术成交额占地区生产总值的比重	21.64	
3.2.2 吸纳技术成交额占地区生产总值的比重	21.64	
3.2.3 国家技术转移机构数	0.00	
4.1 创新经济效益	47.17	59
4.1.1 人均地区生产总值	27.28	
4.1.2 贸易顺差（逆差）	76.29	
4.1.3 人均工业增加值	37.94	
4.2 数字创新活力	4.39	93
4.2.1 数字产业活力	3.34	
4.2.2 数字消费活力	4.67	
4.2.3 数字政务活力	0.03	
4.2.4 数字文化活力	9.52	
4.3 创新包容性	67.94	40
4.3.1 城镇登记失业率	27.62	
4.3.2 城乡居民人均可支配收入比	78.06	
4.3.3 平均房价与人均可支配收入比	98.15	
4.4 创新可持续性	63.39	52
4.4.1 单位 GDP 能耗	95.69	

续表

荆门	得分	排名
4.4.2 废水废物处理能力	75.59	
4.4.3 空气质量指数	48.15	
4.4.4 园林绿化覆盖率	38.36	
4.4.5 货运碳排放量	59.18	
遵义	得分	排名
城市创新指数	19.94	93
1 基础设施	20.13	41
2 创新资源	8.90	105
3 创新过程	9.08	81
4 创新产出	40.64	89
1.1 数字基础	15.72	
1.1.1 固网宽带应用渗透率	4.72	
1.1.2 移动网络应用渗透率	56.17	
1.1.3 车联网车辆接入数量	2.00	
1.1.4 工业互联网示范项目数量	0.00	36
1.2 交通基础	16.14	
1.2.1 公路单位里程运输量	17.18	
1.2.2 人均快递业务量	0.41	
1.2.3 城市物流仓储用地面积占城市建设用地总面积比重	13.74	
1.2.4 公共汽(电)车运输人次占总人口比重	33.21	27
1.3 金融基础	8.01	90
1.3.1 年末金融机构人民币各项存款余额	2.15	
1.3.2 年末金融机构人民币各项贷款余额	4.21	
1.3.3 数字金融	17.68	
1.4 政策基础	41.63	5
1.4.1 政府社会资本合作环境	81.48	

续表

遵义	得分	排名
1.4.2 政府文件	1.78	
2.1 人力资源	17.34	103
2.1.1 普通高等学校教育数量与质量	11.23	
2.1.2 中等职业学校教育数量与质量	23.49	
2.1.3 一般公共预算教育支出占 GDP 比重	39.72	
2.1.4 人才吸引力指数	12.25	
2.1.5 高新区企业 R&D 人员所占比重	0.00	
2.2 研发投入	7.12	101
2.2.1 R&D 内部经费占 GDP 的比重	6.41	
2.2.2 一般公共预算科学技术支出占 GDP 的比重	14.95	
2.2.3 高新区企业 R&D 经费内部支出占营业收入比重	0.00	
2.3 创新机构	3.60	94
2.3.1 文化机构	8.75	
2.3.2 国家重点实验室	0.00	
2.3.3 国家创新中心	2.06	
3.1 知识创造	15.48	64
3.1.1 每十万人发明专利授权数	2.25	
3.1.2 每十万人 WoS 论文数	1.73	
3.1.3 每亿元 R&D 内部经费支出所取得的发明专利授权数	37.81	
3.1.4 国际科研合作	20.13	
3.2 知识扩散	2.79	91
3.2.1 输出技术成交额占地区生产总值的比重	4.18	
3.2.2 吸纳技术成交额占地区生产总值的比重	4.18	
3.2.3 国家技术转移机构数	0.00	
4.1 创新经济效益	39.07	85
4.1.1 人均地区生产总值	16.77	

续表

遵义	得分	排名
4.1.2 贸易顺差(逆差)	76.23	
4.1.3 人均工业增加值	24.20	
4.2 数字创新活力	3.60	98
4.2.1 数字产业活力	5.34	
4.2.2 数字消费活力	2.25	
4.2.3 数字政务活力	0.09	
4.2.4 数字文化活力	6.70	
4.3 创新包容性	51.29	86
4.3.1 城镇登记失业率	32.38	
4.3.2 城乡居民人均可支配收入比	25.67	
4.3.3 平均房价与人均可支配收入比	95.83	
4.4 创新可持续性	68.51	27
4.4.1 单位 GDP 能耗	93.61	
4.4.2 废水废物处理能力	31.24	
4.4.3 空气质量指数	99.06	
4.4.4 园林绿化覆盖率	40.09	
4.4.5 货运碳排放量	78.57	
漳州	**得分**	**排名**
城市创新指数	19.81	94
1 基础设施	11.86	91
2 创新资源	11.38	100
3 创新过程	6.70	93
4 创新产出	48.27	49
1.1 数字基础	21.20	75
1.1.1 固网宽带应用渗透率	33.11	
1.1.2 移动网络应用渗透率	50.69	

续表

漳州	得分	排名
1.1.3 车联网车辆接入数量	1.00	
1.1.4 工业互联网示范项目数量	0.00	
1.2 交通基础	3.85	105
1.2.1 公路单位里程运输量	0.75	
1.2.2 人均快递业务量	4.44	
1.2.3 城市物流仓储用地面积占城市建设用地总面积比重	7.25	
1.2.4 公共汽(电)车运输人次占总人口比重	2.94	
1.3 金融基础	15.70	69
1.3.1 年末金融机构人民币各项存款余额	1.16	
1.3.2 年末金融机构人民币各项贷款余额	2.97	
1.3.3 数字金融	42.96	
1.4 政策基础	6.15	51
1.4.1 政府社会资本合作环境	11.11	
1.4.2 政府文件	1.18	
2.1 人力资源	18.45	99
2.1.1 普通高等学校教育数量与质量	17.76	
2.1.2 中等职业学校教育数量与质量	18.89	
2.1.3 一般公共预算教育支出占 GDP 比重	7.57	
2.1.4 人才吸引力指数	24.80	
2.1.5 高新区企业 R&D 人员所占比重	23.25	
2.2 研发投入	12.84	91
2.2.1 R&D 内部经费占 GDP 的比重	19.18	
2.2.2 一般公共预算科学技术支出占 GDP 的比重	1.48	
2.2.3 高新区企业 R&D 经费内部支出占营业收入比重	17.86	
2.3 创新机构	3.96	89
2.3.1 文化机构	9.82	

漳州	得分	排名
2.3.2 国家重点实验室	0.00	
2.3.3 国家创新中心	2.06	
3.1 知识创造	13.53	71
3.1.1 每十万人发明专利授权数	2.17	
3.1.2 每十万人 WoS 论文数	0.93	
3.1.3 每亿元 R&D 内部经费支出所取得的发明专利授权数	6.40	
3.1.4 国际科研合作	44.61	
3.2 知识扩散	0.00	105
3.2.1 输出技术成交额占地区生产总值的比重	0.00	
3.2.2 吸纳技术成交额占地区生产总值的比重	0.00	
3.2.3 国家技术转移机构数	0.00	
4.1 创新经济效益	52.66	41
4.1.1 人均地区生产总值	41.60	
4.1.2 贸易顺差（逆差）	77.59	
4.1.3 人均工业增加值	38.80	
4.2 数字创新活力	5.28	86
4.2.1 数字产业活力	5.67	
4.2.2 数字消费活力	5.86	
4.2.3 数字政务活力	1.82	
4.2.4 数字文化活力	7.77	
4.3 创新包容性	58.7	63
4.3.1 城镇登记失业率	28.89	
4.3.2 城乡居民人均可支配收入比	71.13	
4.3.3 平均房价与人均可支配收入比	76.08	
4.4 创新可持续性	76.56	11
4.4.1 单位 GDP 能耗	97.83	

续表

漳州	得分	排名
4.4.2 废水废物处理能力	64.32	
4.4.3 空气质量指数	86.55	
4.4.4 园林绿化覆盖率	52.47	
4.4.5 货运碳排放量	81.63	
德阳	**得分**	**排名**
城市创新指数	19.52	95
1 基础设施	9.79	98
2 创新资源	14.94	82
3 创新过程	7.17	92
4 创新产出	45.38	64
1.1 数字基础	16.26	98
1.1.1 固网宽带应用渗透率	7.90	
1.1.2 移动网络应用渗透率	56.15	
1.1.3 车联网车辆接入数量	1.00	
1.1.4 工业互联网示范项目数量	0.00	
1.2 交通基础	6.47	99
1.2.1 公路单位里程运输量	1.83	
1.2.2 人均快递业务量	2.21	
1.2.3 城市物流仓储用地面积占城市建设用地总面积比重	16.48	
1.2.4 公共汽(电)车运输人次占总人口比重	5.34	
1.3 金融基础	13.83	75
1.3.1 年末金融机构人民币各项存款余额	1.06	
1.3.2 年末金融机构人民币各项贷款余额	1.06	
1.3.3 数字金融	39.36	
1.4 政策基础	2.07	91
1.4.1 政府社会资本合作环境	0.00	

续表

德阳	得分	排名
1.4.2 政府文件	4.14	
2.1 人力资源	20.73	93
2.1.1 普通高等学校教育数量与质量	24.39	
2.1.2 中等职业学校教育数量与质量	22.84	
2.1.3 一般公共预算教育支出占 GDP 比重	4.14	
2.1.4 人才吸引力指数	25.30	
2.1.5 高新区企业 R&D 人员所占比重	26.97	
2.2 研发投入	19.90	69
2.2.1 R&D 内部经费占 GDP 的比重	44.34	
2.2.2 一般公共预算科学技术支出占 GDP 的比重	7.67	
2.2.3 高新区企业 R&D 经费内部支出占营业收入比重	7.70	
2.3 创新机构	5.03	79
2.3.1 文化机构	11.49	
2.3.2 国家重点实验室	0.00	
2.3.3 国家创新中心	3.61	
3.1 知识创造	4.76	103
3.1.1 每十万人发明专利授权数	2.39	
3.1.2 每十万人 WoS 论文数	0.71	
3.1.3 每亿元 R&D 内部经费支出所取得的发明专利授权数	2.97	
3.1.4 国际科研合作	12.98	
3.2 知识扩散	9.54	48
3.2.1 输出技术成交额占地区生产总值的比重	14.31	
3.2.2 吸纳技术成交额占地区生产总值的比重	14.31	
3.2.3 国家技术转移机构数	0.00	
4.1 创新经济效益	46.18	63
4.1.1 人均地区生产总值	26.73	

续表

德阳	得分	排名
4.1.2 贸易顺差(逆差)	76.40	
4.1.3 人均工业增加值	35.40	
4.2 数字创新活力	7.09	71
4.2.1 数字产业活力	4.71	
4.2.2 数字消费活力	4.23	
4.2.3 数字政务活力	0.51	
4.2.4 数字文化活力	18.90	
4.3 创新包容性	64.50	47
4.3.1 城镇登记失业率	34.92	
4.3.2 城乡居民人均可支配收入比	64.43	
4.3.3 平均房价与人均可支配收入比	94.14	
4.4 创新可持续性	64.63	46
4.4.1 单位 GDP 能耗	88.62	
4.4.2 废水废物处理能力	68.54	
4.4.3 空气质量指数	53.77	
4.4.4 园林绿化覆盖率	43.88	
4.4.5 货运碳排放量	68.37	
营口	得分	排名
城市创新指数	19.50	96
1 基础设施	14.07	78
2 创新资源	14.73	84
3 创新过程	4.94	101
4 创新产出	43.34	78
1.1 数字基础	18.15	90
1.1.1 固网宽带应用渗透率	20.79	
1.1.2 移动网络应用渗透率	46.81	

续表

营口	得分	排名
1.1.3 车联网车辆接入数量	5.00	
1.1.4 工业互联网示范项目数量	0.00	
1.2 交通基础	17.15	38
1.2.1 公路单位里程运输量	5.45	
1.2.2 人均快递业务量	0.89	
1.2.3 城市物流仓储用地面积占城市建设用地总面积比重	44.57	
1.2.4 公共汽(电)车运输人次占总人口比重	17.69	
1.3 金融基础	11.23	82
1.3.1 年末金融机构人民币各项存款余额	1.40	
1.3.2 年末金融机构人民币各项贷款余额	1.95	
1.3.3 数字金融	30.35	
1.4 政策基础	9.26	38
1.4.1 政府社会资本合作环境	18.52	
1.4.2 政府文件	0.00	
2.1 人力资源	24.91	70
2.1.1 普通高等学校教育数量与质量	10.07	
2.1.2 中等职业学校教育数量与质量	33.71	
2.1.3 一般公共预算教育支出占 GDP 比重	9.89	
2.1.4 人才吸引力指数	25.20	
2.1.5 高新区企业 R&D 人员所占比重	45.68	
2.2 研发投入	17.37	78
2.2.1 R&D 内部经费占 GDP 的比重	25.22	
2.2.2 一般公共预算科学技术支出占 GDP 的比重	0.00	
2.2.3 高新区企业 R&D 经费内部支出占营业收入比重	26.89	
2.3 创新机构	3.50	95
2.3.1 文化机构	9.99	

续表

营口	得分	排名
2.3.2 国家重点实验室	0.00	
2.3.3 国家创新中心	0.52	
3.1 知识创造	0.39	105
3.1.1 每十万人发明专利授权数	0.19	
3.1.2 每十万人 WoS 论文数	0.00	
3.1.3 每亿元 R&D 内部经费支出所取得的发明专利授权数	1.38	
3.1.4 国际科研合作	0.00	
3.2 知识扩散	9.41	49
3.2.1 输出技术成交额占地区生产总值的比重	14.11	
3.2.2 吸纳技术成交额占地区生产总值的比重	14.11	
3.2.3 国家技术转移机构数	0.00	
4.1 创新经济效益	38.94	86
4.1.1 人均地区生产总值	17.11	
4.1.2 贸易顺差(逆差)	74.57	
4.1.3 人均工业增加值	25.14	
4.2 数字创新活力	5.81	82
4.2.1 数字产业活力	1.45	
4.2.2 数字消费活力	3.10	
4.2.3 数字政务活力	0.09	
4.2.4 数字文化活力	18.59	
4.3 创新包容性	64.07	49
4.3.1 城镇登记失业率	22.22	
4.3.2 城乡居民人均可支配收入比	70.00	
4.3.3 平均房价与人均可支配收入比	100.00	
4.4 创新可持续性	65.21	42
4.4.1 单位 GDP 能耗	89.19	

营口	得分	排名
4.4.2 废水废物处理能力	65.50	
4.4.3 空气质量指数	48.26	
4.4.4 园林绿化覆盖率	33.32	
4.4.5 货运碳排放量	89.80	
临沂	**得分**	**排名**
城市创新指数	19.12	97
1 基础设施	13.92	79
2 创新资源	16.73	71
3 创新过程	9.40	79
4 创新产出	35.84	102
1.1 数字基础	27.86	44
1.1.1 固网宽带应用渗透率	14.16	
1.1.2 移动网络应用渗透率	45.26	
1.1.3 车联网车辆接入数量	52.00	
1.1.4 工业互联网示范项目数量	0.00	
1.2 交通基础	11.84	63
1.2.1 公路单位里程运输量	1.39	
1.2.2 人均快递业务量	1.74	
1.2.3 城市物流仓储用地面积占城市建设用地总面积比重	42.79	
1.2.4 公共汽(电)车运输人次占总人口比重	1.46	
1.3 金融基础	11.29	81
1.3.1 年末金融机构人民币各项存款余额	3.76	
1.3.2 年末金融机构人民币各项贷款余额	7.42	
1.3.3 数字金融	22.70	
1.4 政策基础	3.55	80
1.4.1 政府社会资本合作环境	0.00	

续表

临沂	得分	排名
1.4.2 政府文件	7.10	
2.1 人力资源	24.70	73
2.1.1 普通高等学校教育数量与质量	10.92	
2.1.2 中等职业学校教育数量与质量	24.73	
2.1.3 一般公共预算教育支出占 GDP 比重	37.70	
2.1.4 人才吸引力指数	26.90	
2.1.5 高新区企业 R&D 人员所占比重	23.26	
2.2 研发投入	19.00	72
2.2.1 R&D 内部经费占 GDP 的比重	27.60	
2.2.2 一般公共预算科学技术支出占 GDP 的比重	7.64	
2.2.3 高新区企业 R&D 经费内部支出占营业收入比重	21.76	
2.3 创新机构	7.71	58
2.3.1 文化机构	17.47	
2.3.2 国家重点实验室	0.00	
2.3.3 国家创新中心	5.67	
3.1 知识创造	9.08	89
3.1.1 每十万人发明专利授权数	1.88	
3.1.2 每十万人 WoS 论文数	1.19	
3.1.3 每亿元 R&D 内部经费支出所取得的发明专利授权数	9.23	
3.1.4 国际科研合作	24.01	
3.2 知识扩散	9.72	41
3.2.1 输出技术成交额占地区生产总值的比重	14.58	
3.2.2 吸纳技术成交额占地区生产总值的比重	14.58	
3.2.3 国家技术转移机构数	0.00	
4.1 创新经济效益	33.00	97
4.1.1 人均地区生产总值	7.08	

临沂	得分	排名
4.1.2 贸易顺差（逆差）	80.60	
4.1.3 人均工业增加值	11.33	
4.2 数字创新活力	4.63	90
4.2.1 数字产业活力	2.21	
4.2.2 数字消费活力	5.63	
4.2.3 数字政务活力	6.95	
4.2.4 数字文化活力	3.74	
4.3 创新包容性	58.92	61
4.3.1 城镇登记失业率	66.67	
4.3.2 城乡居民人均可支配收入比	29.10	
4.3.3 平均房价与人均可支配收入比	80.98	
4.4 创新可持续性	48.00	104
4.4.1 单位 GDP 能耗	89.7	
4.4.2 废水废物处理能力	66.43	
4.4.3 空气质量指数	15.21	
4.4.4 园林绿化覆盖率	43.16	
4.4.5 货运碳排放量	25.51	
济宁	得分	排名
城市创新指数	19.09	98
1 基础设施	12.13	89
2 创新资源	13.77	94
3 创新过程	9.27	80
4 创新产出	40.46	91
1.1 数字基础	24.98	59
1.1.1 固网宽带应用渗透率	10.26	
1.1.2 移动网络应用渗透率	45.66	

续表

济宁	得分	排名
1.1.3 车联网车辆接入数量	44.00	
1.1.4 工业互联网示范项目数量	0.00	
1.2 交通基础	8.78	91
1.2.1 公路单位里程运输量	1.63	
1.2.2 人均快递业务量	1.65	
1.2.3 城市物流仓储用地面积占城市建设用地总面积比重	28.71	
1.2.4 公共汽(电)车运输人次占总人口比重	3.11	
1.3 金融基础	7.40	94
1.3.1 年末金融机构人民币各项存款余额	2.86	
1.3.2 年末金融机构人民币各项贷款余额	4.65	
1.3.3 数字金融	14.69	
1.4 政策基础	6.44	50
1.4.1 政府社会资本合作环境	11.11	
1.4.2 政府文件	1.78	
2.1 人力资源	20.33	95
2.1.1 普通高等学校教育数量与质量	15.1	
2.1.2 中等职业学校教育数量与质量	25.29	
2.1.3 一般公共预算教育支出占 GDP 比重	31.10	
2.1.4 人才吸引力指数	12.25	
2.1.5 高新区企业 R&D 人员所占比重	17.91	
2.2 研发投入	12.74	92
2.2.1 R&D 内部经费占 GDP 的比重	20.10	
2.2.2 一般公共预算科学技术支出占 GDP 的比重	7.42	
2.2.3 高新区企业 R&D 经费内部支出占营业收入比重	10.70	
2.3 创新机构	9.30	47
2.3.1 文化机构	22.24	

续表

济宁	得分	排名
2.3.2 国家重点实验室	0.00	
2.3.3 国家创新中心	5.67	
3.1 知识创造	7.55	97
3.1.1 每十万人发明专利授权数	2.44	
3.1.2 每十万人 WoS 论文数	1.21	
3.1.3 每亿元 R&D 内部经费支出所取得的发明专利授权数	13.04	
3.1.4 国际科研合作	13.52	
3.2 知识扩散	10.96	34
3.2.1 输出技术成交额占地区生产总值的比重	14.58	
3.2.2 吸纳技术成交额占地区生产总值的比重	14.58	
3.2.3 国家技术转移机构数	3.70	
4.1 创新经济效益	36.93	91
4.1.1 人均地区生产总值	14.82	
4.1.2 贸易顺差(逆差)	77.37	
4.1.3 人均工业增加值	18.6	
4.2 数字创新活力	3.80	96
4.2.1 数字产业活力	2.37	
4.2.2 数字消费活力	3.51	
4.2.3 数字政务活力	4.26	
4.2.4 数字文化活力	5.07	
4.3 创新包容性	71.68	34
4.3.1 城镇登记失业率	69.84	
4.3.2 城乡居民人均可支配收入比	59.53	
4.3.3 平均房价与人均可支配收入比	85.68	
4.4 创新可持续性	51.21	99
4.4.1 单位 GDP 能耗	95.26	

续表

济宁	得分	排名
4.4.2 废水废物处理能力	74.46	
4.4.3 空气质量指数	8.12	
4.4.4 园林绿化覆盖率	44.55	
4.4.5 货运碳排放量	33.67	
新乡	**得分**	**排名**
城市创新指数	19.05	99
1 基础设施	11.89	90
2 创新资源	17.43	65
3 创新过程	8.46	84
4 创新产出	37.81	99
1.1 数字基础	19.15	85
1.1.1 固网宽带应用渗透率	18.55	
1.1.2 移动网络应用渗透率	49.06	
1.1.3 车联网车辆接入数量	9.00	
1.1.4 工业互联网示范项目数量	0.00	
1.2 交通基础	6.60	97
1.2.1 公路单位里程运输量	2.32	
1.2.2 人均快递业务量	1.30	
1.2.3 城市物流仓储用地面积占城市建设用地总面积比重	19.29	
1.2.4 公共汽(电)车运输人次占总人口比重	3.47	
1.3 金融基础	7.98	91
1.3.1 年末金融机构人民币各项存款余额	1.27	
1.3.2 年末金融机构人民币各项贷款余额	1.60	
1.3.3 数字金融	21.07	
1.4 政策基础	13.55	26
1.4.1 政府社会资本合作环境	25.93	

新乡	得分	排名
1.4.2 政府文件	1.18	
2.1 人力资源	22.90	83
2.1.1 普通高等学校教育数量与质量	26.92	
2.1.2 中等职业学校教育数量与质量	25.12	
2.1.3 一般公共预算教育支出占 GDP 比重	22.71	
2.1.4 人才吸引力指数	12.25	
2.1.5 高新区企业 R&D 人员所占比重	27.50	
2.2 研发投入	26.42	44
2.2.1 R&D 内部经费占 GDP 的比重	30.49	
2.2.2 一般公共预算科学技术支出占 GDP 的比重	17.64	
2.2.3 高新区企业 R&D 经费内部支出占营业收入比重	31.13	
2.3 创新机构	3.71	92
2.3.1 文化机构	7.01	
2.3.2 国家重点实验室	0.00	
2.3.3 国家创新中心	4.12	
3.1 知识创造	14.47	68
3.1.1 每十万人发明专利授权数	2.61	
3.1.2 每十万人 WoS 论文数	5.24	
3.1.3 每亿元 R&D 内部经费支出所取得的发明专利授权数	9.66	
3.1.4 国际科研合作	40.38	
3.2 知识扩散	2.56	92
3.2.1 输出技术成交额占地区生产总值的比重	3.85	
3.2.2 吸纳技术成交额占地区生产总值的比重	3.85	
3.2.3 国家技术转移机构数	0.00	
4.1 创新经济效益	34.55	93
4.1.1 人均地区生产总值	10.61	

续表

新乡	得分	排名
4.1.2 贸易顺差(逆差)	76.56	
4.1.3 人均工业增加值	16.49	
4.2 数字创新活力	4.32	94
4.2.1 数字产业活力	2.41	
4.2.2 数字消费活力	4.59	
4.2.3 数字政务活力	1.76	
4.2.4 数字文化活力	8.51	
4.3 创新包容性	57.69	69
4.3.1 城镇登记失业率	16.51	
4.3.2 城乡居民人均可支配收入比	67.12	
4.3.3 平均房价与人均可支配收入比	89.46	
4.4 创新可持续性	55.46	91
4.4.1 单位 GDP 能耗	96.48	
4.4.2 废水废物处理能力	75.59	
4.4.3 空气质量指数	15.62	
4.4.4 园林绿化覆盖率	41.62	
4.4.5 货运碳排放量	47.96	
保定	**得分**	**排名**
城市创新指数	19.01	100
1 基础设施	11.71	92
2 创新资源	18.62	57
3 创新过程	10.72	73
4 创新产出	34.56	105
1.1 数字基础	14.98	101
1.1.1 固网宽带应用渗透率	6.63	
1.1.2 移动网络应用渗透率	42.31	

续表

保定	得分	排名
1.1.3 车联网车辆接入数量	11.00	
1.1.4 工业互联网示范项目数量	0.00	
1.2 交通基础	7.61	94
1.2.1 公路单位里程运输量	0.98	
1.2.2 人均快递业务量	5.64	
1.2.3 城市物流仓储用地面积占城市建设用地总面积比重	22.51	
1.2.4 公共汽(电)车运输人次占总人口比重	1.32	
1.3 金融基础	9.20	86
1.3.1 年末金融机构人民币各项存款余额	5.15	
1.3.2 年末金融机构人民币各项贷款余额	6.04	
1.3.3 数字金融	16.42	
1.4 政策基础	15.03	23
1.4.1 政府社会资本合作环境	25.93	
1.4.2 政府文件	4.14	
2.1 人力资源	37.52	21
2.1.1 普通高等学校教育数量与质量	20.69	
2.1.2 中等职业学校教育数量与质量	39.41	
2.1.3 一般公共预算教育支出占 GDP 比重	51.00	
2.1.4 人才吸引力指数	24.60	
2.1.5 高新区企业 R&D 人员所占比重	51.90	
2.2 研发投入	17.12	81
2.2.1 R&D 内部经费占 GDP 的比重	26.74	
2.2.2 一般公共预算科学技术支出占 GDP 的比重	4.43	
2.2.3 高新区企业 R&D 经费内部支出占营业收入比重	20.19	
2.3 创新机构	4.26	85
2.3.1 文化机构	6.58	

续表

保定	得分	排名
2.3.2 国家重点实验室	0.00	
2.3.3 国家创新中心	6.19	
3.1 知识创造	14.56	67
3.1.1 每十万人发明专利授权数	1.78	
3.1.2 每十万人 WoS 论文数	2.96	
3.1.3 每亿元 R&D 内部经费支出所取得的发明专利授权数	12.39	
3.1.4 国际科研合作	41.10	
3.2 知识扩散	6.94	67
3.2.1 输出技术成交额占地区生产总值的比重	8.57	
3.2.2 吸纳技术成交额占地区生产总值的比重	8.57	
3.2.3 国家技术转移机构数	3.70	
4.1 创新经济效益	26.65	105
4.1.1 人均地区生产总值	0.00	
4.1.2 贸易顺差(逆差)	77.37	
4.1.3 人均工业增加值	2.60	
4.2 数字创新活力	5.46	84
4.2.1 数字产业活力	6.39	
4.2.2 数字消费活力	8.38	
4.2.3 数字政务活力	2.21	
4.2.4 数字文化活力	4.88	
4.3 创新包容性	52.79	78
4.3.1 城镇登记失业率	17.14	
4.3.2 城乡居民人均可支配收入比	62.15	
4.3.3 平均房价与人均可支配收入比	79.07	
4.4 创新可持续性	53.78	93
4.4.1 单位 GDP 能耗	93.07	

保定	得分	排名
4.4.2 废水废物处理能力	65.91	
4.4.3 空气质量指数	17.38	
4.4.4 园林绿化覆盖率	51.70	
4.4.5 货运碳排放量	40.82	
长治	**得分**	**排名**
城市创新指数	18.91	101
1 基础设施	13.18	83
2 创新资源	14.42	87
3 创新过程	4.82	102
4 创新产出	42.31	85
1.1 数字基础	23.37	64
1.1.1 固网宽带应用渗透率	22.61	
1.1.2 移动网络应用渗透率	64.86	
1.1.3 车联网车辆接入数量	6.00	
1.1.4 工业互联网示范项目数量	0.00	
1.2 交通基础	12.46	56
1.2.1 公路单位里程运输量	0.00	
1.2.2 人均快递业务量	0.23	
1.2.3 城市物流仓储用地面积占城市建设用地总面积比重	37.54	
1.2.4 公共汽(电)车运输人次占总人口比重	12.06	
1.3 金融基础	3.93	102
1.3.1 年末金融机构人民币各项存款余额	1.08	
1.3.2 年末金融机构人民币各项贷款余额	1.18	
1.3.3 数字金融	9.52	
1.4 政策基础	12.29	31
1.4.1 政府社会资本合作环境	22.22	

续表

长治	得分	排名
1.4.2 政府文件	2.37	
2.1 人力资源	25.56	68
2.1.1 普通高等学校教育数量与质量	16.16	
2.1.2 中等职业学校教育数量与质量	44.43	
2.1.3 一般公共预算教育支出占 GDP 比重	26.31	
2.1.4 人才吸引力指数	12.25	
2.1.5 高新区企业 R&D 人员所占比重	28.65	
2.2 研发投入	11.81	93
2.2.1 R&D 内部经费占 GDP 的比重	13.10	
2.2.2 一般公共预算科学技术支出占 GDP 的比重	5.07	
2.2.3 高新区企业 R&D 经费内部支出占营业收入比重	17.27	
2.3 创新机构	7.71	58
2.3.1 文化机构	22.09	
2.3.2 国家重点实验室	0.00	
2.3.3 国家创新中心	1.03	
3.1 知识创造	8.82	92
3.1.1 每十万人发明专利授权数	0.00	
3.1.2 每十万人 WoS 论文数	0.78	
3.1.3 每亿元 R&D 内部经费支出所取得的发明专利授权数	3.88	
3.1.4 国际科研合作	30.62	
3.2 知识扩散	0.89	99
3.2.1 输出技术成交额占地区生产总值的比重	1.34	
3.2.2 吸纳技术成交额占地区生产总值的比重	1.34	
3.2.3 国家技术转移机构数	0.00	
4.1 创新经济效益	40.75	79
4.1.1 人均地区生产总值	14.83	

续表

长治	得分	排名
4.1.2 贸易顺差（逆差）	76.15	
4.1.3 人均工业增加值	31.26	
4.2 数字创新活力	2.93	102
4.2.1 数字产业活力	4.63	
4.2.2 数字消费活力	0.16	
4.2.3 数字政务活力	0.24	
4.2.4 数字文化活力	6.69	
4.3 创新包容性	60.77	56
4.3.1 城镇登记失业率	47.30	
4.3.2 城乡居民人均可支配收入比	48.82	
4.3.3 平均房价与人均可支配收入比	86.20	
4.4 创新可持续性	65.42	38
4.4.1 单位 GDP 能耗	93.05	
4.4.2 废水废物处理能力	61.69	
4.4.3 空气质量指数	35.27	
4.4.4 园林绿化覆盖率	64.62	
4.4.5 货运碳排放量	72.45	
德州	**得分**	**排名**
城市创新指数	18.91	102
1 基础设施	7.38	105
2 创新资源	16.93	68
3 创新过程	10.08	75
4 创新产出	40.71	88
1.1 数字基础	16.86	94
1.1.1 固网宽带应用渗透率	13.88	
1.1.2 移动网络应用渗透率	43.56	

续表

德州	得分	排名
1.1.3 车联网车辆接入数量	10.00	
1.1.4 工业互联网示范项目数量	0.00	
1.2 交通基础	6.60	97
1.2.1 公路单位里程运输量	3.76	
1.2.2 人均快递业务量	3.01	
1.2.3 城市物流仓储用地面积占城市建设用地总面积比重	19.65	
1.2.4 公共汽(电)车运输人次占总人口比重	0.00	
1.3 金融基础	1.43	105
1.3.1 年末金融机构人民币各项存款余额	1.61	
1.3.2 年末金融机构人民币各项贷款余额	1.84	
1.3.3 数字金融	0.85	
1.4 政策基础	3.92	73
1.4.1 政府社会资本合作环境	3.70	
1.4.2 政府文件	4.14	
2.1 人力资源	20.70	94
2.1.1 普通高等学校教育数量与质量	15.81	
2.1.2 中等职业学校教育数量与质量	30.07	
2.1.3 一般公共预算教育支出占 GDP 比重	17.90	
2.1.4 人才吸引力指数	12.25	
2.1.5 高新区企业 R&D 人员所占比重	27.47	
2.2 研发投入	25.81	49
2.2.1 R&D 内部经费占 GDP 的比重	44.50	
2.2.2 一般公共预算科学技术支出占 GDP 的比重	15.70	
2.2.3 高新区企业 R&D 经费内部支出占营业收入比重	17.23	
2.3 创新机构	4.76	81
2.3.1 文化机构	10.66	

德州	得分	排名
2.3.2 国家重点实验室	0.00	
2.3.3 国家创新中心	3.61	
3.1 知识创造	10.44	84
3.1.1 每十万人发明专利授权数	1.64	
3.1.2 每十万人 WoS 论文数	0.42	
3.1.3 每亿元 R&D 内部经费支出所取得的发明专利授权数	2.84	
3.1.4 国际科研合作	36.87	
3.2 知识扩散	9.72	41
3.2.1 输出技术成交额占地区生产总值的比重	14.58	
3.2.2 吸纳技术成交额占地区生产总值的比重	14.58	
3.2.3 国家技术转移机构数	0.00	
4.1 创新经济效益	37.75	88
4.1.1 人均地区生产总值	15.66	
4.1.2 贸易顺差（逆差）	76.72	
4.1.3 人均工业增加值	20.87	
4.2 数字创新活力	3.47	100
4.2.1 数字产业活力	4.83	
4.2.2 数字消费活力	5.82	
4.2.3 数字政务活力	1.22	
4.2.4 数字文化活力	2.00	
4.3 创新包容性	74.53	28
4.3.1 城镇登记失业率	63.49	
4.3.2 城乡居民人均可支配收入比	82.27	
4.3.3 平均房价与人均可支配收入比	77.82	
4.4 创新可持续性	49.20	102
4.4.1 单位 GDP 能耗	94.32	

续表

德州	得分	排名
4.4.2 废水废物处理能力	73.64	
4.4.3 空气质量指数	10.89	
4.4.4 园林绿化覆盖率	37.54	
4.4.5 货运碳排放量	29.59	
南阳	**得分**	**排名**
城市创新指数	18.77	103
1 基础设施	13.18	83
2 创新资源	17.47	64
3 创新过程	5.76	98
4 创新产出	37.94	98
1.1 数字基础	12.29	103
1.1.1 固网宽带应用渗透率	3.06	
1.1.2 移动网络应用渗透率	42.08	
1.1.3 车联网车辆接入数量	4.00	
1.1.4 工业互联网示范项目数量	0.00	
1.2 交通基础	9.87	80
1.2.1 公路单位里程运输量	1.18	
1.2.2 人均快递业务量	1.28	
1.2.3 城市物流仓储用地面积占城市建设用地总面积比重	32.29	
1.2.4 公共汽(电)车运输人次占总人口比重	4.74	
1.3 金融基础	1.53	104
1.3.1 年末金融机构人民币各项存款余额	2.18	
1.3.2 年末金融机构人民币各项贷款余额	2.42	
1.3.3 数字金融	0.00	
1.4 政策基础	29.63	8
1.4.1 政府社会资本合作环境	59.26	

续表

南阳	得分	排名
1.4.2 政府文件	0.00	
2.1 人力资源	27.45	55
2.1.1 普通高等学校教育数量与质量	17.60	
2.1.2 中等职业学校教育数量与质量	27.06	
2.1.3 一般公共预算教育支出占 GDP 比重	41.38	
2.1.4 人才吸引力指数	12.25	
2.1.5 高新区企业 R&D 人员所占比重	38.95	
2.2 研发投入	22.30	63
2.2.1R&D 内部经费占 GDP 的比重	15.37	
2.2.2 一般公共预算科学技术支出占 GDP 的比重	19.28	
2.2.3 高新区企业 R&D 经费内部支出占营业收入比重	32.25	
2.3 创新机构	4.19	87
2.3.1 文化机构	6.89	
2.3.2 国家重点实验室	0.00	
2.3.3 国家创新中心	5.67	
3.1 知识创造	9.01	90
3.1.1 每十万人发明专利授权数	0.24	
3.1.2 每十万人 WoS 论文数	0.37	
3.1.3 每亿元 R&D 内部经费支出所取得的发明专利授权数	6.70	
3.1.4 国际科研合作	28.74	
3.2 知识扩散	2.56	92
3.2.1 输出技术成交额占地区生产总值的比重	3.84	
3.2.2 吸纳技术成交额占地区生产总值的比重	3.84	
3.2.3 国家技术转移机构数	0.00	
4.1 创新经济效益	29.28	103
4.1.1 人均地区生产总值	4.59	

续表

南阳	得分	排名
4.1.2 贸易顺差(逆差)	76.54	
4.1.3 人均工业增加值	6.70	
4.2 数字创新活力	2.67	103
4.2.1 数字产业活力	4.23	
4.2.2 数字消费活力	5.18	
4.2.3 数字政务活力	1.25	
4.2.4 数字文化活力	0.00	
4.3 创新包容性	58.63	64
4.3.1 城镇登记失业率	36.51	
4.3.2 城乡居民人均可支配收入比	55.89	
4.3.3 平均房价与人均可支配收入比	83.48	
4.4 创新可持续性	61.64	60
4.4.1 单位 GDP 能耗	97.82	
4.4.2 废水废物处理能力	82.54	
4.4.3 空气质量指数	26.77	
4.4.4 园林绿化覆盖率	47.00	
4.4.5 货运碳排放量	54.08	
汉中	得分	排名
城市创新指数	18.59	104
1 基础设施	8.50	102
2 创新资源	11.69	98
3 创新过程	18.42	32
4 创新产出	35.44	103
1.1 数字基础	15.92	99
1.1.1 固网宽带应用渗透率	12.45	
1.1.2 移动网络应用渗透率	50.22	

续表

汉中	得分	排名
1.1.3 车联网车辆接入数量	1.00	
1.1.4 工业互联网示范项目数量	0.00	
1.2 交通基础	9.36	84
1.2.1 公路单位里程运输量	0.32	
1.2.2 人均快递业务量	0.17	
1.2.3 城市物流仓储用地面积占城市建设用地总面积比重	30.68	
1.2.4 公共汽(电)车运输人次占总人口比重	6.28	
1.3 金融基础	7.98	91
1.3.1 年末金融机构人民币各项存款余额	0.63	
1.3.2 年末金融机构人民币各项贷款余额	0.00	
1.3.3 数字金融	23.31	
1.4 政策基础	0.00	103
1.4.1 政府社会资本合作环境	0.00	
1.4.2 政府文件	0.00	
2.1 人力资源	18.59	97
2.1.1 普通高等学校教育数量与质量	17.66	
2.1.2 中等职业学校教育数量与质量	22.78	
2.1.3 一般公共预算教育支出占 GDP 比重	40.28	
2.1.4 人才吸引力指数	12.25	
2.1.5 高新区企业 R&D 人员所占比重	0.00	
2.2 研发投入	8.74	96
2.2.1 R&D 内部经费占 GDP 的比重	18.93	
2.2.2 一般公共预算科学技术支出占 GDP 的比重	7.29	
2.2.3 高新区企业 R&D 经费内部支出占营业收入比重	0.00	
2.3 创新机构	8.89	51
2.3.1 文化机构	26.68	

续表

汉中	得分	排名
2.3.2 国家重点实验室	0.00	
2.3.3 国家创新中心	0.00	
3.1 知识创造	11.49	79
3.1.1 每十万人发明专利授权数	0.89	
3.1.2 每十万人 WoS 论文数	1.06	
3.1.3 每亿元 R&D 内部经费支出所取得的发明专利授权数	7.12	
3.1.4 国际科研合作	36.91	
3.2 知识扩散	25.22	11
3.2.1 输出技术成交额占地区生产总值的比重	37.83	
3.2.2 吸纳技术成交额占地区生产总值的比重	37.83	
3.2.3 国家技术转移机构数	0.00	
4.1 创新经济效益	34.12	95
4.1.1 人均地区生产总值	11.33	
4.1.2 贸易顺差(逆差)	76.18	
4.1.3 人均工业增加值	14.85	
4.2 数字创新活力	3.52	99
4.2.1 数字产业活力	0.45	
4.2.2 数字消费活力	3.34	
4.2.3 数字政务活力	1.55	
4.2.4 数字文化活力	8.73	
4.3 创新包容性	41.44	99
4.3.1 城镇登记失业率	29.52	
4.3.2 城乡居民人均可支配收入比	0.00	
4.3.3 平均房价与人均可支配收入比	94.80	
4.4 创新可持续性	62.27	57
4.4.1 单位 GDP 能耗	93.30	

汉中	得分	排名
4.4.2 废水废物处理能力	56.96	
4.4.3 空气质量指数	61.34	
4.4.4 园林绿化覆盖率	28.32	
4.4.5 货运碳排放量	71.43	
邯郸	得分	排名
城市创新指数	18.12	105
1 基础设施	15.14	67
2 创新资源	11.11	101
3 创新过程	8.69	83
4 创新产出	36.79	101
1.1 数字基础	16.61	96
1.1.1 固网宽带应用渗透率	7.83	
1.1.2 移动网络应用渗透率	49.60	
1.1.3 车联网车辆接入数量	9.00	
1.1.4 工业互联网示范项目数量	0.00	
1.2 交通基础	14.89	47
1.2.1 公路单位里程运输量	1.67	
1.2.2 人均快递业务量	2.90	
1.2.3 城市物流仓储用地面积占城市建设用地总面积比重	51.81	
1.2.4 公共汽(电)车运输人次占总人口比重	3.19	
1.3 金融基础	8.15	89
1.3.1 年末金融机构人民币各项存款余额	3.31	
1.3.2 年末金融机构人民币各项贷款余额	4.81	
1.3.3 数字金融	16.33	
1.4 政策基础	20.96	15
1.4.1 政府社会资本合作环境	40.74	

续表

邯郸	得分	排名
1.4.2 政府文件	1.18	
2.1 人力资源	21.37	90
2.1.1 普通高等学校教育数量与质量	16.64	
2.1.2 中等职业学校教育数量与质量	38.86	
2.1.3 一般公共预算教育支出占 GDP 比重	39.10	
2.1.4 人才吸引力指数	12.25	
2.1.5 高新区企业 R&D 人员所占比重	0.00	
2.2 研发投入	11.46	94
2.2.1R&D 内部经费占 GDP 的比重	25.83	
2.2.2 一般公共预算科学技术支出占 GDP 的比重	8.56	
2.2.3 高新区企业 R&D 经费内部支出占营业收入比重	0.00	
2.3 创新机构	2.13	105
2.3.1 文化机构	4.34	
2.3.2 国家重点实验室	0.00	
2.3.3 国家创新中心	2.06	
3.1 知识创造	11.09	81
3.1.1 每十万人发明专利授权数	0.25	
3.1.2 每十万人 WoS 论文数	0.53	
3.1.3 每亿元 R&D 内部经费支出所取得的发明专利授权数	3.40	
3.1.4 国际科研合作	40.17	
3.2 知识扩散	6.33	73
3.2.1 输出技术成交额占地区生产总值的比重	8.57	
3.2.2 吸纳技术成交额占地区生产总值的比重	8.57	
3.2.3 国家技术转移机构数	1.85	
4.1 创新经济效益	31.23	101
4.1.1 人均地区生产总值	3.31	

续表

邯郸	得分	排名
4.1.2 贸易顺差（逆差）	76.70	
4.1.3 人均工业增加值	13.68	
4.2 数字创新活力	1.44	105
4.2.1 数字产业活力	1.37	
4.2.2 数字消费活力	1.98	
4.2.3 数字政务活力	1.25	
4.2.4 数字文化活力	1.15	
4.3 创新包容性	58.85	62
4.3.1 城镇登记失业率	30.16	
4.3.2 城乡居民人均可支配收入比	61.59	
4.3.3 平均房价与人均可支配收入比	84.80	
4.4 创新可持续性	56.42	87
4.4.1 单位 GDP 能耗	91.58	
4.4.2 废水废物处理能力	75.44	
4.4.3 空气质量指数	4.09	
4.4.4 园林绿化覆盖率	58.95	
4.4.5 货运碳排放量	52.04	